20世纪中国图书馆学文库·54

图书馆学原理

宓浩 主编

宓浩 刘迅 黄纯元 编著

国家圖書館出版社

本书据华东师范大学出版社 1988 年 5 月第 1 版排印

目　录

上　编

中　编

下　编

引　言

　　《图书馆学原理》是高等学校图书馆学专业的基础理论课教材,已被列入国家教育委员会的高校文科教材中。

　　图书馆学作为一门独立的学科存在已经有一个多世纪的历史,有关图书馆活动的认识和记载则可以追溯到更久远的古代。如同其他的科学一样,它也经历了从感性层次、经验积累向理性归纳、科学抽象的升华。面对着信息时代的降临,以传递、交流书面载体中知识信息的图书馆活动和对这种活动进行理论和应用研究的图书馆学将会更趋繁荣。

　　进入八十年代的我国图书馆学基础理论研究,无论从内容的广度和深度、量和质,以及研究方法和研究新领域的探索、开拓上,都有了十分可喜的进展。特别是在吸收融化当代自然科学和社会科学的理论与方法,来充实和丰富图书馆学研究方面,更有着令人耳目一新的感觉。如果说,八十年代以前,本学科基础理论是以"藏书和读者"作为认识层次、以图书馆实体活动构筑理论大厦的话,那么,进入了八十年代,这种认识有了根本性突破。认识层次已经进入到人类的认识活动、社会的交往活动,深入到书面载体的内核,即信息、知识和情报的层次上。把对图书馆实体活动的描述跃升为对人类社会交流活动的探索,从而为图书馆现象和整个社会现象的联系找到了一个共同基础,并以此建立图书馆学理论体系。可以这样认为,图书馆学基础理论研究已经摆脱了就图书馆论图书馆,或者只着眼于技术方法的窠臼,它正在从经验描述向科学抽象阶段发展。我们相信,一个科学地反映图书馆活动的理论体系已经在逐步地建立和完善起来。

然而,我们必须承认,到目前为止,我们的研究还带着明显的经验痕迹,迄今未能形成对图书馆活动本质机制的总体认识,还没有一个核心的基础理论规范。由于缺少核心的规范,我们就不容易在一些基本问题上取得相对一致的见解。同样,也难以使在图书馆活动中积累的经验材料和各种认识能在统一的核心理论的结构内有机地联系在一起,形成为一个科学的理论体系,从而带动整个学科的发展。

科学发展的历史表明,应用和开发研究一般都要承袭基础研究的成果,生产力的深刻变革也是依靠、利用基础研究的成果而取得的。如果不在基础研究上下功夫,那么,任何进一步的应用研究就无所依据,对于客观现象将缺乏本质的揭示,整个学科的发展就会呈现停滞状态。这样一个道理对于说明图书馆学基础研究和应用研究的关系,同样具有普遍的适用性。

我们还应看到,当代新技术革命的浪潮正冲击着社会生活的各个方面,图书馆在新技术革命的影响下也将发生深刻的变革,这种变革影响之广,远远超出了人们的预料。它不仅震荡着现有图书馆活动的基础,而且对在此基础上建立起来的图书馆学理论提出了挑战。传统模式的图书馆日趋动摇,但适应信息时代知识传播、情报交流需要的图书馆功能结构又将若何?对于这些,我们都有必要进行探讨,这种探讨是要在对图书馆已有的理论成果进行科学的总结和评价的基础上,寻找出一种能适应图书馆未来发展,揭示图书馆变化发展内在机制的科学理论。

编写《图书馆学原理》新教材,正是为了适应这种变革的理论需要,为了加强基础研究的需要——虽然,它还显得粗糙和不完善。

编写《图书馆学原理》新教材，一定要根据邓小平同志关于教育要面向现代化、面向世界、面向未来的指导思想，从促进我国图书馆事业的现代化，促进我国图书馆传统服务内容向信息时代新的服务内容的跃升、促进现代社会知识和信息的更有效交流出发，提高图书馆学基础理论教学和科学研究的水平。我们认为，必须在课程内容上除旧布新，去繁求精，把握图书馆活动的内在机制与社会联系，力求反映当代图书馆学研究的新成就，敢于发展新思想、新观点，形成新学派。在教学方法上要重视发展学生的智能、培养和提高综合分析事物的能力，独立工作的能力和革新创造的能力。要使学生基础知识扎实、思想活跃、视野开阔。

《图书馆学原理》要以马克思主义的辩证唯物主义和历史唯物主义作为认识论和方法论的基础。吸收现代科学的新知识、新思想，总结国内外图书馆活动的新成就、新经验，以社会知识交流为横轴，从理论、方法、历史发展三个方面，阐述和探讨图书馆学的理论基础和体系结构，揭示图书馆活动的社会本质、图书馆工作的内在机理，它的性质、任务、它的组织系统和未来的趋向。着重于理论上的概括抽象。

全书分上、中、下三编。上编重在宏观考察。由知识、文献引出知识交流中的图书馆活动，从社会知识交流的历史进程来探讨图书馆的起源演化，说明图书馆活动的社会化过程和整体化过程。中编是对构成图书馆活动的内在基本要素的考察，讨论图书馆的工作对象与服务对象——文献与读者，图书馆的工作内容及其内在机理，下编专论图书馆学——学科的基本理论问题、方法论、学科史，以及未来展望。贯穿全书始终的是：把图书馆活动放在知识交流的框架中运转。

繁荣图书馆事业，建设图书馆学，要求我们必须以改革和开放精神来加强基础研究，发展应用研究，密切理论与实际的联系，深刻地、精确地反映研究客体的运动状态，并具有自身的学科历史和科学方法论、思想发展和理论体系。我们愿与全国图书馆界同志共勉共进。

上　编

第一章　知识、知识载体和知识交流

图书馆是人类知识的大海洋,图书馆通过对文献的收藏,整理、流通,贮存知识、管理知识、传递知识,给人力量、给人智慧。

人际间的知识交流是人类社会的各种信息交流中的核心。图书馆是实现社会知识交流的一个社会实体,也是人类社会信息交流系统中的一个子系统。图书馆的存在和演变与人类知识的发展以及知识交流活动的需要息息相关。

对知识和知识交流的研究,一直是人们探索的领域。迄今已经形成了一个大学科群,图书馆学属于有关知识交流的学科群之列。研究社会知识交流的基本原理、揭示知识、知识载体、知识交流三者之间关系,是图书馆学基础理论研究的一个重要部分。我们要充分说明图书馆学的科学本质及其研究对象,建立完整的图书馆学基础理论结构,有必要首先了解人类知识产生、知识获得与利用的特性,了解知识的社会交流的一般过程。本章就是对这一方面的简要阐述。

第一节　知识的特性和功能

知识的含义

什么是知识？知识是人们通过实践对自然和社会运动形态与规律的认识和掌握，也是人们对在实践过程中所获得的感性认识、经验材料进行概括、总结和升华的结果。知识有科学与非科学之分，感性与理性之别。无论是哪一种知识，都是观念形态的东西。科学知识则是一种创造性思维活动的产物。

马克思曾经说过："人是从感性世界和感性世界中的经验中汲取自己的一切知识，感觉等等。"①这就是说，作为观念形态的知识是不依赖于人的意识而存在的客观事物的反映，是人的主观精神世界与客观物质世界相互作用的产物。存在是第一性的，任何知识只有在科学地、正确地反映了客观事物时，才是可靠的知识，有用的知识。

马克思主义认为，人类的一切活动最终可以归结为认识世界和改造世界，认识世界是为了更有效地改造世界，而要改造世界就必须去认识世界。实践就是人们改造客观世界的一切活动，实践也是人们认识世界的起点、过程和归宿。人们在认识世界和改造世界的基本实践活动中，必然包含着一个对客观实在的事物、现象的规律及其性质的认识不断深化过程，即通过反复的实践，由获得感性认识到对这些感性认识运用概念以作判断和推理（人的思维加工过程），上升到对事物的本质、事物的全体和事物的内部联系的理性认识。科学知识就是这种理性认识深化的结果，是对客观

---

① 《马克思恩格斯全集》第 2 卷第 166 页。

存在的能动的反映。因此,知识来源于实践,"一切真知都是从直接经验发源的。"①

知识是否正确地反映了客观存在,又需要通过实践来检验。正如列宁所说:"人以自己的实践证明自己的观念、概念、知识、科学的客观正确性。"②

科学知识是事物本质和规律性的反映,其内容具有客观实在性,因此,科学知识一旦产生,可以成为人们认识客观存在的基本手段,也可以用作指导实践活动。人们掌握了一定的科学知识,就能加深对客观事物的认识,缩短认识周期;就能影响、促进、指导、甚至在一定意义上支配着人类的实践活动,决定着实践的性质,避免实践过程中的盲目性,促使实践活动的成功。

知识生产

知识生产是指脑力劳动者通过科学活动对客观事物运动形态的认识、探索和掌握,或者是对人民群众实践经验的总结与升华,从而创造新知识的过程。它是一种精神生产活动,其特征为:

首先,相对于劳动创造的、有形的物质产品——其中也含有人类知识和智慧的凝集,——知识生产是"无形"的。它是理论和科学的抽象,是经验的升华,是精神的产品。这种理性思维活动是依藉着语言及其他符号系统,对感官所接受的信息进行识别、加工、重组、变换和创造的过程。同时又通过语言、文字、符号、图像等方式表述和记录下来,"有形"于知识载体上,构成为文化信息。所以,人类的一切"知识产品",包括自然科学知识、工艺技能知识、社会科学、人文科学知识,既是人脑对外界信息加工的结果,又构成为人类社会的信息资源。这种知识资源要能发挥它的使用价

---

① 《毛泽东选集》第 1 卷第 264 页。
② 列宁:《哲学笔记》第 204 页。

值,就必须进入社会传播,通过开发交流,作用于人的智力,激活思维过程,提高个人的科学技术能力,然后才物化在工具和产品上,即向直接生产力转变。这可看作为知识生产的信息特征。

其次,知识生产具有开放性。这就是,知识的创造者必须经常从外界吸收、"输入"各种知识和信息,然后经过其大脑的思维加工和科学实践活动,处理转换成为一种新的知识和信息,转递、"输出"给外界,以作用于人的认识。换句话说,知识生产就是一个开放的循环不已的系统,与外界进行积极的信息交换是知识生产的前提。

再次,知识的生产和发展又具有扩散性和交流性。由于知识产品以语言、文字、图像等作为记录表达信息手段,因而,它可以被人们所认识、所理解、所传递、所保存。特别是在现代通信技术的作用下,知识通过信息手段可以在空间上无限地扩散,在时间上代代延续,永久留存。人们通过交流可以获得它,人们也可以积累、贮存各种记录下来的知识。

社会性是知识生产的又一特性。任何公开的知识只要进入了社会传播过程,都是社会的知识。它可以不分国别、不论民族、不拘时代地为所有的人共同享用,成为人类共同的精神财富。社会越是发达,科学技术越是进步,知识在社会进步中的作用越是显著,则知识作为全人类财富的特性也越明显。

后人总是继承前辈们的知识成果,把前一代人在知识发展上到达的终点作为自己的起点,然后再继续登攀。人类的知识也通过一代代人的补充和积累逐步地深化、完善、逼近真理。这可说是知识的继承性和知识创造的连续性。

此外,知识生产还具有探索性、创新性和开拓性,它着眼于未知的事物,并且是以"已知"去探索"未知"的一个不断增长过程。从历史的长河来看,知识发展就如斩不断的激流,不断地奔腾向前。

6

知识的社会功能

世界是可以认识的,人类通过实践所表现的认识能力也是无限的。因而,人类的知识也总是随着人类实践的发展,认识的深化,而处在不断发展、不断涌动和不断积累状态之中。它由低级向高级发展,即由浅入深、由片面到更多的方面。人们通过实践所表现的创造能力,使知识汇集成一股强大的、后浪赶前浪的滚滚洪流,并且在社会的生产和生活中日益显示出它的巨大作用。

如果说,在古代社会。知识还处在一种零星的、经验的或者是纯粹思辨式的、烦琐考证式的状态下,它对于社会生产和生活还显示出严重脱节的现象的话。那么,到了近代,这种情况就发生了根本的变化。首先,作为无产阶级革命的思想体系的马克思主义的诞生,并和工人运动相结合,成为进行革命,改造社会,改造自然的巨大物质力量;其次,由于生产和技术的需要,推动科学研究事业的兴起,相应地促进着各种科学知识的发展。对于这种科学知识在近代社会中的作用,马克思作了精湛的论述。马克思早在1857年就指出"随着大工业继续发展,创造现实财富的力量已经不复是劳动时间的应用和应用的劳动数量了;……相反地却决定于一般的科学水平和技术进步程度或科学在生产上的应用"。马克思还指出,人类工业底产物——机器、机车、铁路、电报、自动纺纱机等等,并不是大自然制造出来的,而都是人类知识的物质表现形态,即"物化的智力"。他进而指出,机器等作为物化的智力的发展表明:"一般的社会知识、学问,已经在多么大的程度上变成了直接的生产力,从而社会生活过程底条件本身已经在多么大的程度上受到一般知识底控制并根据此种知识而进行改造。"①

---

① 马克思:《政治经济学批判大纲》(草稿)1857年—1858年,第三分册,第358页。

待至现代社会,人类知识的发展呈现出前所未有的情景。这就是由于科学技术的发展,人类认识世界和改造世界的能力提高到空前的广度和深度。现代知识的增殖速度十分快捷,它以指数的模式向前发展着,它在近二十年内的发展已经超过历史上的总和;现代知识(特别是自然科学和应用技术知识)在增殖的同时其老化周期却日趋缩短,这就迫使人们需要不断地接受再教育、进行再学习,以更新自己的知识。

现代知识的整体化趋向更为明显,各门科学知识相互结合,各种科学理论和方法相互渗透。社会科学、自然科学和技术科学相互作用和相互影响,既存在着自然科学奔向社会科学的强大潮流,也出现了社会科学影响自然科学和技术科学的相反潮流。这使科学知识在其自身发展的过程中交织成为一个联系紧密、纵横交错的多层次的网络结构。现代科学知识整体化的趋势正是反映了客观事物的普遍联系和物质世界的统一性和多样性。

现代科学知识在更广的程度上变成了直接的生产力。知识生产已经成为一个庞大的、社会化的信息产业部门,它渗透于人类活动的各个领域里,成为技术进步的决定因素,成为生产发展的支配力量,成为社会生活条件改善的有力手段。

以微电子、新材料、新能源、生物工程、海洋工程、航天技术的发展作为标志的现代科学知识正在推动着第四次工业革命的到来,传统工业也在不断地得到新技术的改造。这一切,都预示着一个新的信息时代的到来。在这个新的信息时代里,"知识生产力已成为生产力、竞争力、经济成就的关键因素。知识已成为最主要的工业,这个工业向经济提供生产所需要的重要中心资源。"[1]所以,信息社会实质上就是知识社会,现代化的主要标志就是知识化,即人的知识化、社会的知识化。

---

① 奈斯比特:《大趋势》,中国社会科学出版社,1984 年,第15 页。

面对如此庞大而又在迅速地、无限地增殖的知识体系,需要我们从知识的自身运动过程,从它的发展特性,它的各个侧面;以及各种联系和中介来进行研究。同时,还要懂得如何开发这个巨大的知识资源。这种知识资源犹如我们所居住着的这个星球上所蕴藏的各种矿物资源一样,它也是一种"矿藏",——不同的是这种知识矿藏处在不断地增殖、再生、堆积的过程中,可以用之不竭,取之不尽——有待我们去勘探、开采、提炼、筛选、分离、纯化、利用。今天的时代,是比任何时候更须要认真地对待"知识资源"的时代,因为它正是人类生存的基本需要,是科学起飞和物化为直接生产力的条件,是新知识孕育、产生、增长的必要前提。在这一意义上来说,如何开发、利用已有的知识资源,本身就是一种更重要的知识。

个人知识与社会知识

知识有两种存在形态:一是寓于个人意识之中的主观存在形态。即依存于人的大脑中并为个人所占有的认识和经验、思想和创造性想象等,这也可称为"个人知识"。每个认识主体的个人知识存在着构成的不同和掌握程度深浅的差异,这样也就使他们对客观世界的认识有知与不知,有广度与深度之别。换句话说,一个人所拥有的个人知识制约和支配着他对客观事物的理解和掌握的深度,是他进行思维的基础,并影响着他的实践能力、实践性质和实践的成败。

个人知识在还没有以语言、文字表述出来以前,只有他本人或通过他本人才能利用。由于它寓于个人意识之中,而后者是高度发展的物质——人脑的一种能动地反映事物的功能,它不能脱离人脑。因此,它会随着认识主体——人的死亡而自然消失。

知识的另一种存在形态是客观存在形态。即体现于书本和作品之中的科学技术知识、文学艺术思想和一切社会思潮等。我们亦可称之为"社会知识"。

在文字产生以前,人类的知识和经验一般都以主观存在形态依存于人的大脑之中。文字的出现,使知识化为一些有规律的信息符号并在人的体外找到了新的依附体。这样就实现了个人的认识经验的体外贮存或者说物化贮存,出现了社会知识。

社会知识的产生和积累是人类特有的功能。它是人的主观意识经验凭借信息记录手段和物质材料表达和记录下来,成为客观知识。社会知识一旦产生并附着在物质材料上后,就成为一种凝固化了的"知识实体",一种公开的知识。它可以为人所感知、所理解、所研究、所欣赏、所利用,"如闻其声,如见其形,如触其物",具有客观实在性。

由于社会知识是一种已经被记录下来的知识,因此它可以广泛地传播交流,并为全体社会成员所享用。社会知识数量一旦积聚到某种程度时,为了方便利用,就会出现某些社会机构或社会系统对之收集和拥有,并提供利用的保障。图书馆就是这一类的社会机构中的一员。

个人知识和社会知识的区别是:

——个人知识依附于人的大脑,社会知识则依附于客观物质载体,前者是体内贮存,后者是利用物化工具实现体外贮存;

——个人知识的存贮依赖于人的自我记忆能力,社会知识的存贮依赖于人类的记录;

——个人知识将随着人的死亡而消失,社会知识却可以一代一代地继承、传递和积累。

——个人知识的交流受空间、时间、条件及心理的限制,社会知识却可以在较广阔的空间范围和延续的时间序列上被传递利用。

社会知识和个人知识处在一种相依相存的关系之中,它们之间互为因果,彼此促进。社会知识是由无数个个人知识集合组成,社会知识的发展和丰富,依赖于个人知识的不断创新。可以说,社会知识发源于个人知识之中,但社会知识又是个人知识发育、成长的基本条件,个人的许多认识都得自于社会知识,个人知识中包含着已经社会化的那部分知识。

个人知识和社会知识可以相互转化。由个人知识向社会知识转化的机制是"记录",个人知识经过记录,负载于某一物质载体上,实现了知识外化,于是进入社会传播渠道,构成为社会知识组成中的一个单元。"记录"体现社会化过程,但这一"记录"并不是任意而为的。个人知识的外化须经概念的逻辑组合,并以适当的文字予以描述,然后还得经过某种"社会栅栏",或者说"控制阀门"的"认可",方得实现在体外依存物上的记录与进入社会流通渠道。关于这种"社会栅栏"的"认可"行为与机制,则是十分复杂的,尚需要继续探讨。

由社会知识向个人知识的转化过程,是通过每个认识主体的阅读、吸收、同化而实现的,这实质上反映个体的一个学习过程。每个认识主体只有在充分吸收利用了社会知识中的养分之后,并依藉自身的社会实践,才能孕育、萌发新知识。

个人知识和社会知识的相互作用和相互转换的依次递进、周而复始的过程——在人类实践的参与下——推动着知识的流动、知识的利用和新知识的产生。体现着知识的交流过程,这个过程与人类生活相始终,与社会发展呈同步。

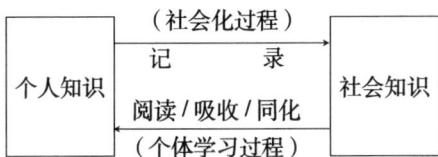

图 1-1 个人知识和社会知识的相互关系

第二节　知识载体

知识必须依赖于物质载体而存在,载体寄存知识,是知识表现其存在形式的基本物质形式,也是人们认识和从事改革自然与社会,进行科学研究和技术创造所得出的思维成果的表现形式。凡能记录、负载与贮留知识,并以传递、交流知识为直接目的的物质媒体,我们称之为"知识载体"。大脑是人体内的知识载体,以语言、文字、符号、图像、声频、视频等形式把知识记录于纸张、缩微胶片、唱片、磁带、磁盘、光盘等物体上,构成为体外知识载体。人类劳动创造的一切工具和物质产品,也凝聚着人的认识、人的智慧,但它不是知识的直接记录,也不以传递和交流知识为存在目的,当人们要获得这种技术知识时,其知识还原过程也较复杂,故而不能作为知识载体对待。

知识载体的作用

人类社会的知识都要通过载体而表现,而存在,先贤圣哲、文人墨客、科学泰斗的智慧结晶,依藉载体的记录、贮存,得以流传。当今所有的科学知识皆通过它为人感知、接受。如果没有知识载体的存在和发展,那么,人类知识的积累、继承、创新、前进,将是难以想象的。

人脑作为活载体既贮存知识(通过大脑的记忆功能),又源源不断地创造知识,是知识的"制造工厂",也是知识交流的源端。但是,人脑作为知识贮存与交流载体受到各种生理因素的制约,在信息技术落后的古代社会,这种制约更为明显。

体外知识载体的出现与发展是人类社会进步的一个标志,也是人区别于其他动物的一条衡量系。

体外载体可以贮存知识，使大脑记忆功能外化，出现了"社会记忆系统"；它可以复现知识，使知识脱离创造主体，跟随载体的运动流通四方，传遗后辈。因此，物质载体扩展和延伸知识创造者的器官的传播交流功能。正是凭借着人类自身创造的各种记录知识信息的物质载体，才有可能使人类的各种认识、经验由主观存在形态转化为客观存在形态，摆脱掉个人知识无法在广阔空间和持续时间内积累、传播、交流的局限性。随着记录知识的信息载体的出现和广泛使用，人们才打破了自身的束缚，才有可能成为知识创造的"自在者"，自如地浮游在知识海洋中，广泛地汲取知识养料。

体外载体又使知识社会化过程加速。当人们只能依靠本身器官的功能来交流认识和经验时，知识活动无法扩大成为一种广泛的社会活动。一旦知识被容纳在某种客观物体上，它就可以积累保存起来，可以在社会上广泛地流动，接受者在不必和创造者直接接触、直接对话的前提下，就能利用此一知识。只要信息传递技术的可能，接受者可以不受或少受时间与空间条件的限制，这就加速了知识在社会中的传播。所以，载体的产生、载体的演变和载体的多样化，不仅改善记录和传递知识的信息条件，使传播渠道扩大，传播方式灵活，传播障碍减少，并且是使知识活动的社会化过程日益明显、日益普及。体外知识载体作为传播媒体是使知识传递、交流成为现实的物质条件和必要手段，体外知识载体也使知识得以积累，并形成为知识资源的有力保证。

人类创造了负载知识的信息载体，人类又通过不懈的探索，改进和完善各种信息载体条件，以提高信息记录速度，扩大贮存密度，加快信息传递，促进知识交流的社会化进程，促进知识在人类物质文明和精神文明建设中的巨大能动作用。每一种新的物质载体形态的产生，每一次信息技术的进步，都促进着传递形式的多样化，都意味着知识信息在更广阔、更久长的时空区上交流的活跃，都加速着各种新知识孕育、成长的节奏，示兆着人类的精神财富越来越成为社会不可缺少的基本资源。

载体进步又可防止知识信息在传递交流过程中量和质的衰减，提高接受者对交流内容真实程度的理解与掌握，保持知识信息的原有价值和时效性。

载体进步还引起人类进行联系与活动的规模和形式的变革。从传播学的观点来看，一种新的传播媒体（或如我们所称呼的知识的信息载体，两者有共通处，但也并不完全一致。）一旦出现，无论它传递什么样的具体内容，这种媒体本身就会给人类社会带来某种信息，引起社会的某种变革。如印刷媒介（书面载体）的普及，脱离了面对面的传播交流，引起人的阅读和思维的个体化；电子媒介的出现，使人与人之间的时空距离骤然缩短，人们又重新生活在一个"全球村庄"里（加拿大学者马歇尔·麦克卢汉语）。从这一意义上说，载体变化本身就带来信息，它不仅延伸了人体器官的功能，而且给人类社会发展带来了巨大的影响。

文献的含义和特点

文献是知识载体的一种基本形式、普遍形式，也是记录、贮存、传递、交流、利用人类知识的工具和手段。

在我国，"文献"一词最早出于《论语·八佾》的孔子语："夏礼吾能言之，杞不足徵也；殷礼吾能言之，宋不足徵也；文献不足故也。足，则吾能徵之矣。"其意谓夏、殷的典章制度我能讲解，杞、宋两国的典章制度因为缺乏文献的根据无法证实。宋朝朱熹在《四书章句集注》中注释为："文，典籍也；献，贤也。"意思说文献包括着典籍和宿贤，因为古代的宿贤熟谙典故，深知历史且又满腹经纶，是知识的长者。由此引申，文献的狭义可理解为，历史上圣哲的经史典籍及后人对历代典章制度等事的追述、议论、记录。随着历史的发展，文献概念逐步地扩大，包括了具有历史价值的各个学术领域的各种图书文物资料。到了现代，文献的涵义更是广泛多

14

样，既是知识载体，又是一种情报载体、信息载体。按照当前国际上通用的标准（ISO/DIS5127），对文献的定义是"在存贮、检索、利用或传递记录信息的过程中，可作为一个单元处理的，在载体内，载体上或依附载体而存贮有信息或数据的载体。"按照我国颁布的《文献著录总则》，"文献是记录有知识的一切载体。"由此，我们可以得出构成文献的几个基本要素：

一、特定的知识内容，这是文献的实质。

二、以文字、图像、代码、公式、声频、视频等能作用于我们的感官的信息形式进行表述、记录，这是文献的基本特点。

三、各种语言、文字、图像、代码等符号系统，具有能够沟通交流双方——信源和信宿——的语义特征，这是文献能够作为交流媒体的基本条件。

四、负载知识信息的物质形式，例如，纸张、胶卷、磁带等物质外壳。这是文献的外在形式。

文献的特点，概括地说有三个方面：一是它的知识性。文献内容反映着人类已有的认识成果；二是它的物质性。所有的文献都以一定的物质形式构成；三是它的传递性与贮存性的统一。人类通过文献记录知识，其本意在传递交流知识和经验，文献的动态传递是文献存在的宗旨，但文献的传递依赖于文献对知识的贮存，没有贮存就无从侈谈传递。文献的静态贮存是相对的，暂时的。

除上述外，作为整体的文献还应是：

一、人类社会活动的记录，历史的镜子，事实的汇总，能作为后世人在实践活动中的借鉴。

二、它应具有非文献形式的知识或情报源常显不足的稳定性和可靠性，因而人们乐于把它作为获得知识的源泉。

三、它的内容应该十分广泛、全面、系统，是涉及了人类的所有活动范围，覆盖和网罗全部认识领域；它的信息量十分丰富。

四、它的内容还要具有层次性，以便对应需求的层次性和普及、提高的不同交流要求。所以,高深的科学巨著和通俗性、启蒙性读物都是不可缺少的。同时,它还要能适应阅读利用中对知识的面与点的不同要求,以及方便查阅一定范围、一定领域或涉及众多门类的知识的需要,有综合和专门性的分野。

五、它要能对应读者的不同爱好和兴趣,形式活泼,表述庄重、诙谐兼有,适宜雅俗分赏。既有严肃的学术性著作,又有轻松悦目、沁人心脾的娱乐性读物。

六、它的物质形式和出版类型具有多样化的特点,以便能够扩大传递渠道,活跃交流方式,提高交流效果。

七、物化在技术工具、技术装备和物质产品的技术知识具有发明创造的专利性,记录在文献上的科学知识则具有馈赠性。文献的商品价值并不是文献内含的知识价值的体现。

需要指出的是,在已往的岁月中,图书是传统而又历史悠久的知识载体。就广义的含意而言,在历史上,可以把图书看作为现代文献概念的等同语来理解,包含了所有被记录下来的知识载体。狭义范围的图书则指以文字或图像记录在纸张上的、表达一定思想内容、具有一定外形特征的、作为传播知识的工具。

文献的社会功能

首先,文献是知识表现其存在的工具,又是使知识能长期地保存和积累的工具。社会的文献系统就是社会知识系统的化身。

科学成果一方面通过物质形态表现,另方面又通过文献形式显示。科学文献是科学表现其存在的主要形式,是科学知识表达、寄存的工具。每一项科学研究最终都要以撰写成文并记录于文献来完成。如果没有科学文献,科学成果就难以交流和推广,科学发展将难以想象。

文献又起着认识工具的功能。人们凭藉阅读和传授文献上记录的知识内容,获得间接经验,获得科学知识,从而认识客观事物。

这正如高尔基所说的,它是人类进步的阶梯,是打开新的、不知道的世界的窗口。事实上,人们对客观世界的认识已越来越倚重于通过文献这种形式。文献乃是知识交流赖以进行的主要形式。

文献又是信息贮存和情报交流的工具。可以说,它是人脑的外贮存器。它便于记录知识、表达思想、交流经验、长期保存和直接利用,是在空间上和时间上的积累、传播和继承人类知识最有效的手段。情报主要寄存于文献中,文献构成为主要的情报源,通过文献的传播,实现知识或情报的交流,从而成为联系整个社会,沟通人类思想的纽带。歌德说:"读一本好书,就是和许多高尚的人谈话"。因此,文献也就成为非常重要的信息资源。就目前而论,由于现代技术的综合发展,使传递知识和信息的手段趋向多样化,但文献形式的传递仍是各种知识信息传递中一种基本的、主要的形式。正是借助于文献上的知识和情报的传递,才体现出科学的交流性和继承性。

文献更是智力开发的资源,是科学的社会结构的一个组成部分,是科学交流体系中最重要的成分之一。一切智力开发的活动都与文献密切相关。某一学科的文献的状况和数量,成为判断该一学科发展水平的标志;一个国家的科学研究和技术发展水平,以及文化、科学发展的程度,都可以从发表文献的数量和质量中窥测而得。

实施学校教育和社会教育,文献是必不可少的工具,因为它记录和传播知识。人们阅读了它就可以促进智力的发展,获得生存所必需的各种技能和能力,激发人们的思想活力和创造能力,提高艺术素养和鉴赏力,形成多样化的兴趣和爱好。

文献也是进行思想教育的有力武器,科学的、革命的书刊可以给人以巨大的精神感染力,影响和培育着一批甚至一代人的思想精神品格,树立起正确的世界观和高尚的道德观念,鼓舞着人们为共产主义远大理想奋斗终身,矢志不懈。

发表科学文献的数量,是衡量科研人员创造性劳动效率的标志之一,是科研人员表现创造能力和确认其学术地位的一种手段和鼓励因素。所以,文献也是进行知识评价的重要条件。

总之,各种文献资源都是人类智慧的结晶,文明的体现,是人类共同的精神财富。它们的内容表达了人们对客观世界已认识的深度和广度,汇集了人类已有的一切认识成果,反映出一个时代,一定历史条件下,人们的认识和科学能力,复映与再现人类社会的往昔面貌,标志着社会的发展水平,也预示着未来可能的趋向。总之,文献记载着人类对自然规律和社会规律的已有的认识成果。而且,它也必将随着人类认识的深化而不断地增加它的数量。

各种文献都是知识内容和物质形式的统一体,只要不经历天灾人祸的浩劫,一般都能被保存下来,留传给后世,它们所含的知识单元是已经凝固了的,是一种固化的人类思想或知识材料。人们称之为"社会知识"或"客观知识"。这种物化形式的知识材料是探寻新知识、进行现代科学研究的起点和依据,是继续攀登科学顶峰途中的基石和阶梯,也是传播知识、提高民族科学文化水平,促进生产发展和社会精神文明建设的工具。

第三节　知识交流

人类个体认识的特点

人类整体认识世界能力的无限性和个体认识的有限性、短暂性是同存的,人类知识的丰富性又和个人知识的狭隘性并在。这种现象导致知识的交流与传授成为社会的必然。

每个人的知识就其本源来说都是发自直接经验,来自社会实践,个人也是在自身参与的社会实践活动中去汲取直接经验、认识

18

世界、获得知识的。但是人们的实践活动不是停顿在这代人与前代人的同一起点上的简单重复，而是在前人的基础上取得更高的起点。任何个人的社会实践活动都是在继承了前辈的直接经验的一切知识成果的基础上。这种知识的继承依赖于知识的交流、传授。

由于每个人从事的实践活动都受到一定范围和条件的限制。因此，从亲身实践活动中所获得的知识也有一定的限度，对处在个体实践活动之外的知识，只能来源于间接经验，即依赖于通过知识交流——通过人际间的直接知识交流或者通过阅读知识成果寄存体的文献来获得。这种间接获得的认识在某种意义上更显重要。

由此，我们可以得知，个体认识的对象既包括整个客观世界，也还有那些已经具有客观实在性的各种被记录下来的思维成果。所以，个体认识在遵循"实践——认识——实践"这一总过程的同时，又可以通过间接经验、"客观化了"的思想意识的途径来认识世界。

我们每个个人的认识存在着极大的差异，这既表现为个人对事物认识和掌握的深浅和宽窄的不同，也体现在个人知识结构的质与量的差距上，这种差异是社会环境、经济条件、教育程度、认识能力、实践范围、心理生理等多种因素所造成的。每个民族、每个国家和地区，由于社会的、历史的、经济的种种因素，也存在着知识的差异。

人们对客观世界的认识由低级到高级，由简单到复杂，由狭隘到丰富多样，由单层次到多层次。因此，人类社会的知识也成为一个多元的阶梯结构。若干个低阶梯的知识或经验经过综合、汇集，抽象概括为一个较高阶梯的知识，然后又循着同一途径再上升成为更高阶梯的知识。低阶梯是高阶梯的基础和来源，高阶梯则是低阶梯的发展，并指导着低阶梯知识。低、高阶梯知识的交互流动对于知识的创新发展是必要的。对于任何一个具体的个人来说，

19

他只能拥有局部的几个高或低阶梯的知识,而不能穷尽所有的知识。但是人类改造世界的活动要取得较理想的效果,就需要以人类全部知识为依托。所以人们在共同劳动实践中也要协调彼此的知识,交流各人的认识和经验。

基于人类个体认识的特点和个体认识差异的绝对性,也基于人们改造客观世界的活动需要共同的知识,使得人际之间的知识交流成为人们获取知识,提高实践能力,有效地改造客观世界的基本条件,并决定知识交流必定是人类社会普遍存在的一种宏观现象。

知识交流的社会功能

人们借助于共同的符号系统,围绕着知识所进行的一切交往活动,就是知识交流。它也可以理解为知识创造者或发送者同接受者之间二个或多个人对知识或经验的共有或共享。交流的目的就在于分享信息内容、使创造者(或发送者)的思维成果能为接受者理解。所以,一个交流过程是由四个基本元素组成:交流主体(创造者或发送者),交流受体(接受者),传递交流的内容(知识或消息)、交流方式或手段。交流的全过程包括从发送者到接受者之间借助媒介或共同的符号系统所实现的分享信息的全过程,这意味着:有效的传递、及时的接受、正确的理解,甚至一定的响应程度——尽管存在着理解与响应程度的强弱。

知识活动包含着三个环节:知识创造、知识交流和知识利用。交流是联系创造和利用的纽带,是实现创造的重要因素。依藉着知识交流,可以促进个体认识的发育,弥补各个体之间认识的差异,提高认识和改造世界的能力,推动着新知识的萌芽成长,并使社会知识聚集成庞大的智力资源。知识交流是知识继承、创造和发展的前提,是新知识获得社会承认并被广泛应用的唯一途径。它促进科学技术的发展,提高科学的效率,提高劳动者的智力水平。知识交流也是科学知识物化为直接生产力的催化剂。正是有了知识的交流，历史上的知识才能代代相传，汇集成人类共同的精神财富，结成为向知识顶峰伸展的各个递进链节。知识交流是知识进步之源，交流的范围、幅度、速度与知识的增殖、发展成正比。一部人类的文明史，就某种意义上来说，也是一部知识交流、发展的历史。

在自然经济社会，"鸡犬之声相闻，老死不相往来。"整个社会也就陷入闭塞、愚昧和停滞的状态。而现代社会，却不可一日无交流、无信息。交流是一切交往的实质。交流维持并活跃人们的生活，是社会文明的动力和表现；它增进相互间的了解，创造着共同的思想财富；它推动社会的进步和生产的发展，把科学技术知识和生产工艺传播到四方，使知识、组织和力量结合在一起。马克思和恩格斯曾经说过："某一个地方创造出来的生产力，特别是发明，在往后的发展中是否会失传，取决于交往扩展的情况。当交往只限于毗邻地区的时候，每一种发明在每一个地方都必须重新开始；……在历史发展的最初阶段，每天都在重新发明，而且每个地方都是单独进行的。……只有在交往具有世界性质，并以大工业为基础的时候，只有在一切民族都卷入竞争的时候，保存住已创造出来的生产力才有了保障"。[①] 这段话也完全适用于知识交流。因此，扩大科学知识的交往范围，研究知识信息交流传递的方法和技术，使各种新发明、新创造、新理论、新设想能够迅速及时地扩展出去，就成为十分必要的事。

人类具有强烈的求知欲，渴望了解周围世界，知道更多的事物，即使这类事物或现象对于他本人的实际生活并无直接的关联。求知欲既是人的天性禀赋，又是社会所规定和赋予的：我们必须依靠知识和经验的交流来保障自身的生存，改善自身的地位，促进生

---

① 《马克思恩格斯全集》第 3 卷 61～62 页。

产的发展、社会的进步、经济的繁荣。今天,我们需要了解和掌握人类几千年来从未有过的那么多的革新和创造,就更要求知,更要学习,更依赖于知识的交流。

科学是自然、社会和思维的知识体系,是通过对客观事物现象和过程的揭示而得出的本质的、规律性的认识。科学的任务在于发现事物客观的规律、探求客观真理,作为人们改造世界的指南,科学研究的过程也是科学知识交流的过程,两者同步共生。后者既是前者的组成部分,又是前者得以顺利开展的前提条件和必要保证。这正如马克思所指出的:科学"劳动部分地以今人的协作为条件,部分地又以对前人的劳动的利用为条件[1]"。"研究必须充分地占有材料,分析它的各种发展形式,并探寻这些形式的内部联系,只有这项工作完成以后,现实的运动才能适当地叙述出来。"[2]科学交流就在于为研究提供必要的材料,获得前人的成果和同代人研究的进展情况,没有这种交流,研究就无法顺利进行。当代一个科学家从事研究或设计工作需要具备的知识,绝大部分是通过科学知识的交流而获得的。

交流还可以扩大科学在人类认识和社会发展中的示范作用,促进科学社会化、思想社会化。我们不能设想在一个封闭式的社会结构中,知识交流十分困难,但科学却能迈开大步前进。

知识交流也加速和推动经济的发展,促进社会的繁荣,改善人民生活的物质条件。这已为我国经济改革的实践所证实。

人类知识交流的历史发展

人类最基本的实践活动是生产劳动,它包含体力劳动和脑力劳动两个方面。任何生产工具的发明和改进,以及一切精神产品,

---

[1] 《马克思恩格斯全集》第 25 卷第 120 页。
[2] 《马克思恩格斯全集》第 23 卷第 23 页。

都是人的智力活动的结果。人类向自然界作斗争离不开知识。但在以往漫长的历史年代中，人们在生产劳动中更多地是依靠体力，知识在人类实践活动中的重要性并未引起人们的足够重视。在社会生活领域中，由于阶级的偏见、宗教的桎梏、认识的局限，人们对各种社会现象还无法作出科学的解释，知识也不成其为一种改造社会的力量。因此，知识交流的规模和范围也是有限的。

早期知识交流的特点有：

1.纵向垂直交流重于横向扩散交流。

2.交流的空间范围有限，人们比较侧重于直接的、即时的交流，它具有面对面的、相互影响的特征。

3.作为认识工具的文献出现并逐步增多，发挥着交流的作用。然从总体来说，文献主要还是贮存知识的手段。

4.已经出现了一些社会机构担负着实现知识贮存与交流的职责，如档案馆、图书馆。

到了近代，科学的兴起和技术的应用，使社会生产在短短的时期内获得了前所未有的发展，而且这种发展是在减轻人们繁重体力劳动的情况下取得的。机器的出现逐步取代体力劳动，却要求着人的智力和知识的发展。人类支配自然的程度取决于人们对自然规律认识的深度。既然知识如此重要，那么关键的问题就是如何获得知识。这种社会需要决定着知识交流的规模和范围，围绕着对系统知识的追求，对科技知识的应用和推广，对新工艺的开发，对自然现象和规律的更进一步探索和认识，知识交流的广度、强度和速度都大大地提高了。人们不再满足于直接的、狭小范围的交流，而要寻求各种更有效、更普遍的交流方式和手段。加之，印刷术的发明与普遍推广，文献作为知识信息的交流传播功能为人们所公认，在交流要求驱使下，文献类型也在发生着变化。借助于知识载体的隔时间接交流成为交流的主要形式。这个时候交流的特点是：

1. 交流空间的扩大和时间序列上的延伸。

2. 横向扩散交流受到人们的重视,出现了交流的学术团体和组织。

3. 间接交流与直接交流形式并存,前者在交流过程中逐步占主导地位。

4. 原有的交流体系得到了改造和加强,又出现了一些新的旨在改善知识交流的社会机构。这些机构是有效地实现社会知识信息交流的保证。

人类正在步入知识社会化、社会知识化的信息时代,知识已成为当代社会的最重要的信息资源。现代社会知识交流的特点是:

1. 知识交流具有广泛的国际性,任何一项新的研究成果都会迅速地传遍整个国际社会。由于传递手段的先进,使交流在时间上具有瞬时性、同步性。

2. 借助于电子记录载体与电子传递工具,使直接交流和间接交流二者日益渗透结合。

3. 从一般的知识需求到日益巨大的情报需求,人们越来越对所交流的内容要求专一化、实用性,并能解决所面临的各种迫切问题。也就是说,现时的知识交流已以情报交流为其主体。

4. 为满足各种专门性情报交流的需要,交流机构更趋多样化,出现了商业性的信息贮存与传递机构。

5. 昔日的纵向知识灌输和狭隘的传递通道已经不能与今日社会的信息要求相匹配了,一种新的横向组织——网络形式应时代之需而产生。网络为人们彼此交往,分享思想、信息资源,促成人际之间的沟通与互动创造了方便。

6. 现时的发达国家向发展中国家的知识和情报的单向流程将会逐步地改变。

总之,面临现代化社会的信息需求,现有的知识交流形式、手段和结构,以及它的工作方式无疑地要受到冲击和震荡,这正是我们面临着的新挑战!

需要强调的是,知识交流不是孤立的现象,它与人类社会活动和社会生活的各种现象紧密相联,它们同受社会生活的生产方式所制约。知识交流的过程融合着思想交流和感情交流、文化艺术交流。反之,一切文化、思想和感情的交流也涵蕴着知识交往。

现代知识交流也是一种情报传递活动。所谓"情报",可以看作是传递过程中的一种特定的知识信息。而所谓"特定的知识信息"即非一般的、普及性、基础型的知识,而是对人们进行思考、研究、判断、行动、决策、规划等一定实践目的所必须的、具有参考价值和实质内容的那部分正在发展着的、扩散着的、前沿型新鲜知识,也包含那些能对解决现实问题起提示作用的历史知识。此外,对于人们进行重大实践活动所必须掌握的某些消息、情况、事实、动态和数据等,也属于情报之列。

情报被记录贮存在文献上。但也应看到,不少情报是以非文献形式——口头的或实物的——存在。

情报是科学研究工作的产品,同时也是研究工作的原料。在一个发展的社会中,情报对于科学研究的发展,社会经济的发展,新产品的开发、企业竞争能力的提高至为重要。它与实验设备、研究人才,乃至天然资源具有同等的价值。

知识交流过程和特点

知识交流是传受双方之间借助于他们共同的符号系统所进行的知识信息的传递交往活动。这种交流有二个基本的过程。

一是直接交流过程,有时也可称为口头交流,即由知识创造者或持有者向知识接受者的直接传递。如双方之间的个人接触、交谈、面授、书信往来、参观访问、出席会议、演讲报告等等。直接交流过程是交流中的一种普遍的形式,只是在古代,它要受到时空条件的严格限制,而在现代,可以凭借通讯技术手段在一定程度上超越上述限制。

直接交流过程的特点是：

1. 即时性。信息传递间隔时间可以缩短到最小限度,从而可避免所传递的内容的情报价值的衰减。

2. 直接性。因为这种传递多数是双方面对面的,其交流的内容一般具有生动性、具体性,接受方易理解,可选择。即使存在某些不明瞭之处,也可通过反馈修正予以澄清。

3. 交互性和双向性。面对面的口头直接交流(包括利用传递工具)可以使交流双方相互作用,产生情感上的融洽,提高交流效果。在交流过程中有时还会发生信源和信宿地位的交换。

4. 一般来说,直接交流中,交流的主导方面在知识创造者,即信源。交流的内容基本上由其确定,交流方式、交流手段,甚至交流对象也由其选定,尽管他要考虑接受者的需求和具体条件。由此,我们也可这样认为:在直接交流过程中,接受者处在被动的一方。

据国外的某些材料宣称,依靠直接交流,人们可以获得至少三分之一以上直至70%的情报信息量,在某些方面,它较之其他的交流过程具有更重要的意义。然而,直接交流过程也有其一定的局限性。它受到交流范围的限制,交流内容缺乏可靠性检验,在传输过程中易失真,同时也难加工、积累、贮存。

另一个是知识交流的间接过程。它是历史发展的产物,是为了弥补直接交流过程中受时空条件或人数、范围的限制和知识成果难以记录贮存、积累的缺陷。

间接的知识交流主要依靠文献来进行。这就是,知识创造者的精神成果首先记录在文献上,而在嗣后的某个时间内,接受者通过对文献的利用获得这种信息。由此,我们可以看到间接交流过程的特点是：

1. 间时性。交流双方不具有即时的、面对面的交往形式,而表现为一种在时间上有着一定的顿隔。间隔的时间愈久,文献的情报价值相应地就要削弱。这对于一个空间和时间观念须臾不可分离的现代社会,活动的时间节奏特别强烈,活动的空间范围日益宽阔的时代,减少交流中的时滞十分重要,因为任何的迟缓必将导致竞争的落后、事业的凋敝。

2.许多交流的"中介"机构出现。为完满地实现社会知识的间接交流需要,就要对交流工具——文献提供社会保障,如必要的记录出版保障。文献作为知识间接交流中的价值可能是潜在的,也可能会无声无息地自行消失,更可能是得到较大的交流利用价值。关键在于文献是否处在经常交流状态中。一本本私家的藏书,只能使文献停留在静态的贮存中,其固有的知识价值会显得微弱或者仅是潜在的。而且,这种个人拥有文献的状况最终有可能会使文献在社会中散失无踪。因此,要发挥文献在社会知识交流中的价值,一定要对文献提供社会贮存和社会利用的保证。相应的社会保障机构产生的基础即出于此。

下图表示着知识间接交流过程中的一些社会机构,它们都旨在保障交流的顺利实现。

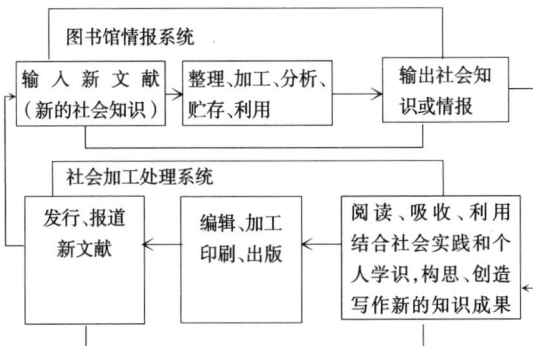

图1-2 知识交流过程的社会保障机构

3. 这种通过文献实现的知识间接交流过程,交流的主导方面是接受者。任何文献中的知识,它的被利用程度、由谁利用、利用的时间、方式、利用效率、被撷取的内容,一般说都是由接受者选择决定的,他无需和创造者直接接触或由创造者、传递者指点。换句话说,交流双方不起交互作用,知识创造者只对创造的内容起着决定的作用,而对嗣后的传递、交流过程,则不具有主动权。只有接受者才是这类知识交流中最活跃的一方,每个接受者的个性特点、知识涵养和选择行为,在很大程度上支配着对文献中所贮存的知识的吸收、利用和同化程度。任何文献中内含的知识信息,也只有在适合于接受者的知识水准和经验范围上,才能被接受者选择利用,并纳入到他原有的知识格局中去。

间接交流中接受者作为决定因素,他对传递交流过程和交流机构起着调节的作用,但这并不意味着知识创造源或传递一方只处于消极无为的境地。接受者的选择行为可以引导,交流通道的畅通和知识利用的社会效果的提高,也依赖于传递方的主观努力和科学管理的程度。事实上,在许多实施间接交流的社会机构中、交流过程是受着该机构人员的主观能动性强烈干预的过程。

在知识交流过程中,知识信息从发生源向接收源流动,对发生源来讲,他并不因为信息的输出而使自己的知识枯竭或者减少。相反,通过信源和接收者的交互作用和反馈刺激,可以激发信源的创造力,还会使信息增殖,促进原有的知识完善和丰富。对接收者来说,通过交流输入新的知识,是知识信息的绝对增加。由于知识交流常常是辐射式的扇面展开,接收者的数量可以扩大,知识交流所释放的能量也可以是放大的。

第四节 知识交流的信息论基础

知识由信息提炼而成。知识是一种信息,它是人在实践过程中,通过自身的感官系统,对客观事物的各个方面、各个层次、各种运动形态的信息的获得与接受,并经由人脑的思维功能,予以主动探索,通过认知、加工、转化、组合、提炼而成的一种系统化的观念信息,并用语言、文字、符号、图像等信息形式给以记录。一个知识交流过程包含着知识信息的发生、记录、贮存、传递和吸收利用诸序列,依赖着信息的收集和信息处理技术,以及信息传递手段。

信息和信息传递

我们现在正步入一个新的时代,这就是"信息时代"。信息所起的重要作用,正日益深刻地改变着社会的面貌和社会的观念。

信息一词,古已有之,其义相当于消息,音信。到了本世纪四十年代后期,美国科学家 N. 维纳的控制论和 C. 申农的信息论著作问世以来,信息概念已具有全新的意义而成为一个专门的科学名词。近年来,随着奈斯比特的《大趋势》和托夫勒的《第三次浪潮》等未来学著作的传播,信息一词家喻户晓,构成为时代的象征。那么,信息究竟是什么? 我们又如何理解信息概念?

世界是物质的,物质是在不断地运动着。物质具有质量和能量,质量和能量之间可以相互转化。物质也具有信息,宇宙间的一切物质都能发出信息,我们的周围也充满着各色各样的信息,无论是无机自然界、生物界、机器、人类社会活动或是人的感觉思维活动中,到处存在着信息。所以,信息是物质的一种普遍属性,它能给我们提供物质存在、运动、相互作用和相互转化的消息,因此是物质之间相互联系的一种形式,也被看成为物质运动状态和存在形式的表征。一切物质均离不开信息,物质通过信息表示其本身的存在和运动状态。

信息可以为人类所感知,它是人和动物与客观世界联系的中介。我们人类也正是通过本身的感觉器官获得信息,接受信息,从而感知到客观事物,认识各种事物和区分各种事物。人的思维过程也是一个信息过程,即外界信息通过感官传输入大脑,在有机体内部信息的参预下,大脑对各种信息加工处理——思维过程。可以把信息贮存在大脑皮层记忆细胞内,也可以转化为新的信息输出,或者通过肌肉收缩,运动器官发生行为以作用于外界环境。

信息可以识别,可以转换,可以存贮,可以加工处理,可以传递,可以压缩,可以再生成。

无机自然界的信息只有简单的传递和交换运动形式,生物界、社会和机器信息则具有贮存、加工、反馈等运动形式。与人的意识活动相联系着的是观念信息。观念信息是高度组织起来的物质——人脑的属性,它是人类所特有的。

控制论的奠基者维纳认为,信息这个名称的内容就是我们对外界所了解时而与外界所交换的东西。"是我们适应外部世界,并且使这种适应为外部世界所感到的过程中,同外部世界进行交换内容的名称。""接收信息和使用信息的过程,就是我们适应外界环境发生的一切偶然性事件的过程,也是我们在这个环境中有效地生活的过程。"①这就是说,信息是我们与外界交换的东西。例如乌云骤起,狂风呼啸,表示着暴雨将降临的信息,我们感知到了这一信息,就能为适应这一特定的外界环境,并有效地生活,来调节自己的行为,出门就得带上雨具。维纳认为信息就是信息,它既不是物质,也不是能量。维纳强调:"现代生活的需要及其复杂性,对这个信息过程提出了比以往高得多的要求,……要有效地生

---

① 《维纳著作选》,上海译文出版社,1978 年,第 4 页。

活就要有足够的信息"①确实,信息已被看成是如同材料、能源一样重要的资源,成为改造世界、改造社会的重要支柱,也是国家的财富和实力形式。信息也被描述成人类在空气、水、食物和栖息场所之后的第五种基本需要。有一些实验证明,只有极少数人才能忍受得住二十四小时以上的被剥夺掉全部信息联系。割断了个体和外部环境的信息交往,人就会出现一种所谓"感觉饥饿"的状态。

关于信息的定义很多,从不同的学科或不同的联系侧面,就有不同的信息定义,迄今可说还没有一个统一、完美的说法。前面已经给出了维纳对于信息的解释,而按照 C. 申农的通信系统理论,信息可理解为"是消除不确定性的东西"、"两次不定性之差"、"传递的消息中使概率发生变化的东西。"或者说,在得到它之前和以后,使人的知识或情况不确定的部分得到减少或消除的那部分消息,就是信息。受信体被消除的不定性的大小,表示他所收到的信息量,后来采用了热力学的"熵"②概念来描写信息量,即信息就是负熵。由于信息量表示消除的不定性,因此它代表了体系的有序程度和组织程度,而熵则代表着体系的混乱程度。信息量越大,体系的结构就越有规则,熵就越小。反之,熵越大则表示体系不确定性越大,体系的结构越乱,也越无序化。所以,熵是系统无序状态的度量,系统不确定性的度量,系统无组织程度的度量,而信息则是系统有序状态的度量,系统确定性的度量,系统组织程度的度量。"正如一个系统中的信息量是它的组织化程度的度量,一个

① 《维纳著作选》,第4页。
② 熵,科学名词。用以表示某些物质系统状态的一种量度,或说明其可能出现的程度。在热力学中表示物质系统热学状态的物理量。从分子运动论的观点来看,由于分子的热运动,物质系统的分子要从有序趋向混乱,熵是用来度量有序或无序程度的量。熵增演化表示分子运动混乱程度的增加,即无序化。经验指出,孤立系统内实际发生的过程,总是使系统的熵增加。

系统的熵就是它的无组织程度的度量;这一个正好是那一个的负数。"①

我们可以用这个关于信息的解释来描述和理解人们之间的知识交往的活动:一切交流的目的在于通过知识信息的传递,减少或消除人们的知识差,使人从对某一或某些知识的不确定状态、从个人知识体系的某种混乱和无组织状态——无知或知之甚少,转化为对某种知识的确定状态、体系化的状态——略知或知之甚多,甚精,到形成某种知识体系。

信息交换普遍存在于人类社会的各个活动领域中,构成为社会普遍的通信现象,也可称之为广义的情报活动。信息交往沟通着人们之间的知识、思想、感情、经验的交流,体现为社会中人群与人群、个体与个体之间的相互联系、相互作用的中介。也正如维纳所指出的那样,信息成了巩固社会的"粘合剂",它促进着各个系统的自组织程度,"任何组织所以能够保持自身的内稳定性,是由于它具有取得、使用、保持和传递信息的方法"。②

一个社会的政治控制、经济管理、艺术创造、科学研究、社会心理状态的演变等等莫不是通过信息的发生和流动在起作用的。社会信息产生和交流的能力是社会发展的标志,也是社会赖以生存和前进的基本手段。

人类社会信息既广泛存在,具有实际效用,又不断地被创造、再生,它还可以贮存,加工,传递交流。所以,信息也就成了人类社会的一种重要资源。

知识信息的交流是人际之间各种信息传递中最基本、最主要的内容。存在于文献中的一切文化知识、科学理论、构思发明、文学艺术等等,都是人类观念信息的高级发展形式。

---

① 维纳:《控制论》,科学出版社,1962 年,第 11 页。
② 维纳:《控制论》,第 160 页。

一切知识创造的思维活动,必须是建立在与外界的经常信息交流上。信息交流是积极思维的基础,是新知识孕育成长的前提。可以这样说,人的创造成果是与他所吸收的知识信息量成正比的。

文字语言作为一种符号系统,是人类彼此交际、传递信息的基本工具。任何知识形态的研究成果,都要用一定的语言工具来表达。人们形成的思想,需要用语言的物质形式加以固定,并记录下来,这样才有可能进行交流。语言作为人类信息交流的最重要的手段,不仅能把所要交流的内容十分明晰精确地表达出来,而且又能淋漓酣畅地传达思想感情,从而提高人们的接受理解能力和赋予一种感染人的力量,使人类群体共同分享世界上一切富有意义的创造。如果没有适当的语言工具,知识信息的交流和继承就会中断,人类社会也就不可能有今天的科学技术的进步和经济的繁荣。

人类社会信息传递的变革经历了自然语言传播,书写文字的记录,印刷手段的发明,通讯技术的出现,电子计算机的应用等阶段。每一次信息传递的变革都意味着以技术为标志的社会发展的飞跃,并使人类知识在更持续的时间和更广阔的空间范围下进行交流,形成纵向垂直(历史的延续)交流和横向扩散(人类居住的空间范围下)交流的交叉结合,具有多维性和网络化的特点。

人类依靠本身的感官作为各种信息的入口,据统计,人通过视觉可获得83%的信息量,通过听觉得到11%的信息量,其他为嗅觉——3.5%,触觉——1.5%,味觉——1%。但是,人的感官接受信息的能力受到生理条件的限制,这种限制表现为人只能接受一定限度内的光波、声波信息;人们的视听能力都有速度的阈限,特别是对文字信息的阅读大致上每分钟只能达到几百个单词。在当前人类社会信息量猛增的时刻,人类自身条件的限制影响对信息的接受,成为一个很尖锐的矛盾。

信息传递模型

在申农看来,信息乃是"两次不定性之差。"通信就是两个系统之间的信息传递,即信息发生源与受信体之间通过一定的空间(我们称之为通道)进行的信息交往。它可以按申农的通信系统模型解释。如下图:

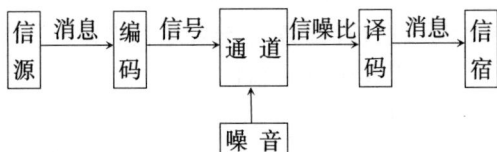

图1-3　通信系统模型

信源:即消息发生和发送源。信源可以是多方面的,人、生物、机器、自然界的物体都可以成为信源。

编码:就是把发出的消息变换成信号,并对信号进行处理加工的措施。信号是多种多样的,如电信号、光信号、声音信号等。

信道(通道):传递信号的通道,它也是多种多样的,如有线信道,无线信道,自由空间,电离层等。任何一个信息通道的容量都是有限度的。

噪音:在信号传递过程中,系统本身产生的或由外界混入的干扰。

译码:就是把信号译成语言所表达的思想内容、变成原来的消息,译码是编码的反变换。

信宿:信息接收者,可以是人也可以是机器等。

从信源发出的消息(Message),经过编码转换成信号(Signai),信号在通道中传输,此时要受到各种噪音的干扰。通过通道后的信号又须经过译码变换成原来的消息,信宿就可以中得到信

34

息。(我们可从电报的发送中获得一个生动的解释。)

在这里,我们可以看到,一切信息交往必须是所传递的信息符号为交流双方所共同使用的。信源发出的消息,要能为信宿所理解、接受,两者就必须使用统一的符号代码。信源发生的消息要以此一代码进行编码,转换成各种信号。信宿在接受信息时,又须按此一代码进行译述,才能理解所传递的消息含意。所以,编码理论和技术是信息传递交流中的一个重要内容。

信号在通道传输过程中必然会受到外界条件、信息发生源或受信体本身的各种内在因素的影响、干扰,前者在工程学里,称为通信的"噪音"。由于噪音的存在,信息在传递过程中一定要发生衰变,"一般说来,它们在到达时总要比发出时更为含糊而决不会更清楚。"①噪音过量,受信体就无法解码,也就无法获得信号中所含消息的意义。如何减少噪音。剔除冗余信息,保持合适的信噪比,保证所传输的信息为受信体理解呢? 在工程学里,就是"冗余技术"研究解决的问题。

杂乱无章的信号,同样不能为受信体所理解,所接受。因此,各种信息的传递又必须是以所传递的消息具有一定的有序结构为前提。有序化,是人类认识世界和驾驭世界的一个非常重要的方法。

通信过程中要求保持信息的纯真度,交流的效果检验是以交流的信息内容是否为接收者真实理解,即以真实程度的增减为评判标准。

人际间的信息传递比之上述的申农通信系统模型则更为复杂,要保持的信息纯真度也更为困难。这是因为人际交流受到各种社会的、心理的、发送主体或接受主体内在诸因素的制约和限定。例如,不同的文化历史背景,不同的个体知识结构与认识能

---

① 《维纳著作选》,上海译文出版社,1978 年,第3页。

力、经验范围，以及思想和感情的差异，都会影响对所交流的信息内容的真实性理解。信源如果对事物或现象了解得不详尽，理解得不深刻。则必然不能真实地描述、传送有关这一事物或现象的信息内容；假使他对此一事物或现象有专门的研究、学识卓著，但如果不了解接受对象的具体情况，而使传递的信息内容过于深奥，同样不会引起接受者的响应，限制接受者对信息内容的理解。

社会信息运动特征

社会信息运动具有如下一些特征：

一、社会信息存在的广泛性和普遍性同信息效用的个体性。前已所述，人类社会信息漫天飞舞，俯拾皆是，我们每个人的周围都充满信息。社会信息交流是社会交往中的一种普遍存在。但另方面，信息的效用却具有明显的个性特征，每一件社会信息对于任一社会成员与集团，并非都具有相等或同效的价值，即使是对同一社会信息需求的不同接受者，其价值效用也不会是等同的。至于那种对甲有用而对乙却毫无价值的信息现象更是比比皆是。所以，对于任一个人来说，要提高社会信息的有效程度，不是建立在毫无节制或不加调查分析地任意收录各种信息。无用信息越多，有价值的信息就越容易被淹没。

二、社会信息内容的极大相似性和人们对信息的选择性。如果仔细观察一下现代社会信息，我们又不难发现许多信息具有极大的相似性。或者说，同一个信息内容向着很多的人群传播，例如：新闻、电视、广播、知识传授，课堂教学，都向很多的人群传播着相同或相近内容的知识信息。有人问，人们是否将会趋向于普遍的相似？实际情况并非如此，原因在人们对待各种社会信息采取了选择的态度，他们只是接受他所需要的那部分信息。正是对这种符合个人知识构成及智力发展的有序信息的抉择，既保证个人的学习效果，又促进着智能的差异和多样化的性格。因此，信息传递交流过程必须针对需要选择服务。

三、社会信息运动过程中信息分布的随机性、散乱性和使用要求的序列性。社会信息不仅广泛地存在着、运动着,而且在其出现及分布的初始时期,都呈现出随机状态和无序结构。它一方面随着人类社会实践活动时刻不停地在生息、繁衍、增殖、扩散,另方面,它又处在自生自灭的紊流状态。但是,社会信息的有效利用却取决于对信息的高度组织和系列化。杂乱无序的信息难以为人们所提取、利用,因此,要提高对信息的有效利用,就必须对信息进行有序化组织。

四、社会信息运动过程中信息本身的某种不确定性和使用信息要求的真实性。前面我们给出了申农对信息的定义:两次不定性之差。然而,我们却可以看到,作为消除不定性的信息本身也具有某种的不确定性,或者不完全真实性。造成信息内容模糊性的原因有多种多样:有由于社会现象的复杂性,社会客观过程的发展方面及本质尚未充分暴露,人们的认识就受到了限制,表现为内容的片面性、不确切性等;有由于社会现象瞬息万变,人们难以捕捉,反应迟钝,信息内容落后于发展着的现实;还有人们的阶级地位、立场、思想方法的差异、造成认识的错误;也有信息内容涉及的高度机密性,使人们不易获得全部真相、以猜测代替事实;更有人为制造的假情报,在社会信息发生和传递过程中,有意识地掺杂大量"噪音",造成失真,或劣质情报,无用情报的大量涌现,充斥于信息市场。总之,社会信息内容的不确定性是一个客观存在。但是,人们对信息的使用却要求其内容必须是真实地反映客观事物或现象。因此,对信息的筛选、提纯、聚焦,是信息有效利用的一个关键因素。

五、社会信息运动的静态积累和动态传递。信息不断地生长、繁衍、又易自行消失。因此要随时随地对社会信息进行搜集、整理、积累、贮存。静态的积累贮存是信息日后利用的前提条件。但

37

是,社会信息又必须是经常处在传递运动状态之中。信息的生命力就在于运动,即由信源向信宿的传递。静态积累的信息资源只有通过动态传递方能产生社会效益。

六、社会信息运动的现实新鲜性和历史提示性。信息是一种资源,具有实用价值,是在社会上被广泛利用并产生着实际效益。它也总是提供那些最能给人以启示,并能引起研究人员或管理层的关注和兴趣,对社会、经济发展起着极大作用的知识。一件社会信息的价值是它所包含的各种价值要素的总和,其中,信息的现实新鲜性、重要性、内容的独特性、可靠性、信息量的密集程度、综合程度等等,是价值的衡量要素。社会信息价值随这些要素的增加而增加。但是,信息价值要素又具有随时间而衰变的特性。在信息运动过程中,信息价值的实现程度与情报或社会知识的交流机构对它的及时发现、正确认识、快速转播,以及传播手段与技巧等密切有关。

信息价值的现实新鲜性及其随时间的推移缩小乃至泯灭的特性,并不表示只有活生生的新鲜事实或是新创造的科学知识信息才具有社会价值,而那些历史上记载下来的信息完全丧失了意义。在人类社会活动领域中,一方面有着十分显明的历史延续性;同时,社会生活中历史的"相似"性又在在皆存。因此,以往年代的经验可以借鉴,可作提示、佐证,可供循迹线索。所以,我们在重视现实的社会信息搜集、传递、利用的同时,切不可偏废历史上的信息。

信息交流障碍

从宏观上考察,人类社会的信息交流规模和能力受到两个方面的制约:一是传递和交流信息的技术系统水平,包括着电子计算机技术、通讯技术等;二是处理、组织、管理信息传递交流的社会环境和社会能力。如果这两个方面的条件有所欠缺,整个社会的信息发生与交流必将受阻。

从微观或具体过程考察,信息交流的障碍则来自于如下方面:

一、信息处于自流状态,没有及时的开发利用。其表现的现象为许多信息处于原始、闲置的状态,既没有相应的加工、整理,使之成为有序的信息集合体,也缺少定向传送的目标,任其自生自灭。

二、信息控制能力的不适应,例如各类信息处理传递机构之间彼此割裂,缺少横向联系,形不成一个整体系统,也无法实现信息传递保障和信息资源开发的整体效应,致使许多信息得不到利用。

三、信息传递过程中的受阻,这包括信息收集能力的不足,信息处理加工能力的落后,信息通道的狭窄、容量有限,信息传送渠道的不畅或阻塞,对信息接受和使用者的情况不明,致使传递的信息不对口径等等。此外,保密因素和信息传递中介(传送机构和人员)的组织状况、人员素质,都会构成影响信息交流的干扰因素。

四、接受过程中的障碍。接受者对信息需求的迫切性、信息意识的强烈程度,制约着他对信息的反应和接受状况。接受者若不具有较为广博而专深的科学知识基础和语言文字阅读能力,则容易发生信息交流中学术思想障碍和语言障碍。

这一章我们给出了知识、信息、情报、载体及交流的最一般解释,指出了知识依赖信息而存在,语言是人类信息表达和传递的基本工具,知识通过语言、文字等被记录于一定的物质载体上,形成文献系统,它是重要的信息资源。明确了人类知识倚赖于交流而获得,而发展。社会知识交流和发展的需要,相应地产生一系列的为实现知识交流的中介机构,图书馆即是其中之一。因此,对图书馆活动的本质认识和科学解释,必须建立在人类社会知识交流这一深刻的社会现象上,并由此出发,构筑图书馆学的基础理论的认识框架。下面各章将对这些内容逐一进行描述。

思考题：

1. 为什么说知识交流是人类社会的一种普遍现象？
2. 知识交流的两个过程及特征。
3. 知识载体在社会知识交流中的作用。
4. 解释申农的通信系统模型。
5. 什么是个人知识和社会知识？发试析两者的关系。
6. 学了本章后，请你就信息、知识、情报等概念的相互关系谈谈自己的认识。

参考文献

1. 多种声音 一个世界：国际交流问题研究委员会编写的报告
   （爱尔兰）肖恩·麦克布赖德等著 中国对外翻译出版公司 1981 年
2. 科学交流与情报学
   （苏）米哈依洛夫等著 徐新民等译 科技文献出版社 1980 年
3. 人当作人来使用——控制论与社会
   （美）维纳 钟韧译 《维纳著作选》 上海译文出版社 1978 年
4. Kemp, D. A.
   The Nature of Knowledge；An introduction for Librarians London，clive Bingley，1976.
5. 应重视个体认识论研究
   刘永刚 《新华文摘》 1984 年第 1 期
6. 论信息
   黎鸣 《中国社会科学》 1984 年第 14 期
7. 艺术、科学、信息和哲学
   黎鸣 《读书》 1984 年第 12 期
8. 论信息、反映和意识
   郑如心 《东北师大学报》 1984 年第 4 期
9. 关于开展"知识学"的研究
   彭修义 《图书馆学通讯》 1981 年第 3 期

10. 信息　知识　情报

肖自力　《情报科学》　1981 年第 3 期

第二章　图书馆与社会

在历史发展过程中,社会为了有效地保障与促进知识交流,逐步形成了一系列的社会机构,从事交流的组织、协调和控制。图书馆就是其中的一个重要社会机构。对知识交流在图书馆中特殊过程和特殊规律的研究是对知识交流社会现象研究的延伸和具体化。本章至第六章将对图书馆活动的有关方面展开论述。

"图书馆与社会"是图书馆学的基本命题,是认识和考察图书馆活动的起点。这一命题的核心是图书馆活动和社会环境的相互关系和交互作用。对这一命题的研究应当站在历史和现实这两块基石上,从纵向和横向的各个侧面进行立体多维分析。这就是历史性分析和同时性分析的结合。一方面从考察图书馆的起源和演化入手,探究图书馆形态变化的社会环境因素,找出图书馆和社会这对关系在不同时期的表现和联系。另一方面,是从考察图书馆活动入手,探究图书馆活动和整个社会活动的内在联系,揭示图书馆活动的社会本质,并在此基础上阐明图书馆对外部社会环境的作用。

第一节　图书馆是社会的产物

图书馆的起源

美国著名图书馆学家巴特勒(P. Butler 1886—1953)认为,要真正完全理解和认识图书馆活动,必须通过认识它的历史起源①。图书馆是人类社会生活发展到一定阶段的产物,它顺应了特定的社会需要。探索图书馆起源问题,其意义不仅仅表现为复现那些被历史尘埃所淹埋的历史过程,更重要的是,能够从起源问题上把握图书馆和社会的最初联系,为洞悉图书馆发展的社会动因,找到科学的、合理的起点。

在人类历史发展过程中,图书馆的起源是在社会文字和文献产生以后。文字和文献的产生是图书馆产生的必要前提。人类社会"由于文字的发明及其应用于文献记录而过渡到文明时代"②。文字的产生为人类文化的积累、交流、继承、发展创造了先决条件。文字产生之前,人类的交流主要依赖口头语言,通过口耳相传方式进行。文字产生使得人们可以用这种符号系统刻画、记录在一定的物质载体上。这种用文字符号系统来记录人类知识经验、表达思想所形成的载体,就是最初的文献。文献作为一种记录知识经验的物质形态,是凝聚和物化了人类文化的结晶,它是人类的共同财富,它不仅为同时代人相互交流知识,表达感情提供了工具,而且更重要的是它能向后人传递前代文化的信息,从而为文化积累和知识发展创造了前提条件。文献作为一种社会信息的存贮和传

---

①　Butler, Pierce; An introduction to library Science, Chicago, 1933

②　马克思、恩格斯:《马克思恩格斯选集》第 4 卷第 21 页。

递的工具已经自文献产生后，被古人所本能和直觉地认识到了，这种认识导致了古代的文献收藏活动。

文献的收藏是早期图书馆的存在方式和活动内容。文献收藏活动的形成，既有文献本身的原因，更有社会需求的原因。从文献本身来看，随着文献内容复杂化程度的提高，数量逐渐增多，需要对文献进行集中收集和整理，这种保管文献的需要是图书馆产生的客观要求。但是，更为重要的是，文献收藏活动是以文献的利用为目的，保存文献的目的是提供日后多次重复的利用，变少数人利用为多数人利用。这种由于利用而形成的文献收藏活动是古代社会生活的重要方面。考察我们已经发掘或查明的最早的中西图书馆形态，都源于一种直接的、功利的目的，早期文献收藏内容都是社会生活的各种文字记录，如宗教仪式的记录，历代皇帝的法令、政令，政府法律文书，征收赋税，接纳贡物等各种财产记录，这些文献实际上大多为各种文书档案。保留这些文献，一方面是为了日后查考利用，另一方面也是社会活动的记载，是保持社会生活连续性的必要条件。由于古代文献内容具有参考和利用价值，以及和社会发展的紧密联系，决定了人们需要加以永久保留它们，从而，构成古代文献收藏活动形成的基本原因。

上古社会文献收藏主体是社会记录档案。因此，图书和档案的社会机构是"同源"的。但随着社会发展，特别是物质劳动和精神劳动的分工，这种"真正的分工"导致了人类可以"不用想象某种真实的东西而能够真实地想象某种东西"，可以"摆脱世界而去构造'纯粹的理论'神学、哲学、道德等等"。① 精神劳动者阶层的形成和各种"想象"的成果——精神产品，如哲学著作，宗教著作，文学艺术作品等等出现，使人们认识到，图书馆应保存人类的一切知识，不仅仅要保存经验和观察的记录，而且要保存人类推理和想

① 马克思、恩格斯：《马克思恩格斯选集》第 1 卷第 36 页。

象的成果。随着精神产品的不断增多,图书馆作为最初的文献收藏处,逐渐摆脱了档案馆的痕迹,图书馆和档案机构"同源分流",表明图书馆逐渐确立作为知识成果和精神产品的收藏、整理和利用的社会交流机构中心地位,形成独立意义上的图书馆。

最早的四大文明古国,中国、埃及、巴比伦、印度是世界图书馆的发源地。假如以集中文献典籍收藏作为图书馆起源的标志,那么,根据已有的考古发现和史料记载,在我国殷商时代,不仅存在着大量文献典籍,而且已经有了管理和利用这些文献机构的人员。例如从河南省安阳县小屯村殷墟发掘出来的最早的文献——甲骨文片,从这些甲骨文片出土情况来看,可以推定存在着记录、收藏、管理甲骨文片的机构和人员,这是我国最早的文献档案机构的雏形,也是中国图书馆的发端。在西方,古代埃及的寺院图书馆和巴比伦的王室图书馆也是世界上比较古老的图书馆。

尽管中西图书馆起源的时间和类型形成上有着差异,但是,综观整个起源过程可以得出一个清晰的共同的发展脉络。从文字产生和记录于物质载体形成文献,是人类由知识体内贮存发展到知识的体外记录,从口耳相传进化到文献交流,是图书馆起源的必要前提。由体外记录和文献交流发展的需要形成最初的文献收藏活动,是图书馆早期的存在方式和活动内容。由纯粹的社会记录档案收藏逐渐发成为知识载体和精神产品的"集散地",标志着作为社会知识交流机构的作用和功能的形成,从而完成了起源过程。图书馆的产生实际上是人类社会交流发展的结果,是交流手段、工具和方式历史进化链条上的自然延伸,是社会知识发展和社会生活发展的必然要求。因此,应该站在社会知识交流发展史高度把握图书馆起源。

在社会历史长河中的图书馆形态

如果说,是社会的需要创造了图书馆,那么,社会的历史发展

45

和需要的变化则制约和改变着图书馆。图书馆漫长的演化史表明，它始终处于不断适应人类社会知识交流需要的变化过程中，为了适应社会需要，图书馆不断地自我更新，改变自己的形态。在人类社会历史长河中的图书馆形态的变迁，都是其特定历史阶段的社会发展在图书馆活动的反映。

适应着不同历史时期社会变化和知识交流的具体需要。图书馆形态变化大体为：

第一时期，古代图书馆形态，它对应着前资本主义时期的社会形态与农业文明。

封建社会的经济是自给自足的自然经济占主导地位，社会生产力发展比较缓慢，社会生产在很大程度上主要依赖劳动者的经验、技巧和体力等因素，科学知识作为推动社会生产力发展的重要力量还没有显示出来。在这种比较低水平的社会物质生产条件下，社会是不可能超越其本身能力来支持和负担大量专门从事社会知识创造和生产，以及知识交流的社会职业队伍。这就从根本上规定了社会知识成果的数量发展水平，规定了文献增长和社会拥有量。同时，封建社会的物质生产方式是封闭式的，自然经济阻碍了社会交往，再加上封建专制政治和强大宗教力量对思想的桎梏，知识为少数人占有，劳动者大都是文盲。这样，知识交流的社会需要、活动范围和深度不可避免地带上封建社会的历史特征。在这种历史环境下的古代图书馆形态，只能是少数的知识拥有者的封闭式的藏书楼形态，只能是宫廷和宗教的附属品。记录知识的技术手段和负载知识的物质材料受到了生产条件的制约，数量上还十分有限，客观上限制了交流规模，也制约图书馆的发展。

藏书楼作为古代图书馆的存在形态，它的基本社会职能体现在对文献的贮存和保管，即较多地着眼于文献的收集和整理而极少考虑文献的流通利用。图书馆被人们看成是一个贮藏人类知识载体的"社会仓库"。它以收藏和保存人类文化典籍为社会存在价值的体现,而图书馆所具有的交流和传递知识载体的社会功能被文献贮藏所掩盖、所淡化了。但是,不可否认,古代图书馆由于保存了人类文化遗产,因而对于知识交流有着不容忽视的意义,这种长时期的文献积累和精心保管对于后来图书馆知识交流规模扩大和深入提供了必要的基础。如果没有那时对文献积累所作出的贡献,就不可能形成后来图书馆在沟通人类知识成果的历史联系和纵向的社会知识交流的功能。

尽管藏书楼是以贮藏和整理文献为其主要职能,但并不意味它不具有社会知识交流这一社会本质,只不过这种交流是在很小的圈子内,在少数的掌握有文化知识的知识阶层和统治阶级中进行,在一个狭小范围内为文化事业、教育事业提供社会服务。

由于藏书楼重视文献的收藏和保管,它的社会职能有很大局限性。反映在图书馆活动的内容上,藏书整理是其活动的主要内容,图书馆事业体现为藏书事业。官府藏书、私人藏书和书院藏书是我国古代图书馆事业的三个基本构成(其他尚有寺院藏书)。在我国长期的藏书整理的社会实践中,我国藏书楼逐渐形成了在收集藏书和整理保存藏书的经验和知识,特别是在图书校勘、整理分类、保护所积累的知识以及形成和发展中国传统的目录学、校勘学的理论有其不可磨灭的作用。这些经验和知识至今仍然焕发出独特的光彩,为我国目录学、分类学、藏书建设、校勘学等理论和方法的发展积累了材料和提供了良好的发展基点。这些遗产至今仍然需要我们不断发掘和继承。

假如把古代封建藏书楼形态称之为"第一代图书馆",那么传统图书馆形态则可认为是"第二代图书馆"。它是工业文明时期的产物。

十七、十八世纪以后,资本主义经济有很大发展,特别是大工业生产的形成,使社会物质生产能力和生产水平有了极大飞跃,社会生产日益复杂,科学技术在社会生产发展中作用日趋显露,它既促进着物质生产的改变,又活跃了科学知识的传播,科学发展和社会发展的联系更加紧密。随着科学技术在社会生产中的应用,逐渐要求从事生产劳动者必须获得相应的知识和生产技能,以适应社会生产需要。这种社会需要推动了社会教育的兴起。另一方面,在资产阶级反对封建主义的文化启蒙运动和资产阶级政治斗争需要的社会影响下,客观上也促进了文化知识的普及,特别是大量下层人民中间具有文字阅读能力的人日趋增多。社会文化程度的日益普及,社会知识交流规模扩大和更广泛的"社会化"就有了发展基础。与此同时,近代科学技术的发展也改变了社会知识的物质生产的面貌,传统的依赖手工抄写和刻印文献的物质生产方式被大规模的机器生产所取代。文献的生产为大规模知识交流的发展提供了可行的物质条件,社会文献作为一种商品以从未有过的势头涌向社会、进入社会知识交流过程。这一切都为社会知识交流更大发展,为图书馆的质和量的飞跃开辟了广阔的前景。

在这种工业文明的社会环境的土壤上孕育了图书馆形态的更新,导致了图书馆的兴盛和发展。它表现在,为了适应社会知识交流的不同层次的分化,图书馆从单一类型发展为由各种类型组成的图书馆系统。在大学图书馆普遍兴起后,世界各国陆续建立国家图书馆。随后,十九世纪又有大量公共图书馆的出现,并成为这一时期图书馆事业发展的主要特征。它表明图书馆在社会生活中成为不可缺的一个组成部分,图书馆活动成为一种经常性的社会活动,形成为一种重要的社会事业。

传统图书馆作为一种新的图书馆形态,它和藏书楼形态有着明显的区别。这种区别表现在:

图书馆的社会职能从文献收藏发展到文献利用,强调图书馆的社会教育职能。人们不再把图书馆仅仅看成是文献收藏的地方,而看成是一种社会性的科学、教育、文化的机构,看成是促进文化科学教育事业的社会力量。图书馆的社会价值在于给人们以知识的利用,而不仅仅是贮藏文献。

图书馆活动从单纯"藏书整理"扩展到一项复杂的科学工作体系,是人类运用知识成果来处理知识载体的一项社会活动。依据方便人们利用文献的原则,建立了文献的采访、处理、贮存、传递利用的科学工作程序。

图书馆的读者从少数人发展到逐步面向全社会,图书馆从闭锁的、深居幽宅的藏书楼演变成社会性的机构。为读者服务成为图书馆活动的归宿和目的。

图书馆的藏书资源从单一的图书文献类型走向多样化的文献类型,从狭小的学科文献扩大到所有的人类知识成果。图书馆的藏书资源成为社会的综合的精神财富,成为极其丰富的知识资源,它的开发和利用成为社会发展的重要前提。

但是,图书馆形态的变化、图书馆事业的发展在世界各个地区、各个国家极不平衡。尤其是广大的亚非拉地区,由于本国封建势力的压迫、殖民主义的剥削,经济贫困,科学文化落后,图书馆事业也难以前进。

在我国,图书馆形态的更替发生在十九世纪末、二十世纪初,这是与当时的封建经济解体、封建文化衰落,和中国进步知识分子要求救亡图存,变法维新运动分不开的。

二十世纪四十年代以后,现代科学技术突飞猛进,文献信息已是社会的重要资源,作为社会无形财富已经得到社会的广泛重视,社会知识创造成为推动社会进步的巨大动力,人类智力成果的增长超过了历史上人类所创造的知识的总和,知识更新周期正在缩短,这些现象给社会知识交流带来了一些新的特点。从知识交流的广度上,已经远远超出一个国家、一个地区的范围,全球性的知识资源的共享和交流的协调与控制已经成为一种普遍的社会需要;从深度上,已经深入到具体学科知识的某一部分、某一生长点,重视知识的前沿,强调知识向情报的转化,整个知识交流的节奏加快了。另外,社会知识交流的社会实体朝着多样化方向发展,传统的交流实体在不断分化又不断综合,新的知识交流的社会实体又不断出现。这一切都深刻改变了图书馆发展历史进程,一个适应知识化和信息化时代的崭新的图书馆形态——现代图书馆已经和正在破土而出。

现代图书馆是知识传播和交流的中心,是文献信息发射中心,是情报中心。科学情报的传递成为图书馆日趋重要的社会职能。图书馆不仅是等待人们利用文献的知识宝库,那是不断喷发新的知识信息的"知识喷泉",图书馆员不再是被动的"看门人",而是传递知识信息开发知识资源的中介。

现代图书馆是以计算机为基础的自动化图书馆。它取代了以手工操作为主体的传统图书馆的落后的文献处理方式,提高了图书馆工作的质量和效率,图书馆工作重心从传统的文献处理转移到读者服务上,整个图书馆面貌有了根本改观。

现代图书馆是互为联系的社会整体。传统图书馆完成了类型的分化过程,而现代图书馆则在新的条件下走向综合。这种综合就是从图书馆之间纵向等级结构向网络结构发展,原来分散的、单个的图书馆个体开始彼此结成新的集合,共享资源,以整体的努力来满足日益增长的社会需要。

现代图书馆是多载体并存的图书馆。非印刷型文献的大量涌入图书馆中,丰富了图书馆资源载体成分,同时也改变了传统观念、图书馆结构和活动方式。

第三代图书馆形态,即现代图书馆在信息时代的社会作用将会越来越重要,目前我国图书馆发展正面临着图书馆形态的变革,处在从传统图书馆向现代化图书馆的过渡阶段。随着这一过渡,我国图书馆将会发生重大变化。

图书馆发展的社会环境

图书馆活动是整个社会活动中不可缺少的一个方面。图书馆的发生和发展都和与其相联系的外部社会环境的交互作用息息相关,它的存在和发展取决于社会发展的总体条件。图书馆活动的外部社会环境是一个复杂的综合体,几乎牵涉到社会生活的各个方面,但是对其有着直接、重要影响的外部社会环境主要是社会政治、经济、科学、教育、交流等环境。

一、政治环境　图书馆自产生起,就和社会政治活动发生了密切联系。最早的图书馆一般都是王室图书馆,这些王室图书馆产生都是出于纯粹功利和实用的目的,都是为了保存和继承前一代皇帝的各种社会记录,吸收他们的统治经验,维持和巩固已有的社会统治。这些社会记录,如历代皇帝的法令、政府法律文书、财产收藏的记录、各种宗教仪式的记录等收藏,是维持和延续一个政权的统治所必需的。图书馆历史发展证明,一个稳定的政治环境有利于图书馆发展。在中国封建社会藏书楼的历史过程中,图书馆事业比较发达和兴旺时期都和当时安定的政治环境和对图书馆的政治需要分不开的,没有西汉政府的"建藏书之策,置写书之官"就不可能有汉代图书事业的兴盛。同样,统治者实行专制主义,图书馆发展就会遇到政治障碍,秦始皇的"焚书坑儒"直到"十年内乱"大革文化命,历史上恶劣的政治环境会使图书馆事业发展受到严重挫折,甚至倒退。

一个稳定的社会政治环境不仅可以保证和促进图书馆活动的稳定发展,同时社会政治生活的发展也需要一个很好的社会政治信息交流系统和治理国家的知识系统,需要支持、发展图书馆系统来收集、保存和提供这些知识和信息。

二、经济环境　图书馆的发展取决社会经济的发展,图书馆的产生只能在社会经济有了一定发展,社会有相对多余的财力来支持和提供图书馆发展的前提下才有可能。经济越发展,社会才能提供更多的资金和物力保障来发展图书馆事业。因此,一个社会经济环境决定了一定社会的图书馆的发展水平。事实表明,一个发达的图书馆事业不可能在经济落后的国家中产生。

经济发展,生产力水平提高,社会财富增多,社会成员的闲暇时间也会增加。而社会闲暇时间越充分,提供人们阅读的时间也越多,图书馆的社会需要也就更迫切,这也会促进图书馆的发展。

社会经济发展需要有一个复杂的经济信息系统来支持。在经济活动中会产生大量的文献记录如统计资料、商业记录、市场信息等,这些反映社会经济活动的文献记录的保存和传递是维持社会经济发展的重要条件。保存和传递社会经济信息在很大程度上要依赖图书馆的活动。因此,经济活动越发展,就越能促进图书馆的发展。

三、科学环境　科学环境是图书馆发展最为直接的外部环境。图书馆是收藏和处理知识载体的机构,知识载体的状况对图书馆发展有着重要影响,而知识载体则是科学发展的产物和结果。人类科学越发展,认识越深化,知识总量就会增加,知识载体也会相应增多,而知识载体多寡是图书馆发展数量和规模的重要依据。科学门类越多,知识载体的内容就越多,收集和处理这些知识载体的复杂性就越高,图书馆工作的科学化要求就越迫切。科学交流越频繁,越广泛,图书馆作为科学交流的社会中介的功能就越得到强化。

图书馆依赖科学环境的另一方面表现在,图书馆活动是一种运用科学知识来处理知识载体的活动,需要从科学环境中汲取养料来提高图书馆工作能力和效率。图书馆工作的每一进步,都是应用社会科学和自然科学的成果的结果。科学越发展,它所贡献给图书馆活动所必需的知识和技术就越多,就越能促进图书馆工作更加科学化发展。

图书情报是科学研究的必要条件,是科学起飞的两翼。没有完善的图书馆系统作保障,科学就不能向前发展。图书情报系统的效率和功能的大小,是决定科学研究效率的重要因素,因此,图书情报工作作为科学事业的重要组成部分,必须和科学协调发展。

四、教育环境 传统图书馆的产生的一个重要社会原因是社会教育的兴起。社会教育是提高生产者文化水平和生产技能的重要途径。图书馆,尤其是公共图书馆是实施社会教育的场所,社会教育所形成的广泛读书需要是促进图书馆发展的有利条件。在当代知识更新加快的社会条件下,终身教育是跟上知识发展步伐的有力措施,一个完善的图书馆系统是保证社会教育的基础。因此,社会教育是图书馆发展的一个重要外部原因。

学校教育必须要依赖图书馆来支持它的教学活动。学校教育系统的完善程度和发展规模是决定学校图书馆数量和质量的先决条件。在高度发达的教育环境中,图书馆的作用就会得到重视,也为图书馆的发展提供了充分的可能。因此,学校图书馆的发展取决于教育环境的状况。

社会的教育环境状况还是决定图书馆读者和干部队伍的根本原因。教育越发达,社会文化教育普及程度就越提高。而社会文化教育普及程度是直接反映在社会具有阅读能力的人的数量上,也体现在图书馆的现实和潜在读者的数量上。在一个文盲占了相当比例的社会中不可能要求图书馆有更大发展,而教育普及的国家,图书馆发展则是现实的社会需要。

五、交流环境 图书馆是社会知识交流的机构,社会交流环境是图书馆从事知识交流的社会基础。社会交流手段的进步,社会交流系统的完善有助于图书馆的发展。人类交流媒介发展的每一步都对图书馆产生革命性影响。藏书楼形态是和当时交流媒介的落后联系在一起的。而印刷技术的发展,使文献这种交流媒介真正成为大众交流的工具。文献的大量生产和流传,推动图书馆的社会化。以现代计算机技术和通讯技术为基础的现代电子交流媒介的出现,是导致了现代图书馆诞生的一个重要因素。

社会交流系统的完善程度也是制约图书馆发展的重要因素。从文献交流系统来看,社会文献的编辑、印刷、出版发行和文献贸易整个过程,是和图书馆联系在一起的。没有前者的存在,后者缺乏发展的前期条件,不可能有真正发展。另外,图书馆不是唯一的社会知识交流的机构,其它交流机构的分化和综合会直接或间接地影响图书馆活动的内容范围。在现代交流机构多元化的情况下,图书馆的生存和发展在很大程度上要依赖和其它交流机构的协调配合。特别是同那些在传统图书馆活动中分化出来的交流实体,如情报机构、文献中心的协调配合尤为重要,而这种协调配合的结果必然导致图书馆本身的分化和综合,影响图书馆发展道路。

第二节　图书馆活动的社会本质

假如前面对图书馆和社会的关系分析是从图书馆发展和社会历史发展相互作用的过程作为研究角度,那么,这一节则侧重把图书馆放在社会活动的系统中所形成的社会联系作为考察的对象。前者是动态分析,后者则是静态分析。

图书馆及其活动的构成

什么是图书馆? 图书馆是通过对文献的收集、处理、贮存、传递来保证和促进社会知识交流的社会机构。

作为一个完整的图书馆结构,它的基本构成是五大要素,即图书馆藏书、图书馆读者、图书馆馆员、图书馆工作方法和制度、图书馆建筑及其设备。

图书馆藏书是图书馆各项活动的基础,也是图书馆活动的起点和基本条件。图书馆藏书是图书馆所收藏的文献的总称,它是通过选择、收集、整理、加工、典藏的各项环节,将社会上分散的文献按照读者需要精心组织起来,以供读者利用的有序而稳定的文献资源结构体系。图书馆藏书还是一个动态的文献体系,通过收集和剔除文献,使图书馆藏书始终处于活跃的发展的状态。

图书馆读者是图书馆的服务对象。凡是利用和可能利用图书馆的社会成员,包括个人和团体的用户,都应当是图书馆读者的范围。任何一个图书馆都必须有明确的读者对象,并根据读者需要来组织图书馆活动。图书馆通过发展读者、研究读者、组织读者、服务读者来实现其社会作用。可尽能满足读者需要是图书馆的基本要求。

图书馆馆员是图书馆灵魂。图书馆员的素质和能力的状况是决定图书馆工作质量和服务水平的基本因素。馆员是图书馆工作的主体,是读者文献利用的组织者。通过图书馆员的劳动将文献传递给读者,建立文献需求和文献利用联系是图书馆活动的关键。

图书馆工作方法和制度是图书馆活动得以顺利开展的依据。图书馆工作的基本内容是文献收集、整理、存贮和传递。现代图书馆工作还应加上如何使文献中的知识内容转化为读者可直接利用的情报。这些工作都是依据科学的方法和制度,按照图书馆工作的规律而组织的科学活动。满足读者知识和情报要求的程度是衡量图书馆工作方法和制度是否适宜的基本尺度。

图书馆建筑设备是图书馆物质条件和工作手段。图书馆活动必须依赖特定的空间区域、必备的物质设施和适宜的环境。现代图书馆是以使用计算机等现代化的技术设备为主要特征。采用现代化的技术设备有助于提高图书馆工作效率和质量。物质条件和工作手段的现代化是图书馆现代化的重要内容。

图书馆活动是这一社会机构的运动过程,是它的存在方式。图书馆活动是社会通过图书馆从事的各项社会活动的总称。它是一种社会实践活动,同社会实践的广泛领域都有直接和间接的关系,具有丰富的实践内容。它由小范围的分散的藏书整理活动发展到目前的综合性多样化的图书馆活动,经历了逐渐丰富和变化过程。图书馆活动是由以下几个分支活动所构成:

1. 文献的组织和情报传递活动。它包括文献的收集、整理、贮存、利用和情报传递等图书馆工作过程。

2. 图书馆协作活动。包括图书馆之间为了共享藏书资源、编目成果、人才资源而需要形成的藏书建设的整体规划和分工入藏、协作编目、馆际互借、编制联合目录、建立地区贮存图书馆、发展地区图书馆网络、人员和学术交流等各项协作活动。

3. 图书馆管理活动。制订图书馆计划和发展规划,图书馆决策,建立图书馆组织体系、进行人事和财务管理,建立信息反馈系统和控制系统,以及图书馆事业的组织管理。

4. 科研和教育活动。图书馆科研活动主要指总结图书馆活动的实践经验,围绕图书馆事业的发展需要,开展图书馆学、情报学、目录学等学科的理论研究和实际问题的专题研究。图书馆的教育活动主要有两方面内容,一是对读者开展如何利用图书馆和文献检索的辅导和教育,二是图书馆干部队伍本身的在职教育和职业培训,以及建立和发展图书馆学教育体系。

图书馆的各项活动既自成系统,又互相关联和制约,形成一个动态的、多维的整体,必须从总体上完整地把握图书馆各项活动的差别和联系,才能协调发展图书馆的各项活动。文献的组织和传递活动是整个图书馆活动的核心,其它任何活动都是围绕着这一核心开展的,是为其服务的,没有这个核心,从事其它任何活动都是没有意义的。图书馆的协作活动是传统的图书馆活动的扩展和延伸,它是适应现代社会日益增长的情报需求的重要措施。图书馆的管理活动是图书馆活动顺利开展的基本保证。图书馆科研和教育活动是推动图书馆活动按科学化方向发展的前提。

图书馆活动的社会本质

图书馆活动是一个社会现象,它是图书馆诸现象及其普遍联系的综合反映。要探讨图书馆活动的社会本质,也只有从图书馆活动和社会客观联系中才可能找到答案。

假如把图书馆置身于社会的运动过程中,图书馆的活动就可以被看作是图书馆和外部社会不断交换和作用的过程。图书馆是在同外界社会的不断输入输出过程中获得生存和发展的动力。图书馆和外界社会的客观联系可以从以下二个层次加以理解。

第一个层次是图书馆作用于个体读者的过程。我们把这种联系称之为"微观联系"。这种微观联系是建立在图书馆和读者阅读利用的关系基础上。图书馆根据读者的特定需要选择和收集文献,经过处理和加工,然后通过文献传递等工作环节,将读者所需要的文献一本一本地传递给具体读者。读者在阅读和利用文献之后,归还给图书馆,文献继而又回到图书馆藏书集合中,通过新的文献传递活动,又开始了一个新的"借阅——归还——借阅"的过程,如此循环往复,文献得以重复多次和充分地利用,文献的交流功能得以发挥。图书馆的这一外部联系过程是一个具体过程,是一直在进行着的日常的文献传递交流活动。每天涌进的大量读者和图书馆发生各种各样的联系,实质上都是这一微观联系的表现和反映。

假如我们把图书馆的微观联系加以综合和抽象,并把它提到社会知识活动的高度上加以认识,我们就可以得到另外一个层次的外部联系,我们把这一联系和微观联系对应起来,称之为"宏观联系"。微观联系过程实际上是现有图书馆藏书的不断流通过程。但是要维持这一过程,还必须要有大量新文献输入进来,补充到图书馆藏书体系中,新文献的输入反映了社会知识成果的不断产生,意味着新的社会知识输入。这些文献经过整理,形成为具有体系化的社会知识的文献结构,然后,又通过文献输出社会知识。知识的利用者有选择地吸收和利用这些社会知识,再作用于社会实践活动,产生和创造新的知识。这些新的知识通过表达、著述、编辑出版、印刷发行,又形成新的知识载体,以社会知识的形态输入到图书馆中去,加入到知识交流行列中,开始了一个新的知识交流的周期。这一联系过程是建立在图书馆和整个社会知识的利用、创造和生产活动的关系基础之上,是以社会知识活动作为社会联系点。

上述两个联系是有机地结合在一起的。微观联系是宏观联系的具体化和微分化的结果,而宏观联系则是微观联系的抽象化和积分化的产物。微观联系只是一种现象,而宏观联系才是图书馆和社会的本质联系。

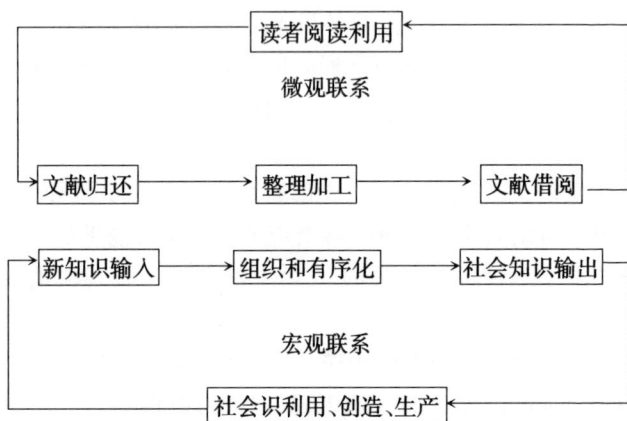

图2-1 图书馆的社会联系

当然,图书馆和社会还有其它各种联系,但是图书馆和社会知识活动的联系则是客观的内在联系,其它各种联系都是在这种联系基础上的扩展、引申，是以这种联系为"中介"的。

无论是微观联系还是宏观联系，我们发现，它们的输入输出都是一种文献的输入输出，这说明，图书馆和社会的联系是以从社会收集存贮文献和向社会提供传递文献体现出来的。但是，文献的联系还只是一种现象，还须深入一步。因为，文献是一种知识载体，其输入输出都是以对文献的知识内容的利用为其存在意义。因此，文献中知识内容的交流才是这种联系的本质。如果没有以知识为对象的交流，那么整个图书馆活动的形成和作用于外界社会都是没有意义的。

只有当文献为某一社会机构所收藏整理时，才能使文献所固有的交流知识的巨大潜力得以发挥。图书馆就是这样一种社会机构，它纵向留存和继承人类自古迄今的文化科学知识，横向联结知识创造与知识利用的纽带。它以收集与贮存的功能集积记录在文献中的人类精神产品，以其传播和阅读的功能把社会知识扩散到各种不同的人群中去。因此，就本质来说，图书馆是社会知识交流的工具，是社会知识活动链中的一个环节。

图书馆的社会属性

分析图书馆属性是认识图书馆活动又一重要途径。

事物的属性是从和外界的联系中体现出来的。图书馆和社会的本质联系决定了图书馆的社会本质是知识交流。图书馆的这一本质决定制约和派生了图书馆的所有属性。另一方面，图书馆的属性也从不同侧面和不同层次对这一本质加以具体化。图书馆的社会属性是图书馆在社会联系过程中所体现出来的自身的性质，由于图书馆和社会联系是多侧面、多层次的，因此，图书馆的社会属性是多样规定性的综合统一，而非单一的性质。那种从某一特定侧面或层次的考察而得出的关于图书馆本质属性的解释，都不免失之偏颇，应该说，这些社会属性互相联系和补充反映了图书馆的整体性质,共同描绘了图书馆的全貌。

由于这些社会属性对社会联系程度有紧疏之别,反映图书馆的程度也就存在差异,有些属性是图书馆所特有的,有些则是和其它事物所共有的。而且,随着图书馆发展,它在不同时代和社会的联系的侧重点也是在发展的,因而,不同时代的图书馆的属性的相对重要性也是在变化的。从现代图书馆的发展来看,图书馆的主要社会属性体现为社会性、知识性和中介性。

一、社会性

图书馆的社会性表现在图书馆在社会知识交流过程中体现出来的交流内容、交流对象和交流实体的社会性。

交流内容的社会性。图书馆活动的物质基础是文献。这种文献是社会知识的载体。也就是说,图书馆所交流的是作为客观知识形态的知识,是存贮在一定物质载体上的。这种知识载体是人类社会综合性的智力资源,它是人类在各个时代、各个社会中所创造和不断积累的知识总汇,是人类社会生活的真实记载和人类思想的结晶,因而它是社会宝贵的精神财富。这些无形财富是社会知识资源,它同煤炭、石油、矿产、森林等自然资源一样,对人类社会发展具有重要意义。

交流对象的社会性。知识交流是普遍的社会现象。图书馆要为全社会的成员服务。全社会的成员都可以是图书馆的读者或潜在的读者,都可以利用图书馆资源,享用图书馆服务。图书馆资源被读者利用得越充分,范围越广,图书馆的社会作用也就发挥得越大。图书馆要保护和鼓励读者利用文献,并为读者利用创造条件。当然各个具体图书馆,应根据其在整个知识交流体系中担负的特定职责,确定一定范围和数量的读者作为自己重点服务对象。但就图书馆整体而言,交流对象应具有社会全民性。

交流实体的社会性。作为知识交流社会实体的图书馆,是全社会成员共同利用文献资源的场所,是社会科学教育、文化活动的一部分,是保证社会知识交流的文献保障体系。它的发生发展都受一定社会外部条件的制约,一定社会的历史条件的总和规定了图书馆事业的规模和发展速度。图书馆的发达程度,标志着社会文化水平。反映了社会文明的进展。在图书馆发展每一阶段都可以找到与此相适应的社会发展阶段的一些对应的社会特征,如生产力水平、科学知识水平,社会生活水平等特征。图书馆的社会性还表现在它的事业组织的网络化和资源共享的社会化的发展趋势。

关于图书馆的阶级属性问题。我们认为,需要纠正把图书馆的阶级属性无限扩大的偏向,又要防止超阶级的观点。任何社会的文明的性质总是由生产方式、由社会制度来决定。随着人类物质生活的生产方式的更替,相继出现了原始公社制文明、奴隶制文明、封建制文明、资本主义文明和社会主义文明。从这样的观点来看图书馆的性质,它作为人类精神文明的一个组成部分,当然也受各个时代的社会政治经济制度制约,并为这一社会政治经济制度服务。我国社会主义图书馆事业的性质受社会主义制度决定,它为人民所享有,为人民服务,为社会主义服务。这可以说是我国图书馆事业总体的阶级属性。这种阶级属性寓于图书馆的社会性之中,也反映在图书馆的教育职能中。

我们要看到,在社会主义中国,图书馆事业的发展,既是社会主义精神文明建设的重要方面,又是物质文明建设的重要条件。一切的知识载体,既是物质产品,又是精神产品。它们在广大人民群众手里,会唤发起巨大的精神力量,并转化为物质的力量。通过有效的图书馆工作,促使书刊资料中所反映的思想和认识,在很大的范围和很长的时间里产生影响,并在一定程度上支配人们的行动。因此,我国的图书馆事业应当具有鲜明的思想性,应该在四项基本原则的指导下,为社会主义物质文明和精神文明建设服务,而决不应偏离社会主义的性质和方向。

二、知识性

图书馆是人类文明发展到一定阶段上的产物。人类社会产生文献以后,便产生了如何保存和交流人类记载在文献上的知识的问题。图书馆就是为了解决社会知识交流的需要而产生的。图书馆从产生那天起就与知识有着本质的、内在的联系。没有人类社会知识积累便没有图书馆的产生,没有知识的不断发展,便没有图书馆的发展。人类社会知识每积累到一定的阶段,总要导致科学文化重大突破,而科学文化的每一次重大突破,都给图书馆带来根本性变化。

图书馆是一个社会知识发展的有机体。它对输入的个别和零散文献进行加工整理纳入到已有文献资源结构中,并使其发生局部的变化,这个过程也是社会知识的积累和组织过程。在图书馆活动中,馆藏知识内容的发展是一直不断的,随着文献的不断输入,图书馆贮藏的知识也在不断积累和发展,图书馆适应社会需要的能力也才能不断提高。没有这种社会知识的源源不断涌入图书馆中,图书馆的发展就会停滞,就会丧失生命力。

图书馆工作实际上是一项开发社会知识资源的工作,对知识资源的开发过程是运用知识的过程,必须用知识来处理知识本身。从某种意义说这门知识是更重要的知识。它不仅涉及到各个学科知识门类,而且还有其特有的理论和方法。所以图书馆工作本身是一项学术性的工作,从事这项工作的人员必须具备相应的知识和技能。

三、中介性

图书馆的中介性首先表现在它是人和书之间的桥梁。图书馆活动的根本任务就是提供读者所需的文献,把图书馆的藏书和特定的读者文献需要联系起来,满足社会成员使用文献的需要。图书馆本身并不是创造文献,也不是自身利用文献,而是通过其内部机制,把社会上创造出来的文献加以搜集和整理,传递给读者,回到社会中去。所以图书馆只是起到一个文献交流的通道和中介的作用。对图书馆的评价标准就在于它是否根据读者需要收集和贮存文献以及它满足社会文献需求的程度。作为中介,图书馆员一方面要了解社会文献的状况,另一方面要研究读者的需要,只有把两者都兼顾到了,才能把社会文献传递到读者手中,才能真正发挥图书馆的社会作用。

图书馆的中介性还表现在它是社会知识生产和社会知识利用之间的桥梁。作为社会知识交流系统中的一个环节,图书馆担负着将日益增长的社会知识迅速地扩散到社会知识利用活动之中,促进社会知识对社会发展的作用。图书馆对社会生产力发展有着重要作用,但是其本身并不是社会生产力,只是通过图书馆活动来加速科学知识转化为生产力。一项科学成果要在社会生产中得到广泛应用,必须通过一系列的推广和转化过程,其中,图书馆就是这一过程的重要方面。反映科学成果的科学文献是图书馆的重要智力资源,如何使科学成果及时地传递到所需的人们中去,如何使文献转化为科学情报,如何使小范围的科学成果应用扩大到更大规模,这一切都要依赖图书馆的传递科学情报功能的有效发挥。

第三节　图书馆的社会职能

图书馆活动的社会本质决定了图书馆的社会职能。图书馆的社会职能是图书馆对社会外部作用的表现,它是社会赋予的。同时是一定时代的社会生活对图书馆提出的社会要求,因此,它具有时代特征。图书馆的发展史是图书馆社会职能演变和扩展的历史。

社会记忆职能

英国科学哲学家卡尔·波普尔曾经做过两个思想实验:(一)如果我们人类所有的机器和工具都被破坏了,而图书馆还存在着,那么人类仍然能够重新发展起来;(二)如果图书馆连同所有的机器和工具一起都被破坏了,那么人类文明的重新出现,就会是几千年以后的事了。

波普尔的思想实验结论也许耸人听闻,但它向我们揭示了图书馆和社会生存发展的一个重要关系。就像一个人一样,社会本身也需要一个记载和保存人类知识和经验的存贮装置。就好比人的大脑,它需要不断存贮和记忆外部的信息,积累个体在生活实践中获得的各种经验和知识,没有这种积累,人就不能发展。随着记忆的经验和知识的增多,个体适应外界环境和生存斗争的能力也就增强。社会也是在不断积累人类社会知识财富和继承人类文化遗产的过程中前进的。正如人从幼年到成年的成长过程是通过学习过程一样,社会从愚昧走向文明也是经历了类似人的学习这一经验过程。同样,正如一个人成长没有成年人的指点和教育,学习只能局限于本身经验范围,社会没有已往的经验作借鉴,社会就会重复已经走过的道路,重犯过去的错误。假如说,过去经验的不断吸取是人走向成熟的重要条件,那么,人类文化遗产的继承是文明社会进步的坚实基石。

社会文化遗产的保存和继承是依靠社会创造的文字记录,文字记录的保存是社会记忆的重要手段。图书馆作为保存人类文字记录的机构,它是社会记忆的体现者。巴特勒说:"图书是保存人类记忆的一种装置,图书馆则是在现代人类意识中传播这种人类记忆的一种社会机构。"[1]

---

[1]　Butler, Pierce An introduction to Library science Chicago, 1933.

图书馆收藏着古今中外的人类知识成果,这些凝聚在文献中的知识,记载着自古至今人类历史的发展和演变,记载着人们征服自然改造社会的手段和进程。没有任何一个社会机构能够像图书馆那样凝聚蓄积如此丰富的知识宝藏。有人把图书馆形象地比喻为"社会记忆的大脑"是不无道理的。社会有了这个"记忆大脑",就能跨越时代的鸿沟,历史的间隔,通观古今于须臾,遍抚四海于一瞬。一些消失于现实中、淹没在历史尘埃中的人类知识的成果,包括各种生产工具、机器等,只要记载这些人类智慧和创造过程的文字记录还存在,人类就会使它在现实中奇迹般地"复现"和"再生"。它依赖什么?它依赖于图书馆的社会记忆功能。是这种社会记忆功能,能够长久保存和积累社会的知识,能够为再生和创造社会文明提供条件。这也许就是波普尔思想实验对我们的启示。

文献保障职能

　　图书馆作为社会性的文献存贮和传递的机构,它担负着为全社会的文献利用提供社会保障的职能。

　　有关文献的社会活动已经形成了交流系统,它包括文献的编辑出版、文献发行、文献收藏和提供这三个子系统。每一个子系统在其文献交流系统中都担负其独特的和规定性的社会义务。文献的编辑出版机构是文献生产的部门,它的社会职能是将人类社会所创造的思想成果转化为具有一定物质载体形式的、用于社会交流的文献,为社会提供丰富的精神产品。文献的发行机构是文献流通部门,它的社会职能是将编辑出版部门生产的文献广泛而迅速地流通到社会所需要的各个方面,实现文献由点到面的社会性扩散,满足社会成员和文献收藏部门对文献的需要。而文献的收藏和提供机构,主要由图书馆和情报机构部门构成,是文献的收集和传递部门,它的社会职能是为社会文献利用提供文献保障,满足社会文献阅读的需要。

图书馆的文献保障的社会职能是社会文献交流系统的运动规律所决定的。在文献作为特定的商品在社会流通过程中，文献的购买和文献的需求存在一定的矛盾。作为个体读者的文献需要是一个不断变化和消长的过程，而读者文献拥有能力受其客观条件限制，总是不能够适应这一过程。也就是说，作为一个读者总是无法购入他现实需要和未来需要的全部文献。其次，文献出版量的有限性和读者需求的无限发展可能性存在着矛盾。出版数量的制定只能根据现实市场的需求，需求量和出版量总是有一定差距，而且未来市场的变化情况也是充满变量因素，不可能预测全部的社会需要。因此，总有一部分读者不能获得所需文献。除此以外，还有对古代文献和一些绝版文献的获得也存在困难。总之，作为个体读者企图依赖个人力量来满足全部文献需要实不可能。解决这一问题的唯一途径是建立公共性的文献收藏机构，通过社会力量来收集和提供文献，对社会成员的文献需要的满足提供社会保障。图书馆就是这种社会性的文献保障体系。

这种社会性的文献保障体系的建立和完善是社会知识交流的基础，是图书馆存在和发展的基本社会动力，同时，也是图书馆必须承担的社会职能。一旦社会成员可以通过其它途径随意拥有自己所需要的文献，或者图书馆不能很好地担负文献保障的社会职能，那么，图书馆的存在和发展就会失去社会现实基础。

图书馆所担负的文献保障的社会职能是按照不同层次体现出来的。作为总体概念的图书馆，它必须担负全社会的文献保障。但对于一个具体的图书馆，所担负的职能的侧重点都是不同的，但都要从其活动的领域和服务范围内对读者实行相应的文献保障。这种不同范围和重点的文献保障，在总体上都要构成一个社会或国家图书馆体系的整体的文献保障能力。因此，衡量一个社会或国家图书馆体系的发达程度，其文献贮备量和人均文献保障率是一个非常重要的评价指标，它实际上反映了图书馆满足社会文献需要,提供社会文献利用的能力。

由于当代文献的急剧膨胀和文献需求的迅速增长,图书馆所担负的文献保障职能又有了新的特点。它表现在,一方面,作为单个图书馆在满足其特定读者对象文献需要方面遇到了困难,需要从横向加强图书馆联系,建立以资源共享为目标的图书馆网络,依赖网络的力量来对网络内成员馆实行文献保障。另一方面,从纵向层次上,科学、专业、大学图书馆等图书馆类型中,文献保障必须向情报保障深化。从情报需求的角度,组织文献资源,变一本书、一种期刊为主体的文献保障深入到一个主题领域、课题方向的情报为主体的情报保障。当然,图书馆的情报保障必须建立在文献保障基础上,从满足情报需求的角度来建立文献保障体系。

社会教育职能

图书馆的教育职能形成和演变是和图书馆历史发展联系在一起的。在中国古代图书馆时期,图书馆的教育职能主要体现在是为学校教育提供文献资料。我国的书院藏书是最早在学校教育中利用图书馆的一个典型例证。古代一些著名的书院,不仅是教育吏材的机构,而且也是藏书和校书的地方。图书馆和学校教育的相互联系,是形成社会教育系统的一个基本条件,这早已被古代人们所认识。

但是,把图书馆本身看成是一个教育机构,看成是社会教育的场所,这种认识是在传统图书馆形态形成以后方出现的,特别是公共图书馆的产生,是使图书馆教育职能由单纯的辅助学校教育扩展到实施社会教育的重大转变的标志。近代的公共图书馆运动实际上是作为社会教育机构的图书馆的发展。被誉为"英国公共图书馆之父"的爱德华兹(Edward Edwards)发现公共图书馆的早先的发展阶段中,绝大部分读者是工人阶级和中等阶层以下的人民群众。这说明,公共图书馆的兴起是在当时社会教育历史潮流的推动下形成的,是为了适应大工业生产发展,需要形成一批有一定文化和生产技能的劳动者的时代要求密切有关的。

随着无产阶级革命运动的兴起,图书馆作为启发工人阶级的觉悟,提高人民科学和文化素质的重要工具,受到无产阶级革命领袖的高度重视。列宁认为,图书馆可以成为全国最普及、仅次于学校的文化教育机关,可以成为社会主义教育的支柱。他说,"图书馆和农村图书室,将在长时期里对群众进行政治教育的主要场所和几乎是唯一的机关。"①中国无产阶级革命领袖李大钊同志非常重视图书馆的社会教育功能,认为,"现在的图书馆已经不是藏书机关,而是教育机关。"②

到了现代社会,图书馆的社会教育功能得到了强化。现代科学事业的飞速发展,人们发觉必须经常地进行知识更新,才能适应时代的需要。知识更新的重要途径是不断地自我学习,从现代科学知识发展中吸取最新成果,不断扩充自己的知识积累和调整知识结构。而自我学习的重要方法是依赖和利用图书馆丰富的、动态发展的文献资源。图书馆作为社会自学的组织者和场所,已经在现代社会生活中日益显示了它的新的活力,"图书馆——大学"的口号已在一些国家兴起。

图书馆的教育职能和其它社会教育机构相区别,有着其本身的特征。它主要表现在:它是通过文献来实施教育职能的。它利用和提供自己丰富的文献馆藏,向广大读者进行宣传教育和辅导学习方法,寻找阅读的适宜途径。其次,它是自学和深造的场所。它建立良好的自学环境,通过各种途径提高读者的自学能力、利用文献的能力,培养读者的情报意识,从而提高自我学习的效果。图书馆教育的对象和内容具有相当广泛性。它的教育对象涉及社会

---

① 克鲁普斯卡娅:《列宁论图书馆工作》,时代出版社,1957 年,第 10 页。

② 李大钊:《在北京高等师范图书馆二周纪念会的演说辞》。

的各个阶层,各种年龄,它的内容包括科学知识的各个领域,既有思想政治教育内容,美学道德修养的内容,还包括科学知识普及和专业提高,以及读者利用图书馆和文献的方法和技能等内容。

传递情报职能

图书馆收集了大量科学文献,它汇集最新的科学技术的发展成果,拥有丰富的科学情报源。图书馆工作者利用自己拥有的文献,主动及时和有针对性地传递给情报用户,促进科学文献向科学情报的转化,实现文献的情报价值,是图书馆情报职能的基本体现。

图书馆情报职能是由图书馆活动的特点决定的。图书馆的工作过程本身体现为情报过程。文献是情报的主要寄存形式。图书馆选择和收集反映国内外最新科学进展的文献,就意味着科学情报的输入。图书馆通过传递工作将文献送到所需的人手中,文献的内容就可以变为情报,被人利用,这就意味着情报输出。图书馆对搜集来的文献进行整理加工,变成方便利用的形式,就是基本的情报处理。因此,可以这样理解:一方面它是情报的吸收源,源源不断地吸取大量的科学情报,另一方面它又是情报的发生源,不断地向用户提供科学情报。图书馆馆藏文献的不断运动的特性是图书馆情报职能实现的内在机制。

图书馆的情报职能是图书馆的基本职能,实际上自图书馆形成以后就具有实现这种职能的内部条件。只不过这种职能由于社会发展条件的制约,社会情报需求还没有现在这样强烈,决定了这种职能不可能得到明显显示。情报职能真正视为图书馆的一个重要社会职能,并得到社会的普遍认识只是在第二次世界大战以后。此后,科学取得了巨大进步,社会的情报需要空前增长,科学已经成为生产力的重要因素。而科学技术、经济、社会的综合发展,使得科学知识的生产、传递、利用的周期迅速缩短了,科学在社会中的作用越来越明显,科学研究队伍日益壮大,科学文献不断增多。科学发展越来越依赖科学情报交流的发展。这样,在社会知识交流系统中出现了一次重大的社会分化,情报工作从图书馆工作中脱离而出形成一种独立的社会职业。科学情报工作的广泛发展一方面有效地解决了一些日益出现的情报问题,显示了它的活力。另一方面又从客观上促进和刺激了图书馆工作的发展,使图书馆从传统的图书馆工作内容向情报化方向发展,图书馆的情报职能在新的历史条件下得到确认和加强。

图书馆和情报机构的分化是现代社会知识交流层次分化的结果。这种分化有利于促进科学情报交流,是社会发展的必然要求。但是情报机构的出现和专门的科学情报活动的发展并不能取代图书馆和图书馆的情报职能,而只能是相互补充和共同发展。从传播学的观点来看,任何一种新的交流工具和手段的出现并不意味着老的交流工具和手段的绝迹,而只能是一种补充或扩展,是老的交流工具和手段的自我更新和重新评价,在与新的交流工具和手段的协调和配合中前进。因此,图书馆和情报机构作为社会交流实体,它们都不能完全包揽所有的情报活动,可以完全取代其它实体的活动。现代情报工作的进一步发展和社会化,更需要有多层次、多类型、多形式的社会情报体系,或者说社会信息交流系统。图书馆和各种社会信息交流机构的新的联结和综合,将是现代社会情报活动发展的一个基本趋势和必然要求。

图书馆要发挥它的情报职能,必须加强图书馆活动的情报意识,科学合理地建立藏书资源体系,形成动态稳定的情报源结构体系;提高工作效率,采用现代科学技术加快文献处理和传递的速度,提高传递效果;广泛开展各种情报服务,为科学研究和经济建设提供充分的情报保障。

从情报传递到开发信息资源职能的发展,已是现代图书馆发展的又一新趋势。图书馆作为文献信息资源中心具有极大的潜力和优势,它贮存着各种科技、经济、社会管理、文化教育的信息,乃至社会发展的各个领域的信息。如何使已贮存的馆藏文献资源成为活的信息。进入传播渠道,为整个社会所利用,这是现代社会对图书馆工作所提出的新要求。开发信息资源将是现代图书馆生命力的重要体现。

文化娱乐职能

文化娱乐职能是图书馆的又一个不可忽视的基本职能,和其它社会职能一样,它的形成是图书馆本身的性质所决定的。

图书馆作为社会知识交流的社会实体,它既和社会知识活动,如科学活动、教育活动有密切关系,同时它又是社会信息交流活动中的一个环节,和社会大众传播交流活动有相似和联系之处,具有社会传播交流的某些性质。传播学认为,社会交流传播具有娱乐功能。娱乐作为传播交流的一个重要功能,尽管常常被人们忽略,但在日常和经常的社会传播交流活动中却是占着很重要比重,一直在起着作用。图书馆尽管和社会大众传播有区别,但作为知识传播交流的一个公共性社会设施,是群众文化建设的一个基本方面,无疑具有丰富人民精神生活,提供文化娱乐的社会作用。

文献所反映的内容和形式是多种多样的,它的作用是多方面的。文献本身既有严肃的和通俗的分野,存在学术价值和美学欣赏价值的差异,可以为从事研究和学习发挥作用,也可以用以消遣和文娱享受。图书馆的读者相当广泛,包括各个阶层、职业、年龄、文化水平,反映了不同的需要,从它们利用文献的动机和目的来看,有出于研究需要,有解决工作和生产任务上的问题,有求知学习的需要,也有纯粹的消遣和娱乐。图书馆本身类型不一,性质任务不同,有为科学研究服务,有为教学服务,也有为群众文化娱乐服务的。藏书内容也有学术性书刊为主和通俗性书刊为主的区别。这种多样化的现实活动内容为图书馆的多功能发挥提供了基础,为图书馆娱乐职能的实现创造了客观条件。

图书馆担负的文化娱乐职能对促进社会主义物质文明和精神文明的建设同样有着重要作用。它首先表现在,有助于促进劳动者的工作积极性。大量事实证明,劳动者闲暇时间生活质量状况和其工作时间工作质量状况有着密切关系,只有高质量的工余生活才能有助于提高劳动生产率。读书生活构成工余生活的一个重要方面,舒适愉快的读书环境,丰富多彩的精神食粮,能够调节和平衡劳动者的身心,起到恢复体力、振奋精神的作用。其次,它是提高人民审美能力,培养良好的文化修养的重要途径。各种文艺作品是通过形象、图画、音符来表达,给人以美的享受。通过图书馆所进行的各种审美实践活动,对于提高人民的高尚生活情趣,陶冶情操,养成健康的生活方式、形成良好的文化修养有着不可低估的作用。第三,它是实施社会教育的媒介。图书馆文化娱乐职能和社会教育职能有着紧密联系,我们提倡寓教于乐,通过业余欣赏,获得各种知识,认识生活,认识世界。一部优秀文学作品既具有审美价值,还蕴含着丰富的社会知识和人生哲理,无疑也具有教育价值。第四,它是宣传社会主义精神文明的阵地。群众性阅读活动是一个广阔领域,如果图书馆不能吸引读者,提供喜闻乐见的、健康通俗的精神产品,一些不健康的小报、书刊就会乘虚而入,占领市场,污染社会风气。重视文化娱乐的职能,广泛开展群众性读书活动,是宣传社会主义精神文明,抵制各种不利于精神文明建设的重要内容。这是图书馆工作者义不容辞的社会职责。

思考题

1. 什么是图书馆形态演化的社会条件?
2. 为什么说知识交流是图书馆活动的社会本质?
3. 图书馆实施各项社会职能的内在依据是什么?

参考文献

1. Johnson, E. D.

   A History of Libraries in the Western World. 2nd ed. Metuchen, N. J. : Soarecrow Press, 1970.

2. Butler, Pierce.

   An Introduction to Library Science, Chicago: University of Chicago Press, 1933.

3. Shera, J. H.

   Introduction to Library Science. Littleton, Colorado: Libraries Unlimited Inc. 1976.

4. Shera, J. H.

   The sociological foundations of Librarianship, Bombay: Asia Publishing House, 1970.

5. 知识交流和交流的科学

   宓　浩　黄纯元　《图书馆研究与工作》　1985 年第 2 ~ 3 期

6. 概论图书馆学

   周文骏　《图书馆学研究》　1983 年第 3 期

7. 当代图书馆的意义、作用和基本职能概述

   沈继武　《高校图书馆工作》　1981 年第 3 期

第三章　图书馆事业

上面一章,我们以图书馆和社会的相互关系作为对象,探讨了图书馆活动的社会本质和社会职能诸问题。那么,作为个体的图书馆与图书馆之间又是如何相互联系起来,形成整体的社会效应?一个国家又是通过什么方式,依据什么原理,组织、控制、管理各个图书馆的活动,使之和社会事业发展相互协调,促进社会发展呢?本章试以一个国家的整体图书馆活动作为对象,阐述图书馆事业的特征和构成,它的类型结构和整体化的途径,国家对图书馆事业的管理,以及建设和发展图书馆事业必须依据的基本原则。

第一节　图书馆事业的特征和构成

图书馆事业的形成

所谓事业,是指人们从事的具有一定目的、规模、系统的,对社会发展有关的经常性的社会活动。

图书馆事业是国家为了满足知识交流的社会需要,而组织各类图书馆从事文献搜集、处理、存贮和利用的一项大规模的社会活动。

国家图书馆事业是图书馆发展到一定阶段的产物,它的形成要具备如下条件：

1. 图书馆机构数量初具规模，图书馆类型的分化业已形成。图书馆机构的数量规模反映了图书馆活动在社会中普泛化的程度，而图书馆类型的分化则体现了图书馆活动层次化和系统化的状况。这是图书馆事业形成的客观基础和依据。机构数量的不断增多，职业队伍日益扩大，从而在一个国家的社会活动的总构成中逐渐地占有相当地位。因此，如何有效地组织图书馆活动，如何控制和管理这支庞大的职业大军就成为国家生活中必须考虑的一个重要方面。

2. 一个国家的图书馆活动的整体功能已经显示出来。早先的图书馆活动都是分散进行的，各自服从于社会中某种集团和阶层的利益，或是为某一个社会活动领域提供支持性服务。但是，随着图书馆活动的复杂性程度提高，图书馆与图书馆之间存在的内在客观联系逐渐外显，相互依存和相互协调成为图书馆发展的基本条件。从一个国家范围内，如何把握它们的联系，求得更合理、更有效的发展，成为一种现实的社会需要。

3. 图书馆活动的社会总目标已经确立。单个图书馆活动都有既定的社会目标，或服务于某个社会团体和机构，或服务于社会某地理区域。而不论其子目标如何各异，但都存在着一个共同的社会目标。一旦确立图书馆活动的社会总目标，国家就需要协调各个子目标，从而有可能从宏观角度规划和实施图书馆活动的各项发展计划。

4. 图书馆活动的社会相关性程度的提高。相关性程度实际表现为图书馆活动的社会作用程度，也反映社会活动对图书馆活动的依赖性的程度。随着社会智力活动的发展，图书馆作用愈显重要，图书馆和社会之间的相互依存性就越突出。为了协调社会发展，保障社会机器的正常运转，国家必须从社会活动的总体上对图书馆活动加以组织管理，纳入到整个国家事业发展的正常的轨道上。

概括说来,图书馆事业的形成无非是内部和外部的因素共同作用的结果。从内部因素而言,当个体图书馆发展到一定阶段时,图书馆活动之间内在固有的相互关联性就要显示出来,成为制约图书馆发展的重要条件,另一方面,单个图书馆活动还必须依据共同的外部条件,如图书馆教育、图书馆学研究以及技术发展等,这些外部条件的形成已经超出了单个图书馆活动所能容纳的限度,而这些外部条件必须要从一个国家图书馆活动的整体上加以创造。从外部因素而言,当社会发展到一定阶段,特别是社会知识活动发展到一定水平时,社会对文献这种智力资源依赖程度越高,如何从国家职能意义上来共同开发和利用文献资源,为国家科学事业、文化事业、教育事业乃至其它各种社会发展活动服务,这已经成为国家发展活动的一个不容忽视的社会需要。这种需要促进了从整体上、全局上把握一个国家图书馆活动,从而导致了图书馆事业的形成。

图书馆事业的特征

图书馆事业和其它社会事业相比,有自己明显的特征。这些特征是图书馆活动规律的外在反映,同时,它也是发展图书馆事业时必须考虑的自身特殊性。

1. 依存性

图书馆事业作为一种独立的事业,和其它事业一样,有它自身的结构功能和运行规律,并需要对其进行专门的组织管理。但是还必须看到,图书馆事业和其它社会事业相比,具有依存性的特征。所谓依存性,一方面是指图书馆事业往往依附于、甚至隶属于其它社会事业之中,构成其它社会事业的一个组成部分。例如,教育事业和图书馆事业,这是两种独立的社会事业。但由于图书馆活动的特殊性和其所处的地位不同,图书馆事业往往构成为教育事业中的一个不可缺少的重要组成部分。在发展教育事业过程中，必须要考虑学校图书馆事业这一因素，在规划学校教育，扩大学校规模等教育发展过程中，必须包含建立相应的图书馆，使学校图书馆事业和教育事业同步发展。没有学校图书馆事业的发展作为后盾和基础条件，就会影响和牵制教育活动的正常开展。依存性含义的另一方面是指，图书馆事业的发展必须依赖其它社会事业的发展，没有整个社会事业发展作为图书馆事业发展的依托和前提，图书馆事业一步也不能向前发展。例如，教育事业的发展直接关系到全民的文化水平普及和提高，关系到具有阅读能力的人的数量规模，从而决定了图书馆的读者队伍的数量规模和图书馆的社会需求，同时也决定了图书馆干部队伍的来源和人员素质。又如，科学事业的发展是科学知识数量发展的保障，科学知识数量是知识载体数量规模发展的基本动力，从而决定了图书馆从事社会知识交流的水平和规模。图书馆和其它社会事业关系也存在类似的情形。

图书馆事业和其它社会事业的相互依存性，表明图书馆事业发展永远不能、也不可能是孤立的和封闭性的。

2. 整体性

以往各个图书馆都在孤立地行使其职能，但是随着发展，人们开始把分散的图书馆活动归并为某种整体的社会现象，即把图书馆事业看成是联系极为密切的和相互依存的许多图书馆构成的共同的总体，它们有着共同的社会使命。人们也认识到，只有把图书馆事业作为一个整体对待，全面规划、统筹安排，这不但会克服单个图书馆无法解决的困难，繁荣图书馆事业，而且能放大图书馆的整体效益，使它更加适应知识交流的社会需要。

假如图书馆类型的分化是社会知识交流层次化的必然结果，那么，在当今社会知识总量激增，知识交流空前活跃，社会知识需求日益复杂和多样化的社会背景下，就非常需要把业已分化的各种图书馆类型在新的层次上加以综合和整体化,把整个事业作为一个社会系统来加以认识和组织,把各类图书馆活动都视为社会知识交流网上的一个个相互联结着的节点,在追求共同的目标的过程,在应付当代文献发展的挑战中,携起手来,相互协作,共同发展。如果不站在宏观战略角度上来认识图书馆事业,整体把握各类型图书馆活动,那么任何类型图书馆的局部发展必然会遇到无法逾越的障碍,整个事业发展就要受到牵制。

那么,图书馆事业的整体性特征的内在依据是什么呢? 它的基本依据表现为二个方面:一是各个图书馆活动具有共性的一面。尽管一个类型的图书馆之间、各类型图书馆之间存在许多差异,都有自身的活动的范围,特定的对象,因而各具个性。但是,就其本身的活动而言都是相似的,这不仅表现为总目标的一致性,还表现其业务活动的程序、内容、手段、方法的一致性。这就是它共性的一面。正是依据这种共性,图书馆之间才有可能进行各种协作,才可能互相联系起来,形成整体。从而也能够从共同的基础上,把各层次、各类型图书馆活动进行整体协调,达到整体效应。另一方面是,各个图书馆活动之间有着相互依存和制约的关系。图书馆类型的分化都有其合理的依据,这种分化能够使整个社会利用文献的活动有序地进行,因而,各类型图书馆都是在协调规律支配下运行着,一旦这种有序状态失去平衡,那么,利用文献的活动就会打乱这种协调和谐局面,并会波及其它类型图书馆活动。对图书馆事业内部的这种依存性重视程度已经成为能否有效行使图书馆事业的控制和管理的一个方面。

3. 普泛性

图书馆事业的普泛性,即图书馆事业所具有的普遍性和广泛性,是图书馆隶属于社会信息活动这一特定的社会地位所决定的。由于文献信息活动的广泛存在,和文献作为知识信息载体在社会活动中被普遍利用,促成了图书馆活动广泛和普遍地渗透到社会生活的各个方面。在社会政治、经济、科学、文化、教育等一系列社会活动中,文献资源的开发利用已经成为不可缺少的一个方面,图书馆活动作为一种普遍的社会活动而日益得到强化。

图书馆事业的层次的不断分化和丰富,是图书馆事业发展普泛性的具体表现。为了适应社会对文献利用的日益强烈和广泛的社会需求,图书馆事业在不同等级系列上逐渐形成了各层次的图书馆群体,这些群体构成了整体事业的复杂性和多样化的格局。假如从图书馆活动的地域范围而言,有各个国家的国家图书馆事业、地区性图书馆事业、少数民族图书馆事业,乃至街道、乡村图书馆事业。从知识交流的深度和广度而言,有科学专业图书馆事业、学校图书馆事业、儿童图书馆事业。只有具备这种多层次的群体构成,才能适应不同层次的需要,从而对社会知识交流进行社会控制:分流和导向。

图书馆事业普泛性的特征,要求我们在发展和管理图书馆事业中,既要把握事业整体发展的一般规律,还要区别各种类型和层次,把握各类、各地、各层次图书馆事业发展的特殊规律;既要强化国家集中统一领导和控制,也要充分发挥社会各方面力量,重视各种外部因素的影响。只有这样才能推动图书馆事业的全局发展。

图书馆事业的构成

图书馆事业作为国家组织进行的有一定规模和系统的一项社会活动,它的构成必须包括:

1.图书馆的法律和政策。

为了保证图书馆事业的顺利进行,保证图书馆事业和社会的协调发展,国家必须行使其国家职能对图书馆事业进行宏观控制。这种控制的两项最基本手段就是立法手段和行政手段,即制定一系列的有关图书馆的法规和政策,来贯彻国家意志。这些法律和政策构成了一个国家图书馆事业发展的各种规范的总和,主要用以调节图书馆和社会的关系、图书馆内部活动的关系。一个国家图书馆事业发展程度如何,一个重要尺度就是看整个国家图书馆事业发展的高度组织化和有序化的程度,而这又往往取决于图书馆法律和政策的完备程度和科学化程度。而且它也反映了图书馆事业国家管理和控制能力的强弱。

2. 管理体制

管理体制是图书馆事业活动的组织结构形式。它一方面是适应事业发展的需要,在一定的事业发展水平上所逐渐形成的;另一方面,管理体制也是适应管理者的需要,便于行使有效管理而加以确立的。建立一个国家的图书馆事业管理体制,能够保证国家所制定的有关方针、政策通过稳定途径得以顺利贯彻,从而有效地组织图书馆活动,管理体制的核心内容是建立图书馆事业的国家控制的职能部门,实行宏观控制和微观调节。它的实质是建立国家图书馆事业的运行机制。衡量一个国家图书馆事业管理体制是否合理,其根本标准就是看其促进还是束缚图书馆事业的发展,是推动还是阻碍图书馆事业整体功能和社会效益的实现。

3. 各类型图书馆

例如,图书馆法律、政策以及管理体制可以看作为图书馆事业的"软件",那么,各类型图书馆就可视为"硬件"。"硬件"和"软件"共同作用才能形成整体事业。国家通过各种类型的图书馆从事有关文献利用活动,以满足社会各个不同层次、不同实践领域的知识信息需要。因此,类型俱全、结构合理的图书馆组成是整个事业发展的基础。图书馆数量、类型、地域分布、人均文献拥有率等指标是衡量一个国家图书馆事业发展水平的常用的标志。发展图书馆事业的中心内容就是提高图书馆的数量和质量。

4. 教育和培训系统

教育和培训系统的形成是图书馆活动复杂化、专门化、学术化对其从业人员专业素质的需要的结果。图书馆事业是活动主体高度参与的社会事业,人员的素质水平决定了事业发展的水平。事业要发展,不仅需要源源不断的合格人才充实到图书馆专业队伍中来,而且要对现有人员进行补充知识,改善队伍知识构成,适应发展需要。图书馆教育和培训系统的形成就是整个事业发展的一项重要保障。发展图书馆学教育,创办各类型图书馆学校,加强图书馆业务辅导工作,建立高、中、初合理层次的图书馆学教育体系,是发展国家图书馆事业必须重视的一项重要环节。

5.学术系统

学术系统是为了开展图书馆学研究而形成的,它是以图书馆学研究机构、教学机构、各级图书馆学会、各大、中型图书馆的研究辅导部门等为核心的专业和业余理论队伍。其形成的根本目的在于,组织广大图书馆工作者、教师、科研人员进行学术研究,为事业发展提供理论依据并指导图书馆的各项实践活动。学术系统的健全程度和组织化的程度,是事业能够沿着科学化方向前进的根本保证。广泛开展图书馆学研究,活跃学术空气,提倡学术自由,推动科研成果的形成是国家图书馆事业管理的一项不容忽视的任务。

第二节　图书馆类型

图书馆类型的划分

在图书馆的漫长发展史中,图书馆一直处于不断的分化之中,由单一的王室图书馆分化出当前如此繁复的图书馆类型,这种分化的结果导致了图书馆类型的复杂化和多样化。由于图书馆的许多类型长期处于专门化的状态之中,因而得到了强化,这种强化的结果又导致了图书馆类型之间的相异性和特殊性的加强。这种分化的基本原因是社会知识交流规模扩大和层次深化,以及人们对文献资源利用的广泛化和专门化。但是,在分化的过程又始终伴随着新的综合,图书馆类型相异性越大,相互依赖的可能性也就越大。特别是现代文献急剧增长,文献资源作为第二资源得到社会高度重视,国家参与程度的加强等多因素的作用下,图书馆之间的联系越来越紧密,从简单的业务协作发展到跨国、跨洲的大型图书馆网络,建立各类文献情报中心等,都是这种图书馆发展综合化的表现。假如本节主要从分化的角度探讨各类型图书馆基本特点,那么下节图书馆网则是从综合的角度对图书馆事业组织的新形式的探求。可以说,分化和综合是图书馆事业发展的两股潮流,而综合化则是当代图书馆事业发展的主导趋势。

划分图书馆类型,目的就是充分考虑各自的特性,掌握特殊规律,进而合理地规划它们的发展和布局,逐步建立起各类型有机结合的图书馆网,为科学研究服务,为广大群众服务,为社会主义建设服务,满足社会各方面需要。因而,研究图书馆类型划分不仅有理论意义,而且有很重要的现实意义。

图书馆类型的划分,在我国目前尚无统一的标准,由于标准不同,其类型划分结果很不一致。通常使用的标准有如下几种:

一、按图书馆的行政领导系统划分,如文化系统图书馆,包括由文化部和各省、市、自治区文化局(厅)以至地、市、县文化局(科)领导的各级公共图书馆、儿童图书馆及城乡基层图书馆(室);教育系统图书馆,包括国家教育委员会和各级教育行政部门领导的大、中、小学校图书馆(室);科学研究系统图书馆,包括中国科学院、中国社会科学院、中国医学科学院、中国农业科学院以及其它各部、委及各专业研究机构所属的图书馆(室);工会系统图书馆,包括全国总工会及各级工会所领导的工人文化宫和各厂矿企业所属的图书馆(室);党校系统图书馆,包括中央党校和各级党校领导的图书馆;共青团系统图书馆,包括各级共青团组织所领导的青年宫、少年宫、少年之家图书馆(室);军事系统图书馆,包括中国人民解放军各总部、各军兵种、军事科学研究部门、军事院校及连队基层图书馆(室)等。

二、按藏书范围分,如综合性图书馆,包括各级公共图书馆、综合大学图书馆、工会图书馆等;专业图书馆,包括专业科学研究机构、专业院校及专业厂矿技术图书馆等。

三、按读者对象划分,如青年图书馆、儿童图书馆、盲人图书馆、少数民族图书馆等。

在国际上,由于各国对图书馆类型的划分标准很不一致,就不可避免地对图书馆事业的统计和图书馆界的交流造成很大困难,因而有统一的必要。在联合国教科文组织的支持下,国际标准化组织和国际图书馆协会联合会为制定图书馆统计的国际标准,从1966年开始进行了一系列工作,在1974年,由国际标准组织颁布了国际图书馆统计标准。在这个标准的"图书馆的分类"的一章中,把图书馆共分为国家图书馆、高等院校图书馆、其它主要的非专门图书馆、学校图书馆、专门图书馆和公共图书馆六大类型。

图书馆类型的多样性,使得划分图书馆的标准也具有多样性。上述国内外的标准,只是从各自不同角度揭示图书馆类型特征。但任何一种标准都不能完全反映图书馆类型的全貌,也不能充分揭示各类型图书馆的特殊性。这就决定了对图书馆类型划分必须从多维的、立体的角度,综合各个标准,而不能单按一种标准。因此,从现有实际情况出发,依据人们通常做法,结合多种标准,并参照国际上标准,是我国划分图书馆类型的基本原则。

根据图书馆的行政领导系统,结合图书馆性质和职能、读者对象和藏书内容等多种标准来划分。目前我国图书馆的类型有国家图书馆、公共图书馆、大学图书馆、科学和专业图书馆、学校图书馆、儿童图书馆、工会图书馆、军事图书馆等。

国家图书馆

国家图书馆代表一个国家图书馆事业的发展水平,它对本国图书馆事业的发展起着重要作用。按照《国际图书馆统计标准》,国家图书馆定义是:凡是按照法律或其它安排、负责搜集和保管国内出版的所有的重要出版物的副本,并起贮藏图书馆的作用,不管其名称如何,都是国家图书馆。它们通常也执行下述某些功能——编制全国总目录;拥有并更新一个大型的有代表性的外国文献馆藏,包括有关本国的书籍;作为国家文献目录情报中心;编制联合目录;出版回溯性全国总书目。名字叫做"国家图书馆",但其功能与上述定义不符者,则不应列入"国家图书馆"类型之中。

国家图书馆有多种形式:

1. 公共性的中央图书馆。这种形式的国家图书馆,它的服务对象是面向全社会。当然其侧重点与一般图书馆是有区别的。如朝鲜的中央图书馆、英国不列颠图书馆、法国国家图书馆、澳大利亚国家图书馆,苏联国立列宁图书馆以及我国的北京图书馆都属这种形式。

2. 政府性的国会图书馆。除了具有公共图书馆的性质外,为议会服务是它们的主要任务。如美国国会图书馆、日本国立国会图书馆等。

3. 大学图书馆兼任国家图书馆。在北欧国家,这种形式较多,如芬兰赫尔辛基大学图书馆、挪威奥斯陆大学图书馆都兼负有国家图书馆的任务。

1976 年 8 月,联合国教科文组织在瑞士洛桑召开了国家图书馆馆长会议,对国家图书馆在国家情报系统和国际情报系统中的作用问题,通过了一项政策声明,认为"国家图书馆应是图书馆事业的首要推动者,各类型图书馆的领导。国家图书馆应在全国图书馆工作的各项规划中起中心作用。"根据这项政策声明的精神，国家图书馆在国家情报系统中应起三个主要作用:1. 提供必要的中心图书馆服务;2. 领导国家情报系统中的图书馆成员;3. 积极参加国家情报系统和制定全面发展规划。

从世界大多数国家的实际情况看,国家图书馆的主要职能是:

1. 完整、系统地收集本国主要出版物,使国家图书馆真正成为国家总书库;有重点地收藏国外出版物,拥有一个丰富的外国文献馆藏,起到全国图书情报资源中心的作用。

2. 编印国家书目,发行统一的编目卡片,编印回溯性书目和联合目录,使国家图书馆成为国家书目中心。

3. 负责组织图书馆现代新技术装备的研究、试验、应用和推广工作,开展全国图书馆网络化的设计、组织和协调工作,使国家图书馆在推动图书馆现代化的进程中起中心和枢纽的作用。

4. 为图书馆学研究收集、编译、出版和提供国内外的情报资料,组织学术讨论,推动全国图书馆学研究的发展,成为学术研究的中心。

5. 代表本国图书馆界和读者的利益,参加国际图书馆组织及各项外事活动,开展广泛的学术交流和文献交换,成为本国图书馆界对外交流的中心。

我国的国家图书馆是北京图书馆,它的前身是京师图书馆,始建于1910年,1912年正式对外开放。1926年与北海图书馆合并,改称北平图书馆,建国后改用现名。北京图书馆的主要服务对象是,中央党、政、军领导机关、科研部门和重要的生产建设单位。北京图书馆目前设有采访、编目、保管、阅览、参考咨询、文献研究、善本特藏、统一编目、自动化和图书馆科学方法研究部等十余个业务部门,还有书目文献出版社。1987年建成新馆。

公共图书馆

公共图书馆是面向社会和面向公众开放的综合性图书馆,它是按行政区域设置的,是重要的图书馆类型。公共图书馆的出现是古代图书馆向传统图书馆过渡的重要标志。

建国以来,我国公共图书馆有较大的发展,初步形成了从上到下的具有全国规模的公共图书馆系统,在全国图书馆事业中占有重要地位。

省、市、自治区图书馆是我国公共图书馆系统的主干和核心力量,也是地区各系统各类型图书馆之间的协作中心。《省、市、自治区公共图书馆工作条例》规定,省、市、自治区图书馆是国家举办的综合性的公共图书馆,是各省、市、自治区的藏书、目录和图书馆间的书刊互借及业务研究、交流的中心。

省、市、自治区公共图书馆具有藏书综合性(包括地方文献的收藏)、读者广泛性、服务方式多样性等特点。

省、市、自治区公共图书馆应同时担负为科学研究和为广大群众服务的任务,但以科学研究服务为重点。其主要服务对象是省、市、自治区党政军领导机关和科研、生产部门、文化教育部门,也要积极、主动地为一般群众和青年学生服务。它还负有对本地区公共图书馆进行业务辅导的任务,并担负地区中心图书馆委员会和图书馆学会的日常工作。

市、区、县图书馆是公共图书馆系统中数量最大的一部分,它联系着社会上最广泛的读者。发展市、区、县图书馆是普及和提高我国图书馆事业的重要方面,也是衡量一个国家图书馆事业是否兴旺发达的基本尺度。

我国的省辖市图书馆的藏书和服务有了一定的发展,它担负着为本市经济建设、科研活动和为广大人民群众服务的繁重任务,其重点应是面向本地区经济发展和科研项目。

县、区图书馆担负着为乡镇经济建设、为科学研究和广大群众服务的任务,在提供各种生产发展所需的科技资料的同时,要把提高人民群众的科学文化水平作为自己的主要职责。

各级公共图书馆都面临如何加强情报职能,为城市经济体制改革、对外开放、搞活经济,为乡镇企业发展,为农村地区专业户服务的问题。

大学图书馆

大学图书馆是学校图书资料情报中心,是为教学和科研服务的学术性机构。它的工作是学校教学和科研工作的重要组成部分。

大学图书馆是一种学术性的机构,同时又是一种服务性的组织。它的基本任务是要贯彻党的教育方针,为培养社会主义建设人才,发展教育科学文化事业,建设社会主义物质文明和精神文明做出贡献。它要根据学校教学和科学研究的需要,积极搜集和提供各种书刊情报资料;它要成为学校广大师生进行学习和学术研究活动,以及进行各种教育的重要场所;它要配合学校政治思想工作,教育学生坚持四项原则,培养共产主义思想品德;它要为各个专业教学提供广泛资料和最新进展;它也应承担学校各个科研项目的情报资料供应,开展咨询参考,为把学校办成教学和科学研究两大中心服务。总之,在高校出人才出成果的过程中,图书馆有着多方面的职能,包括对学生进行思想品德教育的职能;直接配合教学进行专业教育的职能;对读者利用文献提供方法指导、进行书目教育的职能;以及结合科研课题进行传递和交流情报的职能。

大学图书馆是学校的一个组成部分,它的工作要受到教学规律制约。大学教育旨在向学生系统传授专业知识,教学内容、教学计划和课程设置都具有相对的稳定性。这种稳定性决定了读者需要的稳定性。它表现在师生对教学用书的大量的和经常性的需要,其品种和数量比较稳定。

大学教育是按教学计划和教学大纲进行的,有统一的进度,这就造成了读者用书的集中性。这种集中性表现在两大方面。其一,用书品种的需要集中于正在进行教学的有关课程的教学参考书;其二,读者对教学用书的时间也是集中的。

大学教育呈现阶段性和周期性的特点,开学上课、考试、放假、一个阶段接着一个阶段有节奏地周期循环。因此,读者的需要有阶段性的特点。根据每一阶段的教学活动规律,读者的需要呈阶段性的变化。

大学图书馆工作必须针对上述特点,掌握教学规律,有效地开展各项业务活动。根据读者需要来加强藏书建设和科学管理,形成一个具有特色的藏书体系和发展以文献服务为中心的情报工作。

科学和专业图书馆

科学和专业图书馆属于专门性图书馆。在我国,科学和专业图书馆是按专业和系统组织起来的,在一个专业或系统内,初步形成了一个上下沟通、紧密联系的图书馆体系。它主要包括中国科学院系统图书馆、中国社会科学院系统图书馆、中国农业科学院系统图书馆、中国医学科学院系统图书馆、中国地质科学院系统图书馆、中医研究院系统图书馆、政府部门所属研究院(所)图书馆、大型厂矿企业的技术图书馆以及其它专业性图书馆。

科学和专业图书馆的特点是:

1.文献收藏高度专业化,学科内容专深,国外文献比重大、专业期刊和相关情报资料比重大。

2.服务对象的专一性,主要是为从事专门研究或在专业领域工作的科研人员、工程技术人员及其它专业人员提供服务。

3.工作内容也显现出专门化倾向,侧重开展以新知识为主的专业情报资料的搜集、整理和传递工作,以及各种专科书目、索引、文摘等二次文献的编制、组织与使用,要求提供情报资料迅速及时和有针对性。

4.这种专门化的程度也决定了科学和专业图书馆的工作人员应该具备比较广博和专深的专业知识和一定的外语水平。

科学和专业图书馆的任务是,面向经济建设,首先加强对应用科学研究的情报服务,围绕国民经济和国防建设中有重大经济效益的科学技术问题,深入调查研究,及时搜集和提供国内外有关的科技情报资料。同时也要重视对基础科学研究的情报服务。

中国科学院系统图书馆是我国图书馆事业的重要组成部分,它和文化部系统图书馆、全国教育委员会系统图书馆一起,构成了我国图书馆事业的"三大系统",又称"三大支柱"。中国科学院系统图书馆实行了图书情报一体化的管理体制。中国科学院图书馆是全院图书情报资料中心。1986年,中国科学院图书馆改名中国科学院文献情报中心。

其它类型图书馆

除了上述几个主要的图书馆类型之外,还有工会图书馆、学校图书馆、儿童图书馆。它们也是比较重要的几个图书馆类型。

一、工会图书馆

工会图书馆是工会组织举办的群众文化事业,它是向职工进行思想教育的重要阵地,也是职工学习政治、学习文化和科学技术知识的场所,它对于提高广大职工的思想、文化和科技知识水平起着重要作用。

工会图书馆系统主要包括中华全国总工会图书馆、各级工会图书馆和产业工会图书馆,以及工会举办的工人文化宫和工人俱乐部图书馆。

工会图书馆数量多,联系读者广,它所担负的主要任务是:

1.宣传和推荐优秀图书,开展各种读书活动,帮助职工提高思想觉悟,养成良好的道德修养。

2.利用图书报刊,开展流通阅览和宣传辅导工作,提高广大职工的科学文化水平。

3.为职工的技术革新和创造发明提供图书资料。

4.满足职工家属(包括少年儿童)学习文化和阅读文艺作品的需要。

工会图书馆也要逐步地为本地区本企业提供科技资料、经济信息,加强情报传递的职能。

二、学校图书馆

学校图书馆,系指中、小学图书馆。它是学校贯彻党的教育方针,提高教育质量,配合学校教学活动的重要场所,也是扩大学生知识面,加强课外阅读、建设社会主义精神文明的一个不可缺少的环节。

在我国,中、小学图书馆还是图书馆事业建设中相对薄弱的一个方面。许多中、小学还没建立图书馆,已经建立的图书馆也存在经费、馆舍、设备等方面的困难,还有一些中、小学图书馆不对学生开放,广大中、小学生的课外阅读需要得不到应有的满足。近年来,这种状况已经开始逐渐改变。许多地区为了保证中小学图书馆事业发展,对中、小学图书馆主管职能部门、人员、藏书、经费都有了明确规定。

三、儿童图书馆

儿童图书馆是少年儿童的校外教育机构,是学校教育的重要补充。通过提供适合少年儿童阅读的书刊、视听资料,以及组织故事会、图片展览、智力游戏等丰富多彩的活动,吸引少年儿童,对少年儿童进行思想教育和文化知识教育,培养他们爱科学、学科学的精神。儿童图书馆是根据其特定对象而从事各种图书馆活动,满足少年儿童的求知欲望,充分培养和发挥他们的聪明才智,陶冶少年儿童的思想情操,从而发挥儿童图书馆在培养德、智、体全面发展的未来人才的作用。

十一届三中全会以后,儿童图书馆事业得到党和国家的高度重视。1980 年中央书记处通过的《图书馆工作汇报提纲》对发展儿童图书馆事业作了明确的规定。1981 年召开的全国少年儿童图书馆工作座谈会,有力地促进了儿童图书馆事业的发展。

第三节　　图书馆网

图书馆网的特征

图书馆网是图书馆事业发展的必然趋势,是图书馆事业组织现代化的重要特征。

图书馆网是指由若干成员馆组成的,在一定的专门职能机构的协调和管理下,按照统一的技术标准和工作程序,通过一定的信息传递结构,执行一项或多项馆际合作功能的图书馆联合组织。

图书馆网作为传统的图书馆的协作和联合的一种扩大和深化,是一种新型的图书馆事业组织结构形式。它具有以下几个基本特征:

1. 有正式的协调或控制的职能机构,实行某种集中统一的管理,规划和实施网络发展计划,制定图书馆协作的共同服务的准则,明确各成员馆的权利和义务。传统的图书馆的协作是各种类型图书馆之间的松散的合作关系,是参加协作的成员馆通过约定或自愿的形式作为联系的纽带,因而是一种非正式和不稳定的合作形式。一般不建立管理和协调的职能机构。

2. 它是由各地区、各系统、各类型的大中小图书馆相结合组成的,纵横交叉、脉络贯通的大规模的图书馆联合体。现代图书馆网络的发展可以通过通讯技术,把本国乃至世界上的许多国家图书馆相互连结起来,形成一个全国或全球性的网络,这已从根本打破了传统馆际协作的狭窄的活动领域。

3. 以计算机技术和通讯技术相结合作为网络活动的基础。图书馆通过电子计算机和通讯技术,作为终端把自己和网络连结起来,使用网络的数据库系统,分享资源。计算机、联机数据库、通讯系统是构成现代图书馆网的三个基本的要素。它们是网络活动的物质基础,缺一不可。

4. 它不仅仅是基于图书馆工作的协作为内容,而且也包括图书馆情报资源的共享。这种资源共享是现代图书馆网络的最基本的特征,也是组成网络的基本动力。为了分享资源、分享各馆内部的工作成果,需要有业务的协作和标准化措施、需要有一个共同的计算机目录系统。因此,现代图书馆网是图书馆业务协作网络和计算机情报检索网络的有机结合。

图书馆网产生的背景

图书馆网是由一种图书馆之间的松散协作而发展成为目前组织严密、结构复杂的联机网络形式的。传统的双边和多边形式的馆际协作活动已存在相当一段时期,而以计算机技术为基础的现代图书馆网只是在本世纪六十年代国外一些发达国家首先发展起来的。从六十年代以后,图书馆网络化一直伴随着图书馆事业发展的进程。图书馆网络的形成和迅速发展始终受着多种社会因素的推动。这些因素既包括战后科学技术的迅猛发展和文献的激增,科学整体化发展对情报利用的影响,也包括计算机技术和通讯技术在图书馆情报工作中的广泛应用。这些众多因素的综合作用、彼此促进,才导致了图书馆网的发展。

具体来讲,图书馆网的形成、发展和以下几个社会背景因素有关。

1.资源共享的需要。本世纪五十年代以后,科学技术的迅速发展,科学文献数量激增。由于科学文献数量增长很快,而图书馆经费、馆舍设备等却不可能赶上这种增长的势头,因而,许多图书馆都普遍面临着一个尖锐的矛盾,即文献收藏的有限能力和日益增长的文献需要的矛盾。与此同时,科学的发展还带来文献需求的变化,特别是整体化、综合化的科学发展趋势,使读者的文献利用面大大拓宽了,一些图书馆文献收藏的范围也因而突破了原有的学科范畴,这一切又加深了这对矛盾。这种状况迫使传统的单个图书馆从互不联系,孤军作战的状态中解脱出来,发展图书馆之间的协作和合作,从有限的、不稳定的协作关系发展到建立图书馆网,让各馆有限的文献资源连成一片,相互结合构成更大的情报资源共享网络,使原来各个图书馆不能满足的日益增长的文献需要,通过集体力量加以满足,从而适应当代文献发展的趋势。

2.计算机技术和通讯技术的发展。现代图书馆网络的形成是和计算机技术和通讯技术的发展紧密联系在一起的。由于计算机技术的发展,并且应用到图书馆工作中,就必须有组织上网络化与此相适应。因为采用这些现代化的技术装备的费用昂贵,特别是大型的计算机往往不是一、二个图书馆力所能及的。另一方面,计算机的巨大运算处理和贮存功能可以同时满足相当大量的图书馆工作需要,如果仅仅少数几个图书馆使用,就不能充分发挥计算机的效能和潜力,就会造成人力、物力的浪费,因此,需要联合起来,形成网络,共同利用计算机。

同时,计算机技术的应用和通讯技术的发展,又为图书馆网络化的实现提供了可行的技术条件,使图书馆的网络活动更加稳固和更大规模地进行。没有计算机技术和通讯技术作为后盾和基础,图书馆网络要真正形成和稳定地运转起来是困难的。

3.纵向等级结构的局限。图书馆事业的组织结构形式一般都是纵向等级结构。这种结构的最大缺陷就是不能提供图书馆之间的广泛的横向联系。它难以解决现代文献增长和特定读者文献需求之间的矛盾，无法解决图书馆之间面临的一些共同的、重复的问题。传统的事业组织结构形式已经需要用一种新的结构形式来取代，从等级结构走向网络结构是事业组织结构发展的必然趋势。网络结构可以比任何一种组织结构形式更有效地促进图书馆事业的发展和改变图书馆工作的面貌，以更经济、更省力的方式彼此交换信息和共享资源。它也标志着单个图书馆活动状态进入到更高社会化的状态。

图书馆网的意义

现代图书馆网的出现，是为了达到一种最经济、最佳的管理组织方式，实现知识和情报的有效交流和快速传递，它的优越性主要表现在：

1. 扩大了文献资源。在网络中的每个成员馆的馆藏资源都作为网络资源的一部分，因而使原来分散的、互不协调的文献收藏活动联合成一个有序的、集中的文献资源中心，缓和了各个单个图书馆面临的收藏能力和文献需求的矛盾。

2. 提高了满足读者需要的能力。网络中的各个图书馆的读者都可以彼此使用对方的文献资源，一些本来并没有能力满足的种种特殊需要，现在通过网络力量，都能够得到满足，这对于中小型馆尤甚。

3. 提高了文献传递的速度和广度。以电子计算机和通讯技术为基础的图书馆网，能够凭借其巨大文献存贮和快速传递能力，迅速及时地传递各种文献资料，大大提高了图书馆工作的效率，保持了知识交流渠道的畅通无阻，以适应现代社会知识信息交流的发展需要。并且，图书馆网还能够扩展到各个边远和偏僻地区，使图书馆服务范围更加广泛。

4. 为国家间情报交流和共享资源铺平了道路。图书馆网络依靠现代通讯技术,可以把不同国家、不同地区的图书馆联结起来,形成一个跨国、跨地区的网络。通过网络,打破地区和国家的地理障碍,从而实现知识在更大范围内的交流。

5.图书馆网是图书馆事业组织的现代化,它可以为图书馆管理的科学化、工作标准化、手段现代化创造条件和提供基础。反之,图书馆网的不断完善、不断扩大,也依赖管理的科学化、工作标准化和手段现代化的发展。图书馆现代化和网络化是密切相关的,在网络化的基础上搞现代化,现代化促进网络化向纵深发展,图书馆要在技术上实现现代化,就必须有组织上的网络化与此相适应。这是当代图书馆事业发展的必然趋势。

6.图书馆网络化还可以改变单个图书馆工作的面貌,提高图书馆工作效率和质量。由于在采访、分类编目、流通等各个工作环节上进行协作,节约了图书馆的大量的人力和物力,使图书馆可以从以文献处理为中心而逐渐过渡到以读者服务为中心,更好地改善读者服务的质量,提高服务的水平。

图书馆网的活动内容

图书馆网是在传统的图书馆双边、多边协作的基础上逐渐发展而来的,它不仅包含了传统协作的内容,如编制联合目录,集中编目,藏书协调分工,而且,还在传统协作项目的基础上有所发展,这种发展主要指两个方面:一是传统协作项目本身向纵深发展,提高了原有协作的水平;二是扩大了一些新的协作项目。因此,可以认为,现代图书馆网的发展使其活动内容已经逐渐延伸到图书馆活动的所有领域。

图书馆网的实质是用一种稳定的、大规模的组织结构形式来实现资源共享。因此,图书馆网活动总是围绕着资源共享这个共同的要求而展开的,它的内容总是促进图书馆资源的更好相互利用,从而在较低成本或费力不多的情况下,使读者更方便地、更多地获得文献,或对读者提供更多、更好的服务。

图书馆资源不单纯是指文献资源,而且还包括图书馆的人才资源、设备资源、智力成果资源等。因而资源共享的内容也包括多方面的。我们从现代图书馆网活动的实践出发,以资源共享的内容为视野角度,对图书馆网活动内容加以初步勾勒。

1. 文献资源方面。文献资源的共享是网络活动的核心内容,构成了网络活动的主干部分。文献资源的共享的目的在于充分利用各个网络成员馆的文献资源,减少当代文献激剧增长和读者文献需求日益广泛对各个馆的压力,从而提高各馆文献提供的能力。文献资源方面的网络活动的两个最为活跃和最富成果的领域是文献资源的建设和文献资源的服务与利用。前者包括专业分工入藏,建立网络藏书体系,协调采购等方面,后者包括馆际互借,互惠借阅等,还包括为保证和促进文献资源的开发和利用而开展的联合目录的编制,计算机检索网络等。

2. 人才资源方面。人才资源也是网络中的宝贵资源,如何开发和利用人才资源,发挥人们的才能和潜力,是网络活动内容的应有之义。目前对人才资源共享开始受到人们更多的关注,现有网络活动内容中着眼于人才资源的项目包括:人才的培训,工作经验交流和分享,合作和协调有关图书馆学研究。除此以外,还有一个引人注目领域,即在参考咨询工作中协作,通过各种合适的方法和途径,利用网络中人员的集体力量,来答复本馆人员难以解答的各种问题。

3. 设备资源方面。设备资源指包括图书馆赖以生存的各种物质条件,包括建筑。设备资源的共享,可以充分利用各馆的设备,也可以通过网络使原来各馆单独无力购置的大型的、昂贵的设备可以得到共同享用。尤其是如何有效地、经济地利用计算机资源是网络形成的一个重要的动力。又如,建立贮存图书馆,集中地高密度地贮存网络成员馆剔除罕用和多余复本文献以减轻各馆馆舍的压力,这也是一种建筑设备资源共享的措施。尽管设备资源共享是网络活动中经常考虑的因素,但是,设备资源共享只是手段,目的还是提高工作效率和满足文献需要的能力。

4.智力成果资源方面。图书馆活动每日每时都在涌现大量智力成果,图书馆工作者处理文献过程中形成的款目,目录等,都是智力成果的具体体现。以往这种智力成果往往得不到充分分享,几百个,甚至几千个图书馆工作者对同一本书作同样的重复性的处理,智力资源极大浪费。网络形成后,智力成果资源共享的突出的活动领域是文献编目,包括集中编目和联合编目。这一领域的活动,是网络活动富有生命力和创造力的最有力的例证。

我国图书馆网的建设

伴随着社会主义现代化事业,图书馆事业必须要有一个大发展。图书馆网络建设是我国图书馆界面临的一个现实和迫切的任务。建立一个有大、中、小图书馆相结合,各地区、各类型图书馆联合的纵横交错的以计算机技术和通讯技术为基础的现代图书馆网是我们的目标。

从我国的国情出发,参照国外图书馆网络的实践,我们认为建设我国图书馆网必须考虑以下几个基本方面。

1.必须建立一系列的网络标准。标准化是以较小的投资,较少的人力取得较大效益的有力措施。我国图书馆长期以来以手工作业为主要工作方式,标准化的基础比较薄弱。而要实现图书馆的自动化和网络化,必须要重视标准化的建设,没有标准作准绳,就不可能形成和完善图书馆网。

网络的标准化主要有:代码标准化,格式标准化,设备的标准化、数据库的标准化、通讯技术标准化等其它一些需要建立的网络标准。

2.大力发展图书馆协作。如果说制定网络标准是建网的业务准备的话,那么,发展协作可以说是建网的组织准备。

我国图书馆协作已有了一定基础。发展这种协作,通过协调采购、编制联合目录、馆际互借等协作活动,加强图书馆的相互联系,从而自然地形成某些协作体。这种协作体是今后建立图书馆网的基础。协作中取得的经验,可以为以后网络设计提供依据,以便联网后,确定需要网络中心完成的和可以保留在各单位网络点上的职能。

此外,建立计算机联机网络,需要充分准备,包括设备,人员训练和经费等一系列问题,非短期所能解决。但在现有的条件下,改善和扩大协作项目,充分发挥各单位的协作潜力,组织起来共享资源,是可以做到的。这可以改善目前的图书馆工作,并起到网络的作用。

3. 抓紧人才培养。物质准备和组织准备是重要的,但更重要的是人才培养,没有形成一支训练有素、有合理的知识结构和人才层次结构的网络队伍,且不说物质准备和组织准备能否搞好,即使有了充分的物质和组织准备,完成了自动化网络的组建,同样也是无法正常运转的。因此,人才培养不能不说是我们建设图书馆网首先必须做的工作,它关系到整个网络规划和设计的关键。

4. 建立职能部门,集中统一领导。由于我国图书馆事业组织结构的多元领导管理体制,缺乏统一的管理职能机构,这对于发展我国图书馆网是极为不利的。我们要强调集中领导、统一组织、统一规划、统一标准;要促进各系统、各类型图书馆之间的协作、促进图书馆系统和情报系统的整体化进程;要制定一个适合我国国情而又切实可行的网络发展规划和实施步骤,就必须建立一个全国性的统一的图书馆事业领导机构。

第四节　我国图书馆事业的国家管理

建国后图书馆事业发展

1949年中华人民共和国的成立,标志着我国图书馆事业进入一个崭新阶段。我国图书馆事业成为社会主义国家科学、文化、教育事业的一个组成部分,真正确立了图书馆事业的国家性质。国家通过自己的管理职能组织和领导了图书馆事业建设,保证了图书馆事业沿着社会主义方向发展。

三十多年来我国图书馆事业建设历程和我国社会主义建设的发展息息相通,有大踏步前进,也有不少挫折,大体上经过以下几个主要阶段:

1. 从1949年到1957年是第一阶段。这是我国图书馆事业健康、稳定前进的时期。这一时期取得的主要成绩有:改造了旧中国的图书馆,初步建立了社会主义图书馆事业。宣传马列主义、毛泽东思想,传播科学文化,充实大量的革命书籍和知识性、科学性图书、清理了反动、淫秽、荒诞的读物。同时,对图书馆业务进行了一系列整顿,加强管理,使我国图书馆事业呈现出相当繁荣的景象,图书馆的数量也有了很大发展。1956年,文化部召开的全国图书馆工作会议和高等教育部召开的全国高校图书馆工作会议明确了公共图书馆和高校图书馆的性质和任务。1957年国务院批准《全国图书协调方案》。这一切直接推动了我国图书馆事业的发展。

2. 从1958年到1965年是第二阶段。在这一时期,由于"左"的思潮的影响,我国图书馆事业的发展受到一定的挫折。主要表现在:事业发展规模失去控制,和国民经济发展不相平衡,图书馆数量大起大落;强调普及,强调为工农兵服务,忽视了提高,忽视了为科学研究和知识分子服务；由于强调"大破大立"，造成了图书馆工作无章可循，图书大量丢失；在"阶级斗争激化"的影响下，人为设置一些阅读禁区。

1962年以后，我国图书馆事业在"调整、巩固、充实、提高"的方针的指引下，进行整顿。藏书建设、目录工作、读者服务、业务管理在调整的基础上又有了新的发展。

3. 从1966年到1976年为第三个阶段。这一时期我国图书馆事业受到了极大的摧残和破坏。主要表现在：图书馆性质和职能受到严重歪曲，大量图书馆被关闭、撤销，初具规模的藏书体系毁于一旦，干部队伍横遭迫害，图书馆学教育和学术研究几乎停顿。

4. 1976年10月，特别是党的十一届三中全会以后，是我国图书馆事业重新回到正确的轨道，走向全面发展的新时期。表现在：粉碎"四人帮"以后，经过拨乱反正，对图书馆的性质、职能、方针、任务和服务对象有了正确的认识；图书馆的业务得到了整顿，加强了领导，补充了干部队伍，建立和健全各项规章制度；各种类型的图书馆的数量和质量不断地发展、提高，形成了一个比较完整的图书馆体系；现代图书馆观念日益深入人心，情报服务工作逐步展开，技术手段的现代化正稳步前进，普遍地注重科学管理、讲究业务工作的规范化、标准化；图书馆学教育有了新的飞跃，已开始形成一个遍及全国各大区的大学与中专的教育体系，高级图书情报人才的培养工作也有新的突破；图书馆学研究正以浩大的声势向纵深发展。全国及各省、市、自治区的图书馆学会普遍建立，刊物众多、学术空气活跃，科研成果不断涌现。上述种种，表示着我国图书馆事业面临着跃进的大好形势。

党和国家对图书馆事业发展倾注了关怀，1980年5月，中央书记处第23次会议听取了关于图书馆问题的汇报，讨论通过了《图书馆工作汇报提纲》，并作了相应的重要决策。1982年，在党的十二次代表大会报告和在《中华人民共和国宪法》等党和国家的重要文献中,都对图书馆事业建设作出了明确的决定。与此同时,为加强对图书馆事业的领导,相继成立了文化部图书馆事业管理局(1980年8月)、教育部全国高等学校图书馆工作委员会(1981年9月),颁发了《省、市、自治区公共图书馆工作条例》、《中华人民共和国高等学校图书馆工作条例》、《中国科学院图书情报工作暂行条例》。

我国图书馆事业的管理体制

我国的图书馆事业是一个复杂的系统,它的内部结构的一个基本特征是多元等级。所谓多元,是指整个国家的图书馆事业还未形成一个统一的、最高层次的管理职能部门,各系统、各部门图书馆均由相应各自管理职能部门行使管理。所谓等级,是指图书馆事业是按照一定的等级序列加以组织,是从纵向的隶属关系体现图书馆之间的相互关系。以公共图书馆为例,是从中央、省市、县区、乡村街道不同层次地域等级形成一个独立的、严密的公共图书馆系统。

这种多元等级结构的优点是能够使各个图书馆各守其职,发挥各自优势,灵活地适应本地区本部门读者需求。但是,它有其本身局限性。主要表现为:不利于从全国或地区对各种类型和系统的图书馆进行集中统一的规划和领导,各地方、各系统、各部门之间图书馆缺少横向联系,易于条块分割,不利于对文献资源的统一开发和利用。

和这种组织结构相适应的图书馆事业管理体制也是以分散管理为基本特征。从现状来看,我国图书馆事业的主干部分是公共图书馆系统、高校图书馆系统和科学院图书馆系统,这三大系统图书馆构成了我国图书馆事业三大支柱,它们分别建立自己的管理体制。

文化部图书馆事业管理局是管理全国公共图书馆的职能机

构,并和教育委员会等有关部门协调管理全国的图书馆学研究和专业教育。在各省市自治区则由文化厅(局)负责管理地区的公共图书馆。

1981年原教育部成立了全国高校图书馆工作委员会,负责协调管理全国高校图书馆,省、市、自治区也相应建立了地区的高校图书馆工作委员会作为地区高校图书馆的组织管理者。

中国科学院文献情报中心及各分院、研究所图书馆统一归中国科学院出版图书情报委员会管辖,而中国科学院文献情报中心为职能机构,负有对全院图书馆、所资料室进行业务指导的责任。这一系统从1978年起实行图书情报管理一体化的管理体制。

其它一些系统,如学校图书馆系统、工会图书馆系统、党校图书馆系统、军事图书馆系统等,也基本上是单独的分散管理。

图书馆事业管理体制的形成与确立和一个国家社会管理体制是紧密有关的,但同时又和图书馆事业发展的状态不可分割,因而是发展的、变化的。假如说,分散管理对图书馆事业还停留在单个活动,内在联系的特征和需要还未充分反映的情况下是有其积极的意义,那么集中统一管理在图书馆资源共享、图书馆事业整体性日益显露的背景下,其优越性将得到充分展露。纵观国内外图书馆事业发展的现状和趋势,由分散向集中,由局部到整体的管理的潮流已经势不可挡。

我国图书馆事业分散管理体制不利于事业的进一步发展,在某种程度上已经阻碍了事业发展,因此,体制改革是刻不容缓的一件大事。现行管理体制的主要弊端在于:不能充分体现和利用社会主义制度对于事业管理体制的有利条件;条块分割,不利于横向联系的形成;图书馆与图书馆之间,特别是不同类型和系统的图书馆之间的业务协作和网络缺乏必要的行政管理保障,图书馆工作中的低水平的重复现象很难消除;不利于图书馆事业整体效应和功能的形成,等等。要改变这种状况,关键在建立全国统一的管理职能部门,实行一元化的领导。

图书馆法

国家对图书馆事业管理的主要手段是行政手段和立法手段。行政手段的关键是建立一个便于管理、把握事业发展规律的行政管理体制,而立法手段的关键是建立和健全图书馆法。

图书馆法是由国家的立法机关制定,并由国家机关的强制力来保证实施,旨在调节图书馆活动中人们的行为规范。一般地说,图书馆法的内容涉及到对图书馆性质、地位和社会职能的确定;对图书馆经费及其来源,人员编制与素质,以及业务标准,资源建设,馆舍设备等的确定;还要规定图书馆事业的管理体制。所以,图书馆法体现了国家的图书馆政策。十九世纪以来,许多国家就开始试图通过立法手段来发展图书馆事业。进入本世纪以后,图书馆事业发展出现一些新的情况,一些国家又重新颁发新的法规。图书馆法的形成和完备程度反映了国家管理的状况,也是事业发展状态的一个窗口。纵观当今世界,凡是图书馆事业比较发达的国家都颁布了一系列的图书馆法令。

建国后,我国也颁布过一系列关于图书馆事业的政策文件、条例等。如1955年文化部《关于加强与改进公共图书馆工作的指示》、1956年教育部《高等学校图书馆试行条例(草案)》、1957年国务院批准的《全国图书协调方案》、1978年教育部《关于加强高等学校图书资料工作的意见》、1978年国家文物事业管理局颁发的《省、市、自治区图书馆工作条例(试行草案)》、1980年中共中央书记处通过的《图书馆工作汇报提纲》、1981年教育部的《中华人民共和国高等学校图书馆工作条例》等等。这些政策文件和条例,体现了我国图书馆政策,在某种程度上起到了图书馆法的部分作用,并为今后制定我国图书馆法提供了经验、奠定了基础。

目前我国还没有形成一个比较完整、系统的图书馆法,这和我国图书馆事业发展很不相适应,及早制定和颁发图书馆法是推动我国图书馆事业大发展的必要条件。长期以来,我国图书馆事业发展中出现各种曲折和挫折,除了社会的其它因素外,缺少法律保证也是重要原因。长期来无章可循,无法可依。有些部门和单位可以随意撤并图书馆,有些图书馆经费、人员、馆舍设备始终无法保证。时至今日,资源共享、馆际协作的需要日益迫切,资源共享问题成为各国图书馆发展政策中的核心问题,因此,必须用法律形式对图书馆资源共享的国家政策予以固定和推行。制定一部反映我国国情、体现社会主义性质、符合图书馆事业发展规律的图书馆法是迫切的现实需要。

图书馆事业管理的国家职能

图书馆事业管理的国家职能是国家对图书馆事业进行宏观控制作用的集中体现,必须加以明确。探讨图书馆事业的国家职能,实质上是要回答国家对图书馆事业发展起到什么作用,即干什么。如果不能科学地明确图书馆事业的国家职能,那么可能会出现两种情况:一种是扩大职能范围,国家对各个图书馆具体活动干预过多,图书馆限制过死,图书馆能动作用不能充分发挥,直接阻碍事业发展;另一种是缩小了职能范围,或者说,国家未充分履行其应有的作用,导致了图书馆事业发展缺乏应有的国家保障,或图书馆活动的自由度、随意性过大,和社会发展的协调适应能力减弱,这同样不利于事业的发展。

我们认为,国家对图书馆事业管理主要体现在两个基本领域,一个是对我国图书馆事业进行宏观上的直接的控制和管理,旨在保证社会对图书馆的有效利用,以及和社会协调发展。这种管理具体表现为对图书馆事业发展进行科学规划,使图书馆事业发展计划和国民经济及社会发展计划相适应;制定各种图书馆法律、法令、政策,制定和批准图书馆标准,建立和资助一些基本的图书馆;

等等。另一个基本领域是对微观图书馆活动的共同外部条件进行管理,目的在于建立有利于图书馆发展的良好的外部环境,促进图书馆事业发展。这些外部条件包括教育条件、科学条件等,这些条件是任何图书馆发展都必不可少的。例如,国家建立和鼓励图书馆学教育,培养高、中、初级不同的专业人才,为各个图书馆活动提供人才保障;国家鼓励图书馆学术研究,资助建立各类研究机构和学术团体,为图书馆科学研究提供条件。这两个领域的管理,前者是直接对图书馆活动进行国家干预,而后者则对图书馆活动提供条件,两者是相互补充的。

具体而言,国家对图书馆事业管理职能可概括如下:

1. 规划　建立国家职能机构,对图书馆发展作出全面规划。

2. 指导　制定和批准各种图书馆法律、政策,指导图书馆事业发展。

3. 资助　对全国基本的、主要的图书馆提供国家财政拨款。

4. 协调　统筹协调各类图书馆事业发展,制定和批准各项标准,为图书馆协作提供条件。

5. 支持　支持各类图书馆学教育和图书馆学术研究。

第五节　我国图书馆事业建设的基本原则

建国以来,我国图书馆事业有了很大的发展,其中有成功的经验,也有失败的教训。在图书馆事业的建设管理的实践活动中,已经摸索和形成了建设我国图书馆事业应当遵循的基本原则。这些原则既是图书馆事业正反两方面经验的总结,也是我国图书馆工作者理论研究的结晶,它反映了图书馆工作者对图书馆事业活动规律的认识。这些原则主要是以下四点:

图书馆事业的发展必须和社会的发展相适应

图书馆事业是一个开放性的社会事业。它和整个社会的发展紧密联系在一起,图书馆发展的规模要受到社会整体发展状况的制约。

图书馆事业是在一定的外部社会环境中活动,脱离了这个社会环境,图书馆事业发展就会失去依托,变成无源之水,无本之木。图书馆事业发展的过程是和其外部社会环境不断进行交换的过程,是从其作用的外部环境吸取物质、能量、信息的过程。事业要发展,就必须要有经费的支持和增加,要有人才的补充和干部结构的调整,要有相应的物质设施,而这一切都不是图书馆事业本身范围所能解决的,它要依赖社会整体条件的发展。而且,事业的发展必须以社会需求为其内在的发展动力,这种需求的状况和发展变化是制定图书馆事业发展战略的基本依据。

图书馆事业的发展首先受经济发展水平的制约。图书馆事业发展所需要的物质条件和设施,以及事业的规模、数量乃至技术手段,在很大程度上取决于社会经济发展所能提供的水平。只有经济发展了,图书馆事业才能发展。从国外图书馆事业发展的实际情况来看,经济不发达的国家,图书馆事业就不可能有比较大的发展,图书馆事业发达的国家,其社会经济也必然相应地发达。因此,图书馆事业的发展首先必须和社会经济发展相适应。任何超越社会经济所能提供的可能条件而设想图书馆事业的发展,都是不现实的。

其次,图书馆事业还必须和教育、科学、文化事业的发展相适应。图书馆事业作为社会教育、科学、文化事业的一个组成部分,它又受整个教育、科学、文化事业的发展水平的制约。社会的教育普及程度,社会的科学发展,各项文化事业都是直接关系到图书馆事业发展的各种直接的社会因素。

建国以来我国图书馆事业发展的经验证明,每当图书馆事业的发展和社会发展相适应时,图书馆事业就发展、就前进。当图书馆事业超越或落后社会发展时,图书馆事业就要受到挫折。1958年前后,由于对社会发展的客观情况没有给予正确的估计,基层图书馆数量发展过猛,超出了当时社会的需要和国家经济所能负担的水平,因而这种发展就不稳固,就大起大落。1962年以后,经过对图书馆的调整,使图书馆发展建立在和社会发展相协调的水平上,图书馆事业就稳步向前了。

全面规划,统筹安排,分工协作,紧密联系

图书馆事业是一个整体性的社会事业。在满足整个社会文献需要的过程中,各类型图书馆都存在着一个相互联系和相互制约的情况。这种密切联系着的事业整体,必须在整体规划下,进行明确分工,在分工的基础上进行协作,实行新的综合,以达到最大的社会效能。

图书馆事业就像一个生命体一样,它遵循着生物器官相关变异的原理。图书馆事业某一部分和整体发生不协调,会波及其余的部分,影响整体事业。当某一类型的图书馆没有充分发展,不能很好地满足社会知识交流的需要,不能有效地担负其特定的社会职能时,那么,这部分的社会需要就会发生"迁移",即转向其它类型的图书馆,进而影响了这些图书馆职能的发挥。或者,使图书馆类型产生新的分化,从而改变了整个图书馆事业的类型结构。

图书馆事业是一个完整的能级结构,它由具有不同能级的图书馆所构成。"能"就是图书馆对社会需要的满足能力,"级"就是这种能力有一定的层次,可以分级,若能级高的图书馆,只满足一般的文献需求,造成浪费;能级低的图书馆去满足专门的文献需求,则不堪负担。因此,整个事业必须按照一定的能级加以分工,形成层次,各尽所能,才能在整体上保证图书馆功能的充分发挥。

因此,坚持全面规划、统筹安排、分工协作、紧密联系的原则,对于发展我国图书馆事业有着重要的作用。贯彻这条原则的核心是应当加强国家对图书馆事业的集中领导,它是图书馆事业迅速发展的根本保证。应当建立集中领导全国图书馆事业的专门机构,全面协调和管理图书馆事业的发展;制定和颁发各项法令、法规、条例、标准;把图书馆事业纳入到整个社会发展的规划中,提供必要的财政保证;统筹安排,平衡发展,形成内地和边疆,城市和农村,大、中、小图书馆相结合的合理布局;促进协调和实施图书馆的各项协作活动。

紧密依靠社会力量

图书馆事业作为一个整体事业需要国家统筹规划,但图书馆事业又与其他各种社会事业紧密相关,是其它社会事业的组成部分。例如,图书馆是学校的一部分,是科学研究机构的一部分,是工厂企业的一部分。这种与其它社会活动和社会事业紧密联系的特点,决定了图书馆事业不仅要由国家进行统筹安排,而且也依靠各项社会事业予以支持,给以扶植。

贯彻紧密依靠社会力量发展图书馆事业的原则,是图书馆事业兴旺与否的一个关键性的条件。脱离了各行各业的支持,图书馆事业不可能根本办好。这是建国以来图书馆事业发展的一项重要经验。

贯彻这条原则,需要我们坚持两条腿走路的方针,发挥国家和集体以及个人的积极性,实行国家办馆和群众办馆相结合的方法。国家办馆是国家图书馆事业的一个重要组成部分,在全国图书馆事业中起核心和骨干作用,但是,由于我国地域辽阔,人口众多,经济基础比较薄弱,要完全依靠国家力量来兴办和发展图书馆事业,在相当长的时期内是很难做到的。为了迅速发展图书馆事业,还必须依靠社会各方面的力量,包括集体的力量、个人的力量,甚至包括创造和提供条件鼓励海外华人回国兴办图书馆事业。这几年的实践证明,利用各种途径,广开渠道,调动各方面的积极性,是发展图书馆事业的一条行之有效的重要的办法,也是我们今后应当坚持的一条原则。

发展图书馆教育,加强图书馆学研究

这是一项具有战略意义的任务,也是我国图书馆事业建设应该遵循的一条原则。

教育是事业发展的基础,发展我国图书馆事业必须要有一大批具有专业知识和现代科学知识的图书馆专门人才。特别是,现代科学技术在图书馆的应用,图书馆工作方法和内容的日益复杂化和科学化,对图书馆专业人员的业务素质有了更高的要求。图书馆教育与图书馆事业息息相关。图书馆教育的发展,为图书馆事业的发展提供人才保证,而图书馆事业发展对专业干部的需要,则是图书馆教育发展的动力。我国图书馆教育是从两个方面开展的:一是正规的学校教育,二是在职人员的业余教育。实践证明,这两种教育形式都是有成效的,它们是互相促进和相互补充的。在抓好图书馆高等教育和中等教育的同时,重视对在职图书馆专业人员的业务培训和业余教育,是迅速改善我国图书馆事业专业干部队伍的人才结构,提高业务水平的重要方面,也是图书馆现代化的保证。

现代图书馆的人才结构的多学科、多领域性,决定了它还要从其它各个专业教育系统中输入人才。尤其是在专业图书馆中,这种现象更为明显。

图书馆事业建设,迫切需要加强图书馆学研究,要充分发挥理论研究对图书馆事业建设和图书馆实际工作的指导作用。不断总结我国图书馆事业建设的经验,为我国图书馆事业的进一步发展提供理论依据,是我们开展图书馆学研究的出发点。图书馆事业是按照科学原则组织起来的，有它自身的发展规律，当人们认识了这种规律，并掌握这种规律来建设图书馆事业，事业才能沿着科学轨道向前进。而规律的认识和探索，必须要有大量艰苦的科学劳动，复杂的科学思维，这就需要加强图书馆学的理论建设。尤其在当前我国图书馆事业正从传统图书馆向现代图书馆过渡的时期，面临着图书馆事业的改革，有大量的理论问题和实践问题需要我们去研究和解决，加强图书馆学研究具有重大的现实意义。

第六节　我国图书馆事业发展战略

发展的含义

我国图书馆事业发展战略问题的研究对于尽快改变我国图书馆事业落后状况，具有深刻的现实意义。

图书馆事业发展的含义和尺度，在探讨发展战略问题时，是首先必须明确的重要问题。

图书馆作为一种独立的社会活动，它隶属于社会信息活动的范畴。图书馆是组织和传递各类知识信息载体的交流机构，它是一项开发和利用社会文献信息资源的庞大的社会系统。确认图书馆的信息活动范畴的性质，有助于我们区别图书馆事业发展和其它社会事业发展所存在的不同社会要求。作为信息活动的领域，在社会总体活动中担负着交流和沟通的作用，也就是一个中介作用。具体来说，作为中介性质的图书馆事业，它的社会价值并不在于创造和生产多少精神产品，而是如何有效地开发和利用这些现有的精神产品，属于精神产品的流通领域。因而，图书馆对社会发展所起的作用往往是间接的，即通过图书馆事业来促进科学、文化、教育、经济以及其它社会事业，从而推动社会发展。这种间接性或中介性的特点使得图书馆事业的发展始终应当建立在和社会其它事业相协调和相适应的水平上，始终处在不断满足社会对文献利用和交流的社会需要过程中，因此，图书馆事业发展与否的唯一的依据应当体现在和社会协调有序的程度上和满足社会需要的能力上。

基于上述认识，我们认为，衡量图书馆事业的发展的基本尺度应当建立在图书馆的外部作用上，而不是仅仅反映在图书馆自身状态。也就是说，看事业是否发展，不能单看图书馆的数量有多少，文献的贮藏量有多少，而应当看图书馆整体社会效益，看馆藏文献开发和利用程度。毋容置疑，图书馆数量多少和文献的拥有状况是图书馆社会作用发挥的基础，在某种意义上也能体现事业发展。但我们也必须看到，增加图书馆数量和文献收藏量并不等同于图书馆外部作用能力的同步增强，这里还有一个提高图书馆的外向功能和扩大文献的社会利用的问题，这种提高和扩大本身就是一种发展，一种更有意义的发展。对于一个国家和社会而言，图书馆自身的数量发展并不直接作用于社会发展，而只有当这种发展和一定的社会需要相联系，并促进了社会对文献资源的开发和利用时，这种发展的社会价值才能体现出来。因此，数量发展只是一种为了实现目标而采取的手段，而且不是唯一的手段。它不是事业发展的目的、更不应当成为我们衡量事业发展的唯一依据。

我们对发展问题深化到这一层次来认识，对于制定我国图书馆事业发展战略具有现实的意义，它可以避免那种缺乏宏观意识和社会依据的盲目的、封闭的发展。在比较和赶超国外图书馆事业时，有利于打破单一的和僵化的比较模式，从而对我国图书馆事业发展问题上产生一系列深刻的反思。

战略思想：从内向型向外向型的转变

综合考察国内外图书馆事业的发展过程，可以发现存在着两种不同的战略思想模式：一种是内向型的模式，它的战略视向始终局限在事业内部,停留在事业内部来考虑发展问题。强调的是事业本身内部规模的发展,并作为整个发展战略的基本依据和目标。认为图书馆事业社会作用的大小主要取决于事业本身规模,只要图书馆的人员、文献、机构、财力和物力等规模有比较大的发展,其社会作用也会相应发展。另一种是外向型的模式,它的战略视向是朝着事业的外向功能,强调图书馆事业外部作用能力的发展,把追求图书馆的社会效益作为发展战略的基本依据和目标。认为图书馆事业的社会作用大小并不完全取决于图书馆事业本身的规模,而是取决于图书馆事业发展和社会需要的协调能力。因此,只有从社会需要的角度把握图书馆事业发展的规模及其增长,并且着重提高图书馆的工作效率和扩大文献的社会利用,图书馆的社会作用才会相应地发展。

这两种模式实际上反映了两种不同的思维方式。前者是把图书馆事业发展和社会发展割裂开来,因而是封闭型的;而后者则从图书馆和社会联系中探索事业的发展,因而是开放型的。

从建国以来我国图书馆事业发展的实践来看,占主导地位的是一种内向型的思想模式。它具体表现在:就图书馆事业而发展图书馆事业,把图书馆事业的发展单纯地理解为图书馆数量规模的增长,干部队伍的扩大,藏书量的增加等数量发展方面,并且作为判定发展的主要依据。在规划事业发展中,也往往以上述数量指标作为发展尺度加以追求。在这种战略思想指导下,导致了长期以来在事业发展上存在着的重外延轻内涵、重数量轻质量、重自身规模轻社会效益的偏向。图书馆事业发展陷于盲目、缺乏终极目标、因而是自我封闭和自我萎缩的状态过程中。它和外部社会环境之间始终没有形成良性循环。一方面,社会对图书馆事业发展所提供的投资及其它条件仅仅反映在事业自身,却没有达到相适应的社会效益;另一方面,社会效益的缓慢增长又影响、限制了外部社会条件的进一步发展,进而又限制了图书馆事业的发展和社会效益的提高。从图书馆方面来看，埋怨社会重视和扶持不够，人、财、物缺乏；而社会方面，则指责图书馆没有人尽其才，物尽其用，工作效率低，服务水平差，不能很好满足社会需要。要从这种不良循环中走出来，根本出路在于事业本身，首先必须彻底扭转我国图书馆事业战略思想，这是图书馆事业走向良性循环的必由之路和基本前提。

战略思想上必须从内向型向外向型的转变，是基于我们对图书馆事业发展问题和国情及事业现状分析的一个基本结论。它的实质是要牢固地确立和遵循这一基本认识：发展图书馆事业的根本目的，就是要最大限度地满足社会日益增长的文献需要。这一点既是我们研究发展战略的一个出发点，又是它的必然归宿。

发展道路：从数量型向质量型的转变

促进图书馆事业的发展，可以采取不同的发展道路。归纳起来，主要是两种基本模式：数量型和质量型。

数量型模式和质量型模式都是相对而言。在许多情况下，数量和质量是密切联系的，可以相互转化的。但是，数量型模式和质量型模式毕竟是两种不同类型的发展道路，一个是以数量为主导，一个是以质量为主导。判别图书馆事业发展是采用数量型还是质量型道路，可以从图书馆事业发展所采用的基本手段；图书馆事业管理精密化程度；图书馆服务水平、服务方式和内容；事业规模和社会效用之比的最佳化程度等几个方面加以判别。

从以上几个方面来考察我国三十多年来图书馆事业发展，基本上走的是一条数量型发展道路。这和内向型战略思想长期占主导地位是有关的。这是在当时整个事业发展过程中图书馆数量严重不足、干部缺乏的背景下应运而生的。经过三十多年发展，尽管图书馆数量和分布问题依然存在，特别是边远地区和基层图书馆。但是事业主体上，特别是三大系统发展有了相当规模，质量问题和数量问题相比,已经突出出来,成为事业发展的主要障碍,而综观当今图书馆发展潮流和趋势,传统图书馆正逐渐让位于现代图书馆,与此相应,数量型模式也逐渐被质量型模式所取代。在这种情况下,是继续沿袭数量型发展道路,还是转变为质量型的发展道路,已经需要进行抉择,实行战略转变。

质量型发展道路的基本特征是:以提高图书馆的社会效益为核心,以满足社会需要为目的,以改善图书馆管理和提高工作效率、强化服务质量为手段;重视图书馆的内在素质、丰富图书馆的内涵;改变"粗放"式经营,改革封闭式结构;强调馆际协作,强调整体效能,强调功能多样化。质量型发展道路是图书馆事业发展的潮流,我们要审时度势,不失时机,尽快地完成数量型发展模式向质量型发展模式的战略转移,这是当前我国图书馆事业能否有一个大发展的关键所在。

战略重点:加强宏观控制

从数量型向质量型的转变需要相应的基本条件,需要有一系列战略步骤和手段。如何确立今后我国图书馆事业发展的战略重点,这是关系到事业进展速度和能否有全局性突破的关键问题。

基于战略重点的确立必须能够切实地带动事业全局的发展这一基本认识,因而,今后我国图书馆事业发展的战略重点应当是加强国家对事业进展的宏观控制和管理能力。

首先,从图书馆事业发展的固有规律来看。图书馆事业必须适应社会发展,它和社会的关系应是处在相互依存的发展过程中。从事业本身来看,同样也存在着一个相互依存和协调运行的关系。因此,局限在一个类型或行政系统中考虑发展问题,而对全局性的、整体性国家图书馆事业发展缺乏统盘考虑,那么任何一个类型或行政系统图书馆事业发展都是有限的。

其次,从图书馆事业的内部结构来看。我国图书馆事业内部结构的特点是多元化和纵向等级化。这种结构造成了事业组织管理上分散化和横向联系薄弱，它不利于从全国或地区对各类型图书馆进行统一的规划协调，不利于对文献资源的统一开发和利用，不利于协调运行的内在机制的形成，严重阻碍了事业发展。不打破这种障碍，条块分割现象难以解决，不同类型和系统图书馆之间的协作和网络缺乏必要的保障，工作中的低水平的重复和资源浪费问题不可能根除。有什么样的结构就决定了什么样的功能，要发挥图书馆事业的整体功能，就必须建立相应的有序结构。而要解决结构问题，只有着眼于宏观。这也是宏观控制能力形成的基础。

第三，从我国图书馆事业发展中存在的问题来看。我国目前图书馆事业建设中存在的问题已不是某一局部领域。这些问题从现象上看似乎都是一个个具体问题，需要具体分别解决，但只要稍加分析，可以发现问题最终还是归结到宏观控制问题。例如思想观念问题，采用现代化技术装备问题，队伍建设问题，事业组织管理问题等等。因此，仅仅从局部范围进行微观调节，其效果是有限的，不可能产生根本性的突破。所有微观调节最终还要依赖宏观控制，只有宏观控制问题得到优先重视，并切实加以解决，各种微观调节才可能有所突破，导致事业的全局发展。

第四，从我国图书馆事业发展需要来看。现实的基础已经提出宏观控制的客观需要。一方面，经过三十多年的发展，图书馆数量和干部队伍已初具规模，作为一项事业，在社会活动中具有越来越重要的作用，它的社会意义日益显露。为了保证社会各项事业的顺利发展，已经迫切需要把它的发展和整个社会发展联系起来加以考虑，需要从一个社会或国家范围内进行全面规划和统筹安排。另一方面，事业发展过程中图书馆之间固有的内在联系和依存关系也越来越清晰地展现在人们面前，为了保证事业本身的协调发展，就需要把图书馆事业作为一个整体来对待，把握它的宏观联系,形成事业的整体效应。

宏观控制不力的根本原因,是由于我国还缺乏比较完善的宏观控制的内在机制,这集中表现在现行管理体制上的障碍。目前的这种分散化的管理体制,既不反映社会主义制度的优势,又不体现事业发展的内在规律,既割断了事业整体联系,又不赋予各类图书馆以充分活力,互相自我封闭,是不利于实行有效的宏观控制。

打破现行体制的束缚,唯一出路是锐意改革。改革是改善和强化宏观控制的基本手段。当前图书馆事业改革必须向纵深发展。从停留在单个图书馆活动的微观层次上扩展到整体事业的宏观层次,从具体的业务领域的浅层推进到事业管理体制的深层,应当是今后图书馆改革的主导方向。图书馆事业要发展,改革是事业崛起的希望。

总之,以体制改革为手段,强化国家管理职能,提高宏观控制能力,应当是今后事业发展的战略重点。

思考题:

1. 图书馆事业的基本特征和构成是什么?
2. 为什么说,我国图书馆事业组织体制基本上属于纵向等级结构? 这种体制有什么优缺点?
3. 目前,我国主要有哪些类型图书馆? 它们的区别何在?
4. 为什么说,实现图书馆网络是我国图书馆事业发展的必然趋势?
5. 我国图书馆事业建设应该遵循哪些基本原则?
6. 你认为我国图书馆事业应当采取什么发展战略?

参考文献

1. 图书馆学基础
   北京大学图书馆学系　武汉大学图书馆学系编著　商务印书馆,1981 年
2. 我国图书馆事业建设
   杜克　吴慰慈　赵厚源　《图书馆业务自学大全》　吉林省图书馆学会

1981 年

3. 新中国图书馆事业三十年

黄宗忠 《武汉大学学报》(哲学社会科学版) 1970 年第 5 期

4. 中国图书馆事业三十年(1949—1979 年)

张树华 吴慰慈 郑莉莉 《吉林图书馆学会会刊》 1980 年第 3 期

5. 我国图书馆事业发展战略的若干思考

黄纯元 《图书馆学通讯》 1986 年第 3 期

中　　编

第四章 文　　献

　　图书馆工作的对象包含着两个方面：一个是输入并贮存的各种文献资料，这是图书馆为社会服务的基本条件；另一个是使用文献资料的读者或用户，图书馆的社会效益通过读者而体现。使这两个方面有机地发生联系，即各种文献资料所表达的知识内容或有用的情报信息能适得其所地为不同的读者所利用，依赖于图书馆的工作。科学地组织各种文献资料，积极开发文献信息资源，主动、准确、迅速地为读者提供服务，提高图书馆的社会效益，这是衡量图书馆工作质量的核心问题。

　　图书馆工作的第一个基本要素是文献。文献处在不断地变动之中，即一方面有许多新文献的产生、输入；另方面原有的文献由于知识老化或文献内容陈旧，或被其他文献内容所覆盖、替代、包含，或在使用中损毁。所以，文献是个变量因素。

　　读者是图书馆工作的另一个基本要素。读者的需求千变万化，而且，就个别读者来说，其需求又带有偶然性、任意性、随机性，难以在事前确定。所以，这种需求也是个变量因素。

　　图书馆的工作就是受着这两个变量因素的制约和影响，前者使文献结构只能处于相对稳定的状态，要建立一个能够适应社会发展需要的、系统完整而又有序的文献结构，就必须对文献资料做经常的整理加工，并且要借助于现代化的技术手段；后者则要求图书馆的工作须以读者的需要为依据，深刻地研究读者，不断地调节自身的工作,实行定向传递,充实服务内容。

图书馆通过对文献的搜集、整理、传递、利用,服务于读者,实现社会知识交流在图书馆活动领域中的具体过程。

本章和以下二章将分别就文献、读者和图书馆工作及其相互联系作一般阐述,探讨知识交流在图书馆中的特殊过程和特殊规律。

第一节　文献概述

第一章第二节中,我们给出了作为知识载体的文献,它的基本含义、构成要素及社会功能。本章将进一步就文献的一些基本问题加以阐述。

一、文献是记录贮存和传递交流知识信息的主要手段,也是人们精神成果通过物质外壳而显现出来的客观存在。当前,汹涌而来的信息大部分凭借文献的形式来到我们面前。文献在当代所发生的激烈变化成了信息时代到来的一个显著特征。信息生产、信息处理、信息传递、信息开发利用,在一定意义上就表现为对文献的掌握利用上。

二、文献具有自然属性和社会属性,是精神和物质的结合体。文献的自然属性指文献的物质载体形态、记录的技术、手段,以及装帧形式。文献的自然属性在相当程度上制约着对文献内容信息的开发与利用,规定着文献信息量的密集程度,影响着文献交流传递的速度与范围。而且,它在更大的程度上决定着图书馆的工作方向、工作效率、发展规模和结构模式。例如,新型文献载体的出现至少将会引起:①传统图书馆空间结构的改变;②传统图书馆与读者联系形式的变化;③文献加工、贮存形态的革新;④信息传递服务模式的更改;⑤对图书馆工作人员知识结构的新要求等,从而在实质上引起图书馆活动模式和组织管理上的巨大变革。

文献的社会属性系指文献内含的精神成果，它是整个人类社会延续过程中的思维结晶。文献交流和运动的最终目的在于把凝聚在文献中的人类思想信息传播扩散到整个社会，这也是图书馆活动的根本宗旨。

三、信息大部分依存在文献中，文献信息包含文献的内容信息和文献的形式信息。内容信息系指文献中的人类思维成果，传递文献就是传递人类的思维成果，使人们获得必要的知识或情报，以满足认知需要和消除不定性。图书馆就是为传递文献内容信息而存在，并以此为终极目的。文献的形式信息是文献的外在信息，它包括对文献外部特征的判识，如载体形态，记录或印刷形式，书名、著者、出版事项等等。文献的形式信息成为获得文献内容信息的导引，尤其是在文献量激增的现代。它有助于我们据此识别文献内容、判断其情报价值。通过对文献形式信息的序列整理，揭示文献内容信息，并提供检索文献内容信息的一种工具。所以，图书馆的工作既要着眼于文献内容信息的传递，又要注重于文献形式信息的整理加工。在某种程度上说，我们对文献形式信息加工的重视不亚于内容信息。

四、文献联结着图书馆学、情报学、目录学、档案学、文献学等学科，构成为它们的共同研究领域、工作范围。因为这些学科都以文献为其研究内容的一个重要组成部分，又共同担负着文献的搜集、加工、检索、考订、鉴别、传递、开发、流通、管理等职责——虽然各自有不同的侧重面。从研究文献信息的运动形态、运动规律，以及文献信息的整理、流通、开发、管理的广义范围出发，可以抽取、聚合出上述这些学科的内含的共同本质。当然，也可以从文献内容信息所表达的人类思维成果——知识的角度，来概括抽象它们的实质。

五、对文献作整体的考察与研究，目前正在进一步地深入。这种研究主要集中在如下几个方面：

1. 研究文献的涵义、特点、规律、类型、功能、结构，从总体上把握文献的本质和各种表现形态。

2. 研究文献流运动现象和规律。把文献本身当作一种信息流，探索它的变化发展。着眼于以统计分析，定量参数、数学模型等方式，考察文献自身运动规律。

3. 研究文献交流现象。从知识交流或科学交流的观点来看，文献是个人与社会进行交流的主要媒介和基本条件，从文献交流的机制来看，有序的文献系统有待于有序的文献需要。只有当我们有了明确的文献需求，我们才能在文献系统中发现和获取所需文献。反之，对文献需要的满足又有待于有序的文献系统，量大、复杂而又混沌的文献堆加体无法达到上述愿望。研究文献交流与科学交流的相互联系，探索交流的机制，建立有效的文献交流保障系统，克服文献交流过程中的障碍等等，属于这一领域研究的内容。

4. 文献间相互引证参考的分析研究。用定量和定性结合的方法对所引用的参考文献进行统计分析，以找出文献与文献、文献与作者的诸多关系，并探索科学发展的交叉渗透、分化衍生，观察科学交流现象，评价学术质量。

5. 文献的物质载体形态变化的研究。新技术的出现促进着文献载体形式的多样化，多样化的载体格局深刻地影响着文献交流的模式、渠道，影响着人们的思维方式。图书馆活动面临新型载体的挑战，因而必然要发生深刻的变革。研究这种变化有助于我们确立对策、规划未来。

第二节　文献载体的历史演变与新发展

文献载体的产生是人类认识深化、知识积累与知识交往需要的结果,也是技术进步的结果。

人类是在不断地与自身器官作为信息载体的局限性作斗争的历史进程中,寻找着体外贮存体、传播体,发展与改善着载体的物质条件和信息记录、传递技术。这个进程又与社会工艺水平的提高相一致。中间经历了体内信息记忆传播阶段→利用天然物作为载体阶段→人造信息载体阶段。人造信息载体阶段也经历了纸型信息载体与电子信息载体的两个时期。

文献载体的产生与演进

远古的原始人群依靠本身的器官功能进行经验的交流和知识的贮存,以及信息的传递。即依靠人脑的思维和记忆功能来生产和贮存各种经验与知识,依仗手势、语言、音乐和舞蹈动作,借助火光信号等作为交际工具传播与交流信息。这种传播与交流在当时只能在极为有限的时空区内进行,且转瞬即逝,也易讹传失真。同时,寄存在头脑中的个人经验和认识随着人体的死亡而自然消逝。它不能适应人类社会劳动分工的扩大、活动的多样化和人们需要更为频繁地进行经验和知识,以及社会信息交往的要求。这种矛盾导致了人们去寻求一种新的信息工具和物化手段来替代、延长和扩大原先依赖人的自身器官的记忆、贮存和传播、交流功能。

人类最初用结绳记事,刻划记事来记载事件。例如我国古代文献中记载的"上古结绳而治,后世圣人易之以书契"[①]"古无文

---

① 《易·系辞》编。

字,其有约誓之事,事大,大其绳;事小,小其绳。结之多少,随物众寡,各执以相考,亦足以相治也。"①以后又根据事物的形状、现象创造了图形符号和最初的文字②。

人们创造了最初的图形文字后,利用以往已有的在陶器器皿上刻划的经验,寻找某种易于得到又便于利用的天然物体作为记录的材料。这样,人类便从自然语言传播、交往进入了书写文字记录传播的新阶段。于是,以文字出现作为启端,用天然物作为载体,标志着知识载体发展史上的第一次飞跃,也是信息技术史上的第一次变革。它的伟大意义就在于从此摆脱了单一的体内贮存与依靠器官功能传播交流的局限性,实现了知识、经验的体外贮存,开创了物化信息工具阶段,建立了"社会记忆系统",并为人类的经验、知识及社会信息的交流开辟了无限广阔的前景。从此,交流社会化过程加快了,知识发展的步伐也加快了。

记录知识的信息技术和方法,载体的物质形态,这两者构成了文献载体发展的两大根本的决定性因素。它们使作为传播媒介的文献载体数量一再增加,其所能容纳的信息量不断提高,传播交流日趋便利和快速。

文献载体的物质形态和记录知识的信息技术的演进和发展是同一定时期的社会的认识水平与生产力状况相适应的,也都是为了解决社会知识数量的增长与既有的记录信息技术或是物质贮存材料间的矛盾。纸张和印刷术的发明便是显明的例证。

纸张以前的知识载体物质形态大都由天然物体构成,例如在我们古代,曾用过龟背兽骨(甲骨)、金石、竹木,缣帛等,这些物体或者

---

① 李鼎祚:《周易集解》引《九家易》。

② 以结绳记载繁复的事物,有其困难之处,日久也易产生混乱,于是产生用书契记事的方法。孔安国《尚书叙》说:"古者伏羲氏之王天下也,始画八卦,造书契,以代结绳之政,由是文籍生焉。"

经过简单的再加工,成为书写载体,或者原来由其它用途移作此用。在世界其他地区则有粘土泥板、纸莎草、贝叶、树皮、羊皮等。这些物质作为记录知识的材料都有其严重的缺陷,或不易书写记录,或不便保存,或体积过大,或来源难觅,它们所能负载的信息量又是如此微小,所以,不适合作为一种大众的、普遍的传播媒介。

印刷术以前的信息记录方法依恃着人手的刻写或书写(借助于某种简陋的工具和自然的或人造的色墨)。它限制着知识生产的产品数量、规模,又造成时间上的严重滞阻。

突破上述障碍的就是纸和印刷术的发明。纸张解决了知识产品大量生产的物质基础,印刷术则解决了记录知识的信息技术与方法。这样,就在知识载体与信息技术发展史上引起了第二次飞跃。它们扩大与延伸了人体器官的功能,为知识、信息的传播交流开拓了更为广阔的天地。马克思在《机器。自然力和科学的应用》一文中高度赞扬印刷术"变成科学复兴的手段,变成对精神发展创造必要前提的最强大的杠杆"。[①] 印刷纸型文献成为一千多年来人类文献载体的基本形式,迄今仍是主要的知识交流工具。

印刷纸型载体主宰知识交流的单一形式在进入二十世纪以后逐步地为多样化的载体所取代。现代科学技术的新发展促进着信息记录技术和负载的物质形态的进一步演变,出现了非纸型的多种知识载体,如缩微资料、声像资料和电子计算机阅读资料等这类新的传播媒体。而且,信息传递的手段也起了神速的变化,从有线电话、无线电报、广播、传真发送、电视到现代通讯卫星、光纤通信等。它们既适应着现代社会的知识、情报、信息交流的扩大需要,又促进着交流在更为空前广阔的范围内活跃地进行。这就是知识载体发展史上的第三次飞跃,记录、贮存和传递知识的信息工具条件在质量和效率上都有了空前的提高。

---

① 《马克思恩格斯全集》第47卷,第427页。

知识载体面临着更深刻、更广泛的变革,这是人类科学技术发展的结果。反之,它又推动着人类知识交流向广深进军,促使人类社会更高速地发展。

下面是信息记录技术和载体物质形态演变与发展图例:

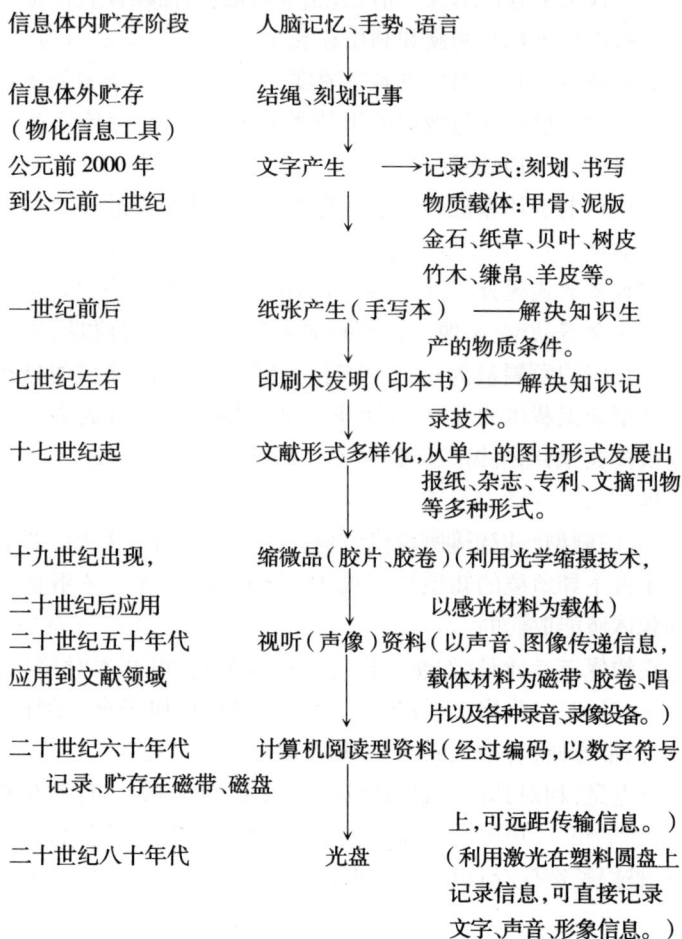

信息体内贮存阶段　　　人脑记忆、手势、语言
　　　　　　　　　　　　　　　　↓

信息体外贮存　　　　　结绳、刻划记事
（物化信息工具）
　　　　　　　　　　　　　　　　↓
公元前 2000 年　　　　文字产生　　——→记录方式:刻划、书写
到公元前一世纪　　　　　　　　　　　　物质载体:甲骨、泥版
　　　　　　　　　　　　　　　　　　　金石、纸草、贝叶、树皮
　　　　　　　　　　　　　　　　↓　　竹木、缣帛、羊皮等。

一世纪前后　　　　　　纸张产生（手写本）　——解决知识生
　　　　　　　　　　　　　　　　↓　　　产的物质条件。
七世纪左右　　　　　　印刷术发明（印本书）——解决知识记
　　　　　　　　　　　　　　　　↓　　　录技术。
十七世纪起　　　　　　文献形式多样化,从单一的图书形式发展出
　　　　　　　　　　　　　　　　　　　报纸、杂志、专利、文摘刊物
　　　　　　　　　　　　　　　　↓　　等多种形式。

十九世纪出现,　　　　缩微品（胶片、胶卷）（利用光学缩摄技术,
二十世纪后应用　　　　　　　　　　　　以感光材料为载体）
二十世纪五十年代　　　视听（声像）资料（以声音、图像传递信息,
应用到文献领域　　　　　　　　　　　　载体材料为磁带、胶卷、唱
　　　　　　　　　　　　　　　　↓　　片以及各种录音、录像设备。）
二十世纪六十年代　　　计算机阅读型资料（经过编码,以数字符号
　记录、贮存在磁带、磁盘
　　　　　　　　　　　　　　　　　　　上,可远距传输信息。）
二十世纪八十年代　　　　　光盘　　　（利用激光在塑料圆盘上
　　　　　　　　　　　　　　　　　　　记录信息,可直接记录
　　　　　　　　　　　　　　　　　　　文字、声音、形象信息。）

128

现代文献载体形态

现代工艺的发展,促进了各种新型的知识信息载体形态的出现,它们改善并提高了信息记录和传播的速度和效率,表现为:

1. 不仅记录和传播文字信息,还可以把声音、图像直接记录负载、贮存,以提供视听阅读和利用;

2. 提高单位面积内信息容量密度;

3. 新的信息载体与现代通讯技术的灵巧结合,使传递速度空前加快,且突破地域的限制。

4. 依靠电子计算机的快速运算能力,实现了情报的贮存与检索的自动化。

按载体形式区分,有纸型(或印刷型)和非纸型两大类,后者又可分为缩微品型、声像(或视听)资料、电子计算机磁带、磁盘资料等。它们的发展甚为迅速,大有与传统印刷品相抗衡的趋势。由于新型知识载体的发展,必将剧烈影响图书馆现有的文献组织与提供模式,给图书馆工作带来了一系列的新课题,也展示了未来的前景。

一、印刷型 以纸张为物质材料,主要是铅印。目前,纸型文献仍是占主导地位的知识情报载体,它所具有的优点还不是其他各种载体所能取代的。

它的优点是,阅读方便,可直接、任意翻阅,可几本对照,可任选一页;可加注释、眉批、打各种记号,也可在任何场合下阅读;流传广、携带方便,合乎人们的心理、习惯。

缺点是,相对其他信息载体说,体积大、分量重,信息贮存密度低,占用空间广,排版印刷时间长;受自然条件和纸张自身因素的限制,难以长期保存;也难于实现信息自动化提取和高速度传递。

二、缩微复制品 以感光材料为载体,采取特殊的摄影技术,将原始文件缩摄了若干倍的文献。使用时,再利用专用阅读器放大或复印,其形式有胶卷、胶片和卡片等。缩微复制品的出现迄今已有一百五十年的历史,其发明人为英国人约翰·丹塞(John Dancer,1812—1887),他在 1839 年将一份 508 毫米的文件缩小 160 多倍,成为 3 毫米的缩微品。

缩微品的广泛应用则是近几十年的事,美国的四大科技报告,重要的文摘类出版物,以及像《纽约时报》等,目前均以缩微品形式保存,或提供给用户。

缩微品的优点是,信息容量大、密度高,可节约储存空间;价格较印刷品低廉,且可节省管理费用;便于保管,易于携带、转移;不受虫蛀及气候、温度与湿度的影响,保存时间长;缩微品忠实于原件,字迹图像清晰;它能使各种不同规格的原始文献规范化,标准化,它可以与计算机结合,组成计算机输入输出缩微品——CIM,COM,十分便利于情报的贮存与检索。

缩微品的缺点是,不能直接阅读,一定要借助阅读设备,因而使用不便,亦不符合人们长期形成的阅读习惯。使用久了,易使眼力疲倦。

三、声像资料　也称视听资料或直感性资料。是一种利用现代光学、声学技术和电子技术的结合,进行信息传递。它的优越之处是脱离了单一的文字形式,直接记录声音与图像、动作。具视听兼备、集声色之美,形象生动,感染力强,可提高人们的理解能力、吸收能力和记忆能力。(一个人通过视听结合可获得 85% 以上的信息吸收率,可记住 50% 的知识内容。)在观察肉眼不易看到的物质运动过程、自然现象、瞬变过程,探索物质结构,重复实验过程,以及语音的模拟和掌握等,无疑具有独特的作用。有利于通过直感形象进行科学观察,为抽象思维提供感性认识与真实经验,以及形态模拟,语言学习等。由于它可以远距离传输,与广播、电视等结合,所以也是扩大社会教育的得力工具。

如同缩微品一样,声像资料的利用也需借助一定的器材与设备,不像纸型文献那样可随身携带,随处阅读。也不大容易像读书看报似的可停顿、翻阅、重复或任意选取一段。

视听资料包括视觉资料、听觉资料、视听觉综合资料三类,有幻灯片、唱片、录音带、录像片、电影片等。目前,有些国家已经开辟了专门的视听资料图书馆,或者在中小学里建立起以视听资料为主的知识传播媒体中心(School Media Center),一些公共图书馆也出租、出借知识性或娱乐性的录像带及其他视听资料。

四、计算机阅读型资料 现代电子计算机本质上是一种自动化信息加工装置,通过编码和程序设计,对输入信息自动加工,存贮在磁带或磁盘上,并建立起文献数据库。阅读时,按一定的指令,可自动输出信息,显示在终端屏幕上,或以宽式打字机印出。计算机可大容量、高密度贮存信息,又能高速运算。现在计算机与通讯手段的结合,发展了远距离传输信息,为图书情报工作的现代化开辟道路。

当前,微型计算机的迅速发展突破了计算机普及应用的主要障碍,并有可能完全改变目前的集中式情报处理系统的模式,而成为未来分散型处理系统的主体。

八十年代以来,国外正在发展的光盘存贮技术,将使文献载体类型发生更为巨大的变化。这种技术用激光在塑料圆盘上记录信息,它的贮存容量远远超过现有的各种信息贮存器件。在一张三英寸半的光盘上可全文存贮50万页文献资料,一张六英寸光盘可把整套《化学文摘》都包罗进去。光盘既能贮存文字信息,且能同时收录声像信息,集图书、录像、录音于一身,可以替代电影、录像,幻灯片和缩微胶片,成为一种新型的传播媒体。它也像录音磁带一样能反复使用,无用的资料可以抹去,另行录上新的信息。它不仅贮存的信息密度高,而且既耐高温又不畏严寒,不受虫蛀,也不发霉,其价格也在逐步降低。

光盘贮存技术和微型计算机的联结,使检索效率大大加速,可以在几秒钟内就查找到所需要的资料,用起来也非常自如,可停可跳、可进可退。据美国专家估计,光盘将占据未来的信息贮存的主宰地位。

由于多种新型载体的出现并日益显示了它们的优越性。能否就由此而得出电子形式的文献将取代印刷纸张形式成为信息传播的唯一交流途径的结论?"印刷品即将消失"、"人类社会已步入无纸情报阶段"的断言能否成为现实?我们认为,新型载体固然具有许多优点,它也已经部分地替代了印刷品的一些职能,但实现上述那种断言则为时过早。因为纸型文献的直接阅读,任意翻看,携带方便,适应于各种场合,以及它符合人们的心理、习惯等等,不是电子形式的交流工具所完全能具有的。要看到,各种传播载体各有所长,也各有所短;它们之间可以互相取长补短,而很少能互相取代。实际上,近年来纸型文献的出版量并没有因为新型知识载体的大量出现而减少,相反地却是逐年增长。我们还应该看到,纸型文献具有很强的适应性和应变能力,它正在借助电子技术缩短印刷出版周期;它也在不断改变类型形式来吸引读者;它更在改革制纸技术以达到更长的保存期。可以相信,在未来相当长的时期内,将是各种知识载体形态并存与互为补充的局面。美国情报学家 J. M. 格里菲思估计,到 2000 年,现有的索引和文摘出版物的 50%,期刊的 25%,书籍的 50%,技术报告的 50% 可能改用电子出版物形式。即便如此,就绝对数量来说,纸型文献仍然在增长。

印刷载体作为交流的主要手段,它只能作用于人的视觉器官,而抑制了听觉器官和其他感官接受信息的作用,因而大大地影响了我们的思维形式。单一的文字视觉信息入口容易导致对经验的歪曲,使色彩斑驳、万花筒般的经验世界变成了一种单调、刻板,没有生活气息的逻辑。因为印刷文字信息强调的是符号的、抽象的、顺序的、合乎逻辑的思维表达,而较忽视具体的、情感的、形象的、多方向立体地获取信息、扩大视野的思维活动。同时，人们通过视觉接受印刷符号的能力与当前信息量猛增形成了尖锐的矛盾。电子手段则不然，它可以扩展到我们的各种感官，特别是把视觉和听觉融二为一，广播、电视、电影和各种声像资料已使人摆脱空间和时间的隔绝感、孤立感，把人们处在霎时的、与别人相互接触的环境之中；它可以形象地显现发生着的事实，重新感知到世界的丰富多彩，从而激起人们的巨大情感与交流过程中的亲切、共鸣；它可以扩大人们的视野；而且，信息的多源性、多向性、丰富性促使着人们思维的生动性、独立性、创造性的发展，造成思维样式趋向于横向型而非纵向型、更多地面对现实和未来而不是过去。图书馆利用多种载体传递知识、交流情报时，要注意这种新的特点，并且要根据载体新形式设计图书馆服务模式。

信息存贮技术的发展，新型知识载体的出现，电子通讯手段的应用，文献传递和大众传播媒介的结合，这一切正在深刻地影响着图书馆的面貌，传统式的图书馆正受着信息革命的挑战，现时的文献组织与提供模式势将发生急剧的变革，这种变革影响之深广，将使现有图书馆活动的全部基础为之改观。

第三节　当代科学文献流特性

当今世界，科学发展已步入"大科学"时代，表现为：

一、现代科学已是一个高度分化与高度综合的和谐统一体，各学科间渗透、交叉、转移、结合日益加强，一系列边缘科学、综合科学、交叉科学、横向科学相继出现，整个科学构成为一个网络式的立体结构；

二、科学研究对象愈益复杂，出现了一些高度综合性的科研项目，它需要多学科的协同攻关。过去那种依靠科学家个人或小的科学集体已不能解决当前重大的科学技术问题,出现了国家规模的研究形式。科学事业已成为社会生产的一个基本部门,需要仿照现代大工业的形式来组织和管理科学事业;

三、科学和技术联系紧密,科学研究的高度技术化和科学直接进入生产过程。新技术的发明到实际应用的周期,即科学——技术——生产周期大大缩短。由于技术更新加速,专业知识老化过时周期也加速。如果说 19 世纪时,知识更新周期是 80—90 年,那么,现在已缩短为 15 年,某些学科领域甚至缩短至 5～10 年;

四、科研人员队伍和科学研究费用都在急剧上升。它们所引起的直接后果是科研成果量的相应剧增,科学知识的增长率在十九世纪是每五十年增加一倍,到二十世纪每十年增加一倍,七十年代后每五年增加一倍,而目前大约每三年就增加一倍。(英国学者詹姆斯·马丁测算)

反映科学成长的文献量随着"大科学"的浪潮腾跃翻滚。同时,人类社会活动的多样化、复杂化,也导致了社会信息量的急剧上升,科学文献与非科学文献的汇合、更新,令人目不暇接。这就是我们所指的"文献流"。

文献流的动态特性

文献数量的骤然增多,并不仅仅表现在单篇文献累积的数量总和增加,也不是文献的简单堆积,杂乱拼凑,而是相互联系、紧密结合,浑然一体的有机系统,是一种动态的、交叉的文献汇集。具有社会性、开放性、可统计性(可计量性)、动态性等特点。

文献系统的社会性是指文献系统系人造的社会系统,是人类社会所有认识的总汇。文献系统具有社会价值,它是整个社会的宝贵财富,它的发展与社会的发展同步。

文献系统的开放性是文献系统生命的象征。它从人们的实践活动、认识活动、科学活动中获得"输入"以充实自身。同时,它又以反映、传递蓄积的知识作用于外部环境,满足人的认知需要。通过与外部环境的交换实现文献的社会价值。

文献系统的可统计性(可计量性)表明了现代科学知识数学化趋向。整体文献是由许多具有一系列主题特征的个体文献集合而成,对文献流进行数量描述与分析是完全可行的。确定文献流动态特征、静态分布,确定各类文献出版物数量规模,研究文献交流参数以及文献收藏的配套完整等等,都离不开对文献的统计与定量分析。英国文献学家普利查德(A. Prichard)提出了"文献计量学"的术语。他把它定义为"用数学统计学方法分析文献以探明文献本身、科学技术及科技人员的特性的一种科学方法。"文献计量学已成为图书馆学、情报学、文献学、目录学基础理论研究的有力工具。

对文献流的动态特性分析是对文献运动现象与规律的考察。这也是文献计量学的一个研究领域。文献处在无时无刻不在增生的状态中,科学发展与社会活动信息量的猛增,为文献增生提供了原动力,促使着新的文献不断地、大量地涌入已有的文献流中。据粗略估计,目前全世界每年发表的科技论文已超过 700 万篇,书籍出版量每年达 80 万种,期刊达 15 万种。这个数量还在不断增长。

各个不同时期、不同年代,文献的数量也不同。以历史年代为横轴,以科学期刊量为纵轴,把各个不同历史年代的期刊增长数量逐点绘制在坐标图上,然后以光滑曲线连接各点,得出了表征文献增长的曲线图——普赖斯曲线图。它表明,科学文献与时间成指数函数增长的规律,即在恒定的时间内按总数的恒定百分比增长。这就是著名的美国学者 D. 普赖斯(Price)的指数增长率。后来又有人提出了文献按逻辑曲线增长的理论,这个理论指出,在科技文献增长的初始阶段,符合指数规律,当增大到文献最大值的一半时,增长趋势开始趋缓,最后达到极限而不再增长。

另一种理论认为文献呈线性增长,它的每年的增长量保持着一样。

雷歇(Rescher)的研究表明,有质量有价值的文献则增长缓慢。如果把文献按质量优劣分为五级,则100万篇文献中,重要的文献只是它的平方根,即只有1000篇,而最佳文献只有14篇,它的增长速度是十分缓慢的。因此,我们不必过分担心文献爆炸之势,只要把握住遴选高质量文献的原则。

文献流动态特性之二是,在新文献大量出现的同时,一些旧文献由于内容逐渐过时而失去效用。这是文献的新陈代谢特性,也称文献老化。

对文献逐渐过时的研究方法通常都是通过对文献的引用分析求得的。例如引用度概念,它表明文献随着时间的推移(文献"年龄"的增长)被引用的频率逐渐下降,反映了文献处在老化的过程中。在一个图书馆或文献中心,也可以通过书刊的流通数据求得文献的实际被利用情况,判断馆藏书刊的老化过程。

有一个"半衰期"的概念,用以表明各个学科领域中现时尚在利用的全部文献中的一半同被利用时的时间距离,换句话说,就是把这些正被利用的文献按原来发表的时间先后次序排列,从被利用时间回推,离利用期接近的那半数文献的发表年限断限,便是该学科领域文献的"半衰期",有人也称为"中值引文年龄"。例如,化学工程文献半衰期为4.8年,这是指现在仍被利用的化工文献中的一半其出版年限不超过4.8年。文献半衰期规律大约指出了某学科文献的最新效用年限,划出了新旧文献的大致期限。

对于各种出版形式的文献寿命,另一种的估计是:图书10—20年;期刊论文3—5年;科技报告10年;学位论文5—7年;标准文献5年;产品样本3—5年。

文献流的静态特性

如果对文献系统作静态考察,即把运动着的文献流放在一定时间内对它的某些特性进行分析,就会发现专业文献分布的不均匀性。这就是说,某一专业领域的论文一方面大量地集中在一小部分的专业性刊物上,另一方面又有一些专业论文却相对分散在其他大量的相关领域的刊物上,专业论文的分布呈现出既团聚又分散的现象。以化学化工文献为例,1975 年美国《化学文摘》的报道量中,50% 来自 325 种杂志,25% 来自 1059 种杂志(两者相加,即 75% 的化学化工文献来自 1384 种杂志),而其余的 25% 论文则分散在大约一万种杂志中。

文献分布的不均匀性现象又表现在:专门面向某一学科或专业的刊物不仅刊载本学科的论文,也发表许多相关或相邻学科的论文;同一专业的论文不仅发表在本专业刊物上,也出现在许多不同专业的刊物上。

专业文献分布的不均匀性(或称离散特性)给查找与使用文献带来了极大的不便,同样,对图书馆入藏文献带来难题——我们该如何选择文献?

有心的研究者发现,论文的离散性是有规律可循的。一位英国的图书馆学家布拉德福(S. C. Bradford)提出了"核心期刊区"的见解,说明了科技论文在相关的科技期刊群中分散状况及其涵蕴的规律性,即:1、某一学科或专业的学术论文总是相对集中在少数的专业期刊中,而另一些论文则分散在数量较多的相关或边缘期刊上;2,有一个登载某学科领域论文的核心期刊区,这个核心区的期刊数量不多;3,核心区的期刊数与后续的几个区域的期刊数量(在刊登同量论文的条件下)之比为 1: N: N^2 ……。N 为常数。循此,则第 a 区的期刊数量应是 N^{a-1}。

静态地看,文献分布的不均匀性及其离散特点,确实使我们的读者在漫漫的文献海洋中把握不住专业文献的全貌,容易疏漏一些必须阅读的论文。但是,它也把读者引入一个科学渗透、交叉的世界,可以促使他们去积极思索学科间的相关性以及科学发展的前沿和科学的网络结构,从而对本学科有更全面的和全方位的理解。何况,布拉德福定律的发现使我们能紧紧盯住核心期刊,瞄准核心文献,提高我们利用文献的效率。

文献流静态特性之二是冗余性。它表明,在这个文献总汇集中,有大量的论文系重复刊载,或者内容雷同,无新鲜见解;或基本上重述他人观点,加上编审不严或纯从获利出发,那种连篇累牍、文字冗长、内容单薄乃至错误百出的文章也时有所见,这一切都使文献冗余量大为增加。

冗余文献虽能增多读者检索文献的机会,提高他们获得所需文献的保障率;同时,对同一课题或领域的重复论述,在内容上也有互为补充与完善的一面,它可以引起科研人员和一般读者的重视与深思,并加深对所研究对象的理解。

但冗余文献也造成文献识别与使用上的困难。有材料表明,各类文献中有用的情报内容仅占 25%(另据美国人分析,无用或有害情报不少于 50%,在个别科技领域甚至达到 80%)。这不仅使查找阅读文献的时间增加,尤其是那些内容错误的、数据不可靠的论文的混杂,使文献流的纯洁度受到污染,使有价值的文献被淹没在大量冗余文献之中。不少人认为,文献污染的现象比起文献数量的爆炸,给科学技术的发展所带来的危害更大,因为它使人以讹为真,迷失方向,贻误时机。

冗余文献的出现不可避免,我们也无法用人为的方法强行阻止这些论文进入文献流。然而,从文献交流角度观察,没有大量的冗余文献参与交流过程,真正有价值的文献便无法脱颖而出。所以,维纳指出:"完全可能,95%的科学原著属于5%的专业科学家,但是,如果不是其余的95%的科学家在促进建立总的足够高的科学水平的话,那95%的原著中的大部分是根本写不出来的。"这是很正确而又深刻的见解。

文献流静态特性之三是语种分布的多样性和由于学科林立、

分支日细而造成的专业术语和符号日见增多。这对科学知识和情报的交流带来了不少障碍。

对于当代文献流特性的分析，目前集中在科技文献上，对那些非科学文献的分析研究尚付阙如。

第四节　文献形式的发展和结构层次

文献的形式类型

为适应科学的发展和便于及时记录知识、扩大传递渠道、活跃交流方式、提高交流效果，文献在其自身运动发展过程中，逐渐分离出多样化的形式类型，各种形式的文献彼此间又呈现出一定的依存关系及其发生演变的时间顺序。

历史上最早的文献形式可算是档案文献。它是各种事实（政治、经济、军事、科学技术发展过程）的真实记录，涉及社会生活的许多方面，内容十分广泛。

随着社会的发展，特别是物质劳动和精神劳动的分工，精神劳动者阶层的形成，记录人类精神成果的学术著作、文学艺术作品问世，出现了图书形式的文献。从现代意义认识，图书是一种定型的，又比较成熟的文献，是知识寄存和传递的主要手段。人们把图书看作是能提供系统基本知识的工具。图书具有如下的特点：反映的知识内容较完整、系统和成熟，叙述全面，对论述的主题能给人较明晰完整的印象。对掌握范围较广的各类基础知识，对某些知识门类作系统的、历史的了解；对不熟悉的学科领域或问题求得初步的理解；对查找各种事实、数据、资料来源与出处，以及考查变迁沿革等，图书具有无可取代的优越性，是人们获得历史的、系统的、全面的知识的重要源泉。但是图书的撰写和出版需要较长周期,因而它所反映的知识内容就较陈旧,这就削弱了它作为快速传播情报信息手段的作用。

报纸和期刊是继图书之后出现的两种文献类型。正是图书在传递信息中的弱点促使了它们的诞生。我国西汉时代的邸报可以说是世界上最早的报纸。近代式报纸则出现于德国和意大利,其原因是贸易的发展和政治的变化,需要彼此及时地交流消息。而报纸一旦问世,也和政治与经济事务不可分割了。报纸作为重要的信息传播媒介,其特点是报道迅速、内容新鲜,具有最大的社会信息量。它的出版量大,周期短,阅读面广。对报纸进行"内容分析"和辑录整理,是情报工作的一个十分重要的方面。

期刊问世于 1665 年。当年的 1 月,法国出版了《Le Journal des Scavant》(斯卡文思杂志)。3 月,英国皇家学会出版了《哲学汇刊》(Philosophical Transactions of Royal Society)。期刊的出现是科学研究和科学交流的需要,它以传播科学情报,交流科学知识为主要功能。学术期刊开创了科学情报交流的新形式,也成了存贮新学术思想的场所。它从十七世纪到现在,逐步成为报道新发明、传播新理论的主要工具。同时,期刊在其自身发展过程中,又分化出消息性、知识性、文艺性、娱乐性等刊物。

期刊的特点是:出版周期短,反映事物迅速,能把最新的理论研究成果、科学技术发展水平和社会的各方面动态及时地报道传播;论述问题专深,几乎包括了人类的一切知识领域和活动范围,其信息含量的丰富居各类文献之首。期刊拥有最庞大的写作队伍,可以最广泛地开展学术争鸣,促进学术交流;又由于它有着众多的读者,可以将信息及时传递、普及。总之,期刊在各类文献中占有特殊的地位、起着特殊的功能。奥斯本(Osborn. A. D.)在其所著《连续出版物》一书中指出:在有关科研人员引用的参考文献中,95%以上是科学杂志和学会发行的杂志。在目前的图书馆文献采集中,期刊所占经费已经或正在占据首位。

专利文献(十七世纪产生,十八世纪后流行)、标准文献(二十世纪初出现)、科技报告(二十世纪初出现)、政府出版物(十九世纪与二十世纪相交之时)、会议录(十九世纪后期)、学位论文(学位制最早创建于中世纪的意大利,随后在欧洲大陆逐步流行)、产品样本等,作为"特种文献"大多是工业社会的产物,与科学技术的发展、学术思想的繁荣、教育制度的确立、社会交流的扩大密切相关。

灰色文献(Gray Literature)是近年来引人瞩目的一种特殊类型的文献,具有内容复杂、信息量大、形式多样、报道范围狭窄、出版周期快等特点。可分为:内部刊物(House Journal)、贸易文献(Trade Literature)、市场研究(Market Research)、地方政府情报(Local Government Information)等。灰色文献一般不公开出售,也不大量发行,故搜集较困难。但由于它反映的是当前最敏感领域的新动态,因而人们对之甚为重视,许多国家成立了专门研究机构对它进行探讨,并建立起数据库,如欧洲"灰色文献"情报系统(SIGLE)。

文献链结构

如果从科学知识的产生、发展和交流、利用过程考察各种形式文献间的关系,我们可以把它看成是一个链式结构。(见下图4-2):

科学知识创造导源于研究与发展活动。在研究过程中,首先以工作文稿形式(实验室记录、日记、设计方案草图等)记录着原始性发现及数据,然后在科学家或同行业专家之间进行非正式交流,(以通信、谈话和仅供小范围内传阅的备忘录方式)。随着研究的成熟和保持发明的优先权,科学研究的初步成果通过刊物的快报、通讯,或者在一定规模的会议上宣读,形成会议文献;技术成果则以申请专利形式记录在专利文献上。一部分的科学成果被应

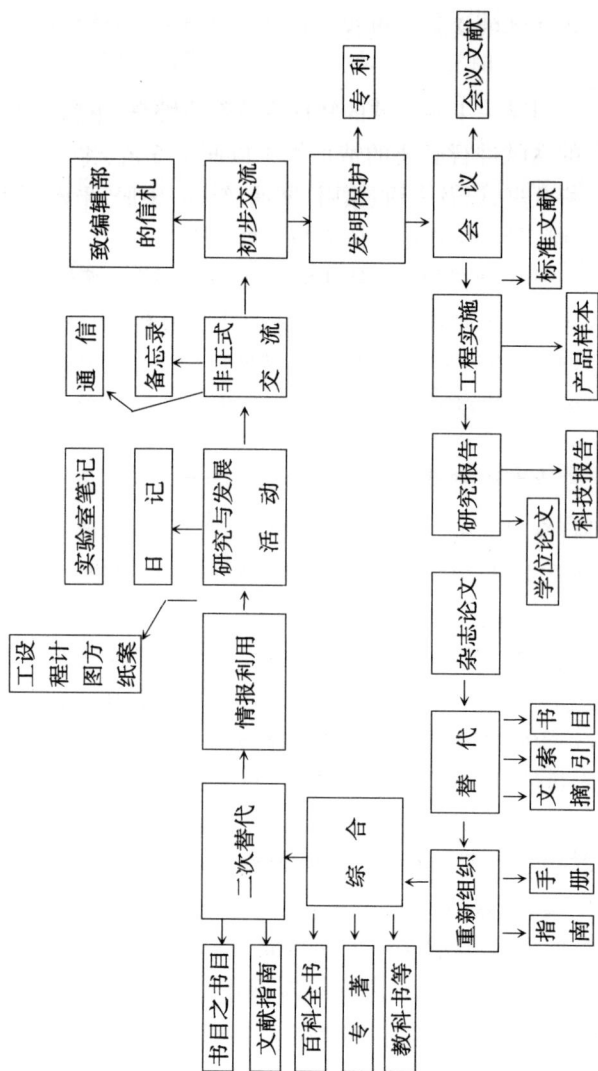

图 4-2 文献链结构

（引自：《科技文献链及其意义》 陈光祚 《情报学报》第 2 卷第 1 期 1983 年）

142

用于工程技术设施或产品开发上,这时,会出现诸如标准文献、产品样本以及广告之类的文献。也有一些科学成果发表在研究报告和期刊上。

在此基础上对某一主题领域的知识进行系统综合、重新组织,或对同一课题的文献进行必要的情报加工以便于交流,将产生专著、教科书、百科全书,以及书目、索引、文摘、综述、手册、指南之类的二次、三次文献,最后又作用于研究与发展活动。

文献的这一循环递进过程(从研究与发展活动始,顺时针方向移动),表现了知识与情报的集约化、成熟化的过程,由离散的、个别的知识递增为系统的、定型的知识。但另一方面,却又表现为文献所含信息的新颖度的减低。

文献情报加工的结构层次

对文献进行情报加工,就其方式和深度而言,也即根据文献由博而约、由分散而集中,由无组织到系列化的变化,可以把文献分为三个结构层次:一次文献、二次文献、三次文献。

一次文献是指作者最初发表的原始论文,它包括直接来自人们的社会实践、生产实践和科学实验过程中的各种认识材料。这种材料是对客观事物的现象和过程的直接观察、参与、操作、记录、研究成果,如实验记录、技术资料、工程图纸、实物样本、测试数据、工艺流程、社会调查、统计材料、会议文献、工作总结、现场报告、回忆录、报刊新闻以及各种档案资料等。我们通常把这些都称为"第一手材料",这是一种原始的资料。

但是,一次文献还包括作者参考和吸收了第一手资料的素材,进行推理判断,分析综合、引证运用而成的理论思维的成果。甚至还包括那些并没有直接引用第一手资料或只是借用转手材料的纯粹思辨的论文资料。所以,"一次文献"和"第一手资料"两者既有联系又有区别,一般说来,前者的范围要比后者宽广。

二次文献是情报加工的产物。为了便于广泛、完整地查找到一次文献，就须要对一次文献进行加工整理、浓缩集合、系列组织，由此而出现的报道和检索一次文献的文献，诸如书目、索引、文摘、简介、题录等情报性文献，我们称之为"二次文献"。

二次文献一般都采用便于检索的编排方法，附有比较完善的辅助检索工具。它具有通报和检索的双重功能。既可以把大量的分散的一次文献按学科或课题集中起来，组织成一大群相关情报的信息集合，向社会报道原始文献；又可作为一种有效的检索工具，供特定的使用者查找文献线索之用。

文摘是二次文献的代表。文摘将每篇论文的内容加以撮要浓缩，然后按主题或学科分类，予以排列组合。

文摘杂志产生于十九世纪，目前已成为科学情报出版物中最普遍、最适用的一种形式。文摘杂志的基本功能有如下几个方面：

1. 是及时报道科技文献和回溯检索过去发表的科技文献的一种有效工具。它的检索方法比较完善，附有各种辅助索引，且有年度累积本，因而弥补了由于文献离散现象而造成的查找困难，节约了科研人员的时间；

2. 对大量重复或质量低劣的论文，文摘可起到鉴别与筛选的作用，有助于减少冗余情报量；

3. 文摘提要反映了原始文献的核心内容和精英，有利于使用者更好地理解与掌握原著。同时，文摘又是一种对著作的科学水平进行间接评价的手段，起到为科研人员判明论文价值、决定取舍的参考作用；

4. 文摘杂志由于用本国或某种科研人员熟知的语言出版，因而在很大程度上可以减少语言间的障碍；

5. 文摘杂志因为集合了大量的相关情报，有助于科研人员注意相邻学科领域的成就和新发展，并应用到本领域来。

近几十年来，知识总量膨胀迅速，更新急剧，人们难以追踪不失,沿用原有的阅读方法,无法吸收如此庞大的信息量。文摘在提高单位阅读时间内接受的信息量和它对原始文献的鉴别、筛选作用,无疑具有极大的意义,因而受到人们的欢迎,发展迅速。现时全世界约有五千种文摘杂志,差不多平均每十来种原始期刊就有一种文摘杂志。为了改变文摘历来的时滞严重现象,除了传统的先原始文献后摘录形式外,创造了"在版文摘"、"首次文摘"等新形式,以适应信息时代的挑战。这种"在版文摘"或"首次文摘",使文摘的发表同步甚至早于原始文献公布的时间。

此外,为了能更迅速地反映科研成果、报道原始论文,并且尽可能充分地从各个不同的侧面、各种检索方法,最大限度地包括所有公开发表的文章,出现了其他形式的二次文献——书目、题录、简介、索引等,与文摘类二次情报相辅相成,结成一体。这类二次文献中有诸如按主题或学科分类排列的有关论文的全面题录,如美国的《医学索引》(Index Medicus)、英国的《物理学现期论文》(Current Papers in Physics)等;有把重要杂志的每期目录加以编集并附作者索引的《刊物目次》(Current Content);有根据作者、书名、主题分别排列的书目,如《在版图书目录》(Books' in Print)等。

三次文献也是对一次文献的情报加工和情报研究的结果。即对一次文献的内容进行归纳概括、以汇集其基本要点,然后综合分析而撰写出来的新文献,就是三次文献。进行三次文献的编写一般均利用二次文献的成果。

三次文献基本上分为两大类,一类是在大量的原始资料基础上对科学技术的发展趋向进行综述和评论,如专题述评、年度总结报告、动态综述、发展预测等。这类文献内容全面,具有高度的概括性,在总结已有成就的基础上判断或预测其趋向,指出其存在的问题。同二次文献的文摘类不同,在三次文献中,撰写人可以渗入本人的分析见解,可以对文献进行评论,因此,它也是一定范围内科学技术的阶段性总结。

对综述类三次文献引用频率研究的结果表明,它的重要性并不亚于该领域内最有价值的专著或论文。例如在物理学领域内,综述性文献的引用率十年内只降低一半,而物理学原始论文的引用概率在三年内就降低了一半。

另一类三次文献是把大量的数据、定律、公式、法则及统计资料等经过检验,将可靠的、有用的知识,汇总编集成便于查阅的参考工具类文献,如手册、年鉴、指南、百科全书等。此外,书目之书目也属三次文献。

三次文献是一种高次情报,它不仅汇集引用了大量的一次文献,更在于对一次文献重新排列组合,这种排列组合不同于二次文献那种单纯的机械组合,而是深入学科或课题的内容,去芜存菁,去粗取精,去伪存真,删汰了冗余情报,以浓缩提炼的方式把有用的情报信息重新组合,并赋予新的见解、新的认识。它的情报内容都不是事实的枝节细末的陈述,是带有方向性或总结性的战略或战术情报。

下面是一、二、三次文献区别类型:

一次文献	二次文献	三次文献
专著、专论	题　录	综述、科学总结
期刊论文	简　介	文献述评
研究报告	文　摘	进展报告
会议文献	索　引	手册
技术标准	书　目	年鉴
专利说明书		指南
产品样本		百科全书
政府出版物		目录的目录

经过情报加工后的文献结构层次如图4—3。

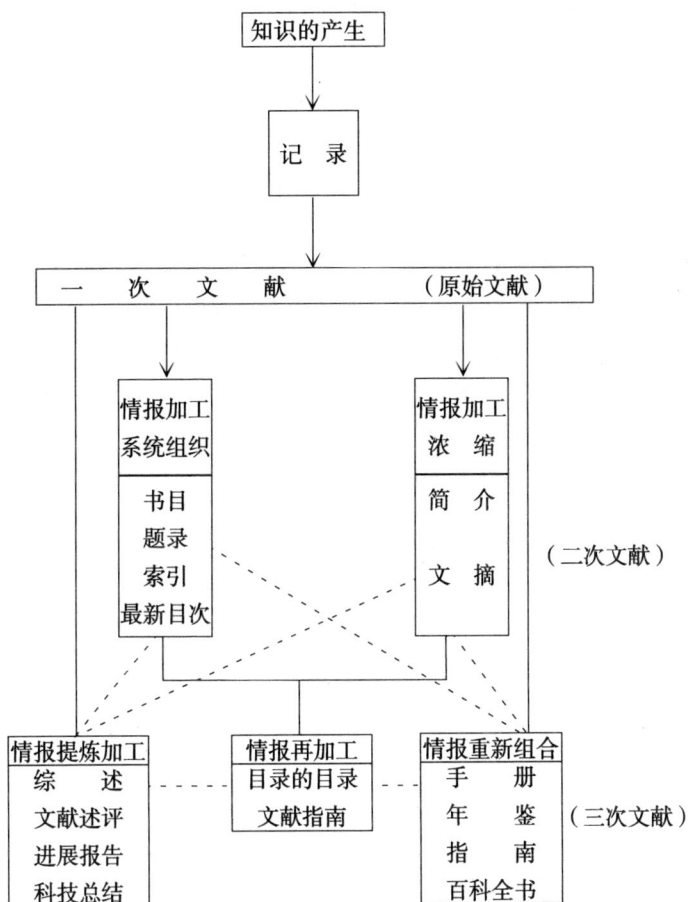

文献引用关系结构

从文献的相互引用考察文献引用关系结构,建立相关的文献群和新型的文献检索途径。

任何文献所能起到的社会效果,都要通过文献的被利用而表现出来。对科学文献引用的研究,建立文献间引用关系结构,并对之进行分析,已成为文献利用研究的基本内容。

所谓"引文",是指某个作者写作时所引用的参考文献,一般都把这些参考文献按引用顺序附录于该文的末尾或脚注于文中。作者选用引文大致具有这样几种用途:作为阐发本人见地的佐证和背景材料;提供有力的认识论和方法论依据;作为科学理论或知识成果前进发展中的继承和衔接,追溯其缘源,循续其踪迹;对他人的观点持不同意见,进行商榷、质疑、修正、补充等。

"引文"在一个很重要的方面反映了作者对情报的吸收利用能力。

"引文分析"则是对引文现象和规律的研究,它利用数学、统计学的原理和方法,并借助电子计算机进行数据的处理,运用逻辑归纳对论文的引用和被引用现象作定量和定性的分析,以揭示科学论文相互引用间的关系。

对引文进行定量和定性的分析研究现在已被广泛地应用于如下这些方面:

1.对相关期刊的学术论文引用的数量分析,评价期刊质量,确定学术期刊的地位,选择核心期刊。

2.分析各学科领域引文的年代断限,测定该学科领域文献老化系数。

3.突破传统的按主题分类法检索情报的单一局面,开辟从文献间的引用关系进行检索的新途径。新的引文检索方法且可以弥补由于学科互相渗透、交叉,而在分类检索中容易错漏的情报资料的查找。

4. 估测科学的分化衍生、发展前沿及未来趋势；判断学科以及学科之间纵向和横向的联系。科学哲学家库恩认为："科学文献所援引的专门文献的变化，可以看作是科学革命的可能的征兆。"

5. 观察科学家之间的交流，分析科学情报的传播和利用过程。

6. 可作为评价学术论文的具体情报价值的手段。

7. 由引用与被引用关系组成的学科文献间的引文链比较完整地表达某一学术领域的动态，揭示了学科结构。同时，又为情报用户提供系列的文献线索和继续探究的途径。

建立文献间引用关系结构是通过下述的几种方法，这些方法也称引文分析方法或引文测度方法，现作简单的介绍：

一、文献耦合（Bibliographic Coupling）

文献耦合概念最早是由美国麻省理工学院一位实验室的高级研究人员开斯勒（M. M. Kessler）提出，意思是若两篇或多篇科学论文都引用了另外一篇或多篇参考文献，则这两篇或多篇论文在引文上产生耦合。共同引用文献的数量表示耦合的程度，耦合程度可以用量来规定。如果两篇论文同时引用一篇参考文献，则这两篇论文有一个引文耦；如果共同引用二篇参考文献，则有二个引文耦；共同参考的文献越多，则表明这两篇论文的耦合程度越高，其关系也越密切。

文献耦合可以有两种情况，一种是一群论文都同时引用某一篇或几篇参考文献，则被引用的文献与这群论文形成为一个相关文献群；另一种是一群论文之间，每篇论文都与其他任何一篇群内论文有共同的参考文献，则这些论文也形成一个相关文献群。

大量科技文献按照耦合情况团聚在一起，在内容主题上彼此产生了一定的关联，这样，可以通过文献引用间的聚合现象组成相关论文的结构网络从而提供一种新的文献检索途径。

二、同被引（Co—Citation）

文献耦合反映两篇具有同一或多篇参考文献的论文间的关系,而文献的同被引则是指两篇任意时间发表的文章被其后的一篇论文所同时引用,则这两篇文章便产生同被引关系。同被引概念是由美国情报学家 H. 斯摩尔(Small)和苏联情报学家 N. 玛莎柯娃(MapillakoBa)在 1973 年同时提出的。同被引也可以用数量进行测度,即以这两篇文章被其后发表的多少篇论文所同引,称为同被引频率或同被引强度。被以后同引用的次数越多,表明这二篇同被引文献之间的关系越密切。

同被引与文献耦合是两个相似的概念,它们在引文分析中属于同一类型,都用于文献的关系结构、主题相似性及学科间联系的研究。它们的不同之处是,文献耦合反映了两篇引用文献之间的关系,这种关系是通过被引用文献作为媒介而确立的,这两篇引用文献以其有多少篇共有的参考文献而表明它们间的关系程度,对于这两篇引用文献来说,耦合强度在它们一经发表以后就肯定了,而且是固定不变的。因此,文献耦合只是论文之间的静态的回溯性的结构模型;同被引则反映两篇被引用文献间的关系,这种关系是由引用文献作为媒介而建立的,而作为后辈论文的引用文献的出现是难以在事前预计或确定的。因此,同被引强度就不会是固定的,它只能是一种变化的和暂时的关系,文献的同被引属于展望性的动态的结构模型。

除同被引外,还有文献"三被引"和"多被引"。指的是三篇或多篇论文被其后发表的一篇论文同时引用而建立起来的关系。

三、自引

作者在写作中引用他本人以前发表的论文,称为自引,它表示作者研究工作的延续性和连贯性,或者表示作者对自己以前的学术观点的强调。据统计,在目前文献引文中,作者自引约占整个引文总量的 10% 左右。

把这种自引现象推而广之,一种期刊引用本刊以前发表的文章,称期刊自引。它可以表明该期刊学术方向的持续性和稳定性。

某个学科的论文引用本学科范围内以前的文献,则为学科自引。学科自引率的计算式如下:

$$学科自引率 = \frac{引用本学科的引文数量}{该学科全部引文总量}$$

对学科自引率的研究,可以得知该学科与其他学科交叉渗透的程度,自引率高既表示该学科的稳定性,有时也意味着学科封闭性较强。

某学术机构的文献引用本机构过去发表的文献,称机构自引。用它可以了解该机构研究方向及课题的连续性。

思考题:

1. 现代文献载体类型的发展是否会导致无纸情报世界的出现? 它对图书馆工作将会产生什么影响?
2. 试述文献流的动态特性。文献流的动态特性对图书馆活动有什么影响?
3. 谈谈文献的结构层次。
4. 什么叫文献流的冗余性? 冗余文献存在的利弊。
5. 文献相互引用关系研究的意义。

参考文献

1. 情报学概论
    严怡民　武汉大学出版社　1983 年
2. 科技文献学
    王秀成　吉林工业大学　1984 年
3. 科学交流与情报学
    (苏)米哈依洛夫等　科技文献出版社　1980 年
4. 文献流,文献规律及其利用
    吴德祥　宋晓亮　《社会科学》　1986 年第 5 期
5. 情报流的扩散模型

匡兴华 《情报科学》 1982 年第 3 期

6. 文献与文献结构

王秀成 《情报学刊》 1983 年第 3 期

7. 科技文献链及其意义

陈光祚 《情报学报》 第 2 卷第 1 期 1983 年

第五章　读　　者

　　读者及其需求的研究,读者利用图书馆文献情报的行为探讨,读者阅读及心理分析等,已成为当代图书馆学理论研究中的一个重要方面。国内外不少有关读者需求和利用的调查与意见征询结果表明:尽管近几十年来图书馆藏书成倍地增长,工作内容不断地充实,处理和传递情报的技术手段有了长足的进步,然而读者从图书馆服务中所得到的满足程度并不如原来预想的那样,图书馆对读者的吸引力仍然若即若离,他们对图书馆的失望情绪也没有消除。由此产生了研究注意力的转移,逐渐地找到了问题的症结,认识到:读者需要是图书馆系统存在和发展的根据,没有读者需求,图书馆就失去运行的动力,也就失去了本身存在的理由;要提高图书馆馆藏的利用率,发挥文献在传递知识、交流情报中的价值,必须有一种读者服务的新观念;图书馆要赢得读者,巩固本身的社会地位,实现自身的社会效益,必须以读者需要为第一,以服务读者为至上,并且要讲究服务效率、提高服务质量。总之,图书馆工作的成败、兴衰、存亡,系于读者。基于这样的认识,就必须改变和克服以往那种只单纯注重图书馆内在因素或工作环节的倾向,把研究"受方"放到显著的地位,要以"读者中心论"来替代"藏书中心论"。近些年来,读者研究脱颖而出,已是本学科科学研究的重点。

　　读者研究的基本内容应包括如下方面:

1.一定社会背景下的读者整体考察；

2.读者需求研究；

3.读者阅读研究；

4.读者特征——读者群和读者个体——研究；

5.读者心理与行为研究；

6.读者教育；

7.读者反馈体系、读者反馈调节研究；

8.潜读者；

9.以上述这些研究为基点而建立的读者服务工作体系的研究；

10.读者研究的方法探讨。

本章不拟对上述研究内容作全面论述，仅从图书馆通过文献所实施的知识交流的特点出发，分析读者在图书馆交流中的地位，然后展开为宏观上和微观上对读者的最一般性的考察。

第一节　读者在图书馆知识交流中的地位

我们把图书馆活动看作是传播社会知识和交流科学情报活动的一个组成部分。研究图书馆知识交流现象和交流效果，必然涉及到作为交流作用的对象——读者。读者是图书馆知识、情报传递链中的终端环节，一切交流功能的充分发挥和交流效果所能达到的最佳程度，既取决于交流的内容、交流的技术，更取决于读者对交流内容的要求，对知识或情报的吸收能力、素质，以及运用这些知识或情报改善已有的知识结构、提高认识世界和强化解决实际问题的能力。文献作为一种信息资源，其价值并不一定是显性的，只有在了解了读者的需求，并针对这种需求和读者可以接受的水平，进行开发和有目的的定向传递，才能充分发挥文献的信息价值。因此,开展读者研究是提高交流效益的关键。这种研究首先必须是对图书馆知识交流的特性予以剖析,明确读者在这种交流中的地位,在此基础上探索如何使交流内容贴适于读者的知识水准、经验范围,如何把握读者的选择性特征,如何提高读者的理解、判断和吸收知识或情报的能力,又如何影响和作用读者的思想和精神情操,道德修养。

由图书馆或其他文献中心所进行的知识和情报的交流基本上都通过书面载体——文献这一媒介来实现的。正如本书第一章第三节中指出:这是一种间接交流的形式,这种间接交流的特点决定着,在这里,接受者——读者并不仅是消极的、被动的形象,相反地,他们在交流中是最活跃、最能动、起着支配意义的一方。由他们选择信息而不是信源或信息传递源规定他们该接受什么。任何文献中的知识内容,它的被利用程度,由谁利用,利用的时间、方式,利用的频率,被撷取的内容,可以说都是由接受者选择决定的。在这一选择过程中,他们无需和知识创造者直接接触,也并非一定要由创造者、传递者指点。

读者不仅对文献作出抉择,而且,也通过他们对文献的取舍、吸收对图书馆工作质量进行考核、实施评价。

文献利用的主动权在读者,读者的需求是第一位的,这种需求又是千差万别的。它既反映了读者对信息内容的高度选择性,又在瞬时状态使这种需求带有一定的主观任意性,表现为一种随机的现象。从这个意义上说,由图书馆所实施的知识传递和情报交流的活动,基本上是一种被动式的交流。即文献经过搜集、整理,加以贮存起来,然后由读者出于某种需求选择使用。这种交流的特点是图书馆交流与其它的人际传播交流系统,如新闻、出版、广播、电视等区别之所在。

总之,图书馆知识交流终端环节——读者的态势影响着整个交流系统的规模、发展方向和格局,反映了系统功能发挥的程度。

因此,这应该是个依靠灵敏反馈回路进行调节的系统。它的交流应该具有双向性,图书馆如果不是清楚地了解读者需要什么,读者在如何利用本馆收藏的文献情报,就会不知道自己应该做什么,就会导致服务的盲目性、降低服务效果。因此,按理说,对读者需求的了解和识别,是任何一个图书馆开展服务工作的先导,并作为经常修正服务误差、提高服务质量的参数指标。然而事实上,我们长期来只注重于对文献的收集→整理加工→流通服务的授方单向直线传递研究,而忽视了对受方——读者需求作为考察问题出发点的研究,对读者选择行为的研究,对读者吸收知识、情报的社会的、认识的、心理的机制研究,以及用读者反馈信息来调节图书馆系统行为的研究。缺乏把需求和传递联系起来,以需求制约搜集、整理与传递的观念,这样就必然削弱了图书馆交流功能的发挥。

研究读者,就要树立现代图书馆服务的新观念,认识读者的地位,确立以读者需求为第一的概念,分析图书馆工作能满足读者哪些专门的需求,满足的层次、深度,并且根据这种满足程度来建立搜集和处理文献情报的程序,扩大与充实服务的内容和方式。同时,变图书馆"知识宝库"为"知识喷泉",改封闭式服务结构为面向社会的开放式结构,从被动地借阅流通文献到主动地开发文献资源,实行定向的、针对性传递服务,使提供文献上升为提供知识单元、提供情报信息。总之,我们应该坚持以读者需求的研究作为建立图书馆系统、发展图书馆服务的必要前提。

我们把图书馆的知识交流看成是被动式的交流,仅仅是在读者高度选择文献主动权上才具有意义。事实上,图书馆所实施的知识传递和情报交流,是一个备受图书馆管理人员的主观能动性强烈干预的过程。探索交流的规律,降低交流过程中的信噪比,对文献信息有序化的组织,对读者需求的调查和掌握,乃至不断进行自身的调整去适应变化了的社会交流的需要等等,都明白无异地表示着图书馆的主动性。

第二节　读者与社会环境

图书馆事业的兴旺,依赖于一支广泛的读者队伍和读者具有强烈求知欲望、情报需求、情报意识。这样一种条件实质上是社会条件,因为图书馆的读者成分、读者构成、读者占全人口的比例、读者利用图书馆的方式和使用频率,这一切都与整个社会发展的总体条件息息相关。

从宏观上考察,社会环境既是促进人们的求知欲望和滋长情报意识的土壤,又是决定人们对知识、情报需求程度的量尺。因此,对于图书馆传播知识,交流情报效果的分析和交流终端环节——读者的研究,都应从社会发展总体背景联系考虑。

社会环境是造就一支广泛的、活跃的读者队伍的重要因素,是决定知识交流和情报传递的规模、范围、开发程度、吸收能力的基础。一般来说,社会、经济开放发展的势头,市场调节和竞争因素,企业经营的方式,科学研究的规模和能力,决策系统的健全和决策过程的科学化强度,是社会情报活力充分发挥的根本条件;社会的科学技术发展、教育的普及与提高程度,人民的文化修养,学术水平和读书风气,则是求知欲望和情报意识得以滋长的土壤。一旦科学知识在更广泛的程度上能转化为直接生产力,构成为生产发展、技术进步、生活改善的决定因素,知识的社会价值充分显露了,尊重知识真正成为社会的普遍风尚,人们的求知欲才会最终地普遍迸发出来,并处于持续不衰的高涨状态中。而全民族文化水平的提高、高学历人员比例的增长,科学研究不断地向纵深发展,内外学术交流的日益频繁,以及社会对精神文明建设的重视,则是知识传播和情报交流繁荣的保证。只有这样的社会环境,才能出现一个庞大的读者群和多样化的需求,才能相应地促进图书馆交流功能的活跃。

其次，每一个特定的社会环境，都有其自身的文化传统，思维方式，社会心理特点，不同的价值观念乃至不同的信息传播方式，以及教育制度和教学方式的差异。人们由于处在不同的社会环境中，因此都受到这种社会传统的影响或制约，对于知识和情报的需求与运用也持有不同的观点、方式或不同的参考系（取向标准）。这些，当然会对图书馆的文献利用与交流功能的发挥产生实际影响。比如，在不少图书馆中，座位利用率非常高，但很多读者只是把它当作自修室，忙于看教科书或课堂笔记，而很少甚至并不借阅图书馆的资料。这种状况的出现是与读者本身的学习环境条件和固有的教学方式有关。

再次，一定时期的社会形势，社会倾向，风尚，以及人们所共同关心的社会问题，也会影响读者对图书馆文献的取舍。我国经济体制和政治体制的改革，对外开放，乡镇企业的崛起，农村专业户的发展，这种新的形势无疑会对图书馆文献资源的开发提出新要求，进而为我国图书馆事业的发展指出新方向。

我们应该看到，图书馆虽然是当代社会知识交流的一个实体，但是，它的交流功能至今尚没有得到充分的发挥，即使是在图书馆事业较为发达的国家里，也程度不等地存在着这种现象。最明显的表现是，事实上大量的居民只能说是图书馆的潜在读者，而非现实的利用者，或者仅仅是一个短暂时期的读者而非终生的使用者。图书馆还只能为占人口比例不大的一部分人服务。造成这样的情况除了探究社会环境因素外，还在于图书馆如何真正地成为"知识的喷泉"，如何从"用"出发，改善传播知识、交流情报的方法和技术，又如何使被动形式的服务变成为主动的、针对性强的服务，以及如何以其有效的服务更多地参预社会知识交流和情报信息的传递过程，以吸引那些潜在的读者乐意使用图书馆服务。

对于图书馆来说，把潜在的读者扩大为现实的读者，重视对社会成员的知识再教育和情报传递,是充分发挥图书馆的知识交流功能的一项十分重要的任务,如果我们不能为多数人提供服务,我们事业的基础将是脆弱的。同样,加强图书馆的情报传递职能,重视新知识信息的交流,为国民经济建设和科学技术发展服务,扩大图书馆传统读者中情报用户的比重,则是图书馆现代生命力的体现,它不仅标志着图书馆工作向更高层次的发展,也是适应了信息时代发展的需要。

第三节　读者选择特征

如果说,社会环境是促进读者个体求知欲望和滋长情报意识的土壤,并决定着读者队伍的广泛性和普遍性的话,那么,读者个体的求知欲望和情报意识则决定着他对图书馆利用的主动性、迫切性和对知识情报吸收的自觉性。这也是图书馆实施的知识传播和情报交流是否频繁地进行的保证条件。要激发读者个体利用图书馆的积极性,关键在于上述的社会总体条件,但这并不排斥图书馆可以而且应该发挥激发读者积极性的作用。一般来讲,如果读者个体条件基本相似,那么,图书馆的能力和效率将成为这种激发动力的基本因素。

人们能够通过阅读记录于文献中的知识信息获得间接经验,发展逻辑思维,加深对客观世界的本质认识,这正是人的认识的能动反映的表现。但是,个体能动地反映世界的能力和程度是有差异的。同样,图书馆的读者个体对知识或情报的积极性和主动性,即使是基本上相似,也并非完全对应着同等的对知识或情报的吸收同化程度。换句话说,任何情报的吸收和同化都要以读者个体的具体条件而变化。每个读者的文化、智力、专业、年龄以及心理差异,体现为在利用图书馆的文献时的不同的需求和不同的知识情报选择、吸收结构。

读者的选择性特点

人们总是有选择地接受各种信息,包括文献信息。正如传播学研究指出的,受传对象——听众、观众、读者的接受信息确实是有选择性的,表现为有选择地接受(阅读)、有选择地理解和有选择地记忆。图书馆的读者也不例外。

首先,读者选择行为受读者的需求支配,需求驱动着读者的选择行为和指向的目标。这种需求具有不同的层次:从个人本能的自然需要、物质需要,满足生理、心理需要到完成崇高的社会理想和远大目标的精神需要。或者以个人的兴趣、情感或符合个人信念的价值观作为选择的尺度。个人需求的产生受制于时代、形势、社会条件与共同心理倾向,这些需求又是不断变化发展的,它由低层次的需要向高层次发展,并随着个人的文化、智力、专业、年龄、心理因素的变迁而变迁。这种不同层次的需求导致不同的选择行为。如果我们能注意读者的需求,并采取适当的方法去满足不同读者所关心、所需要、所感兴趣的文献信息内容,可以激发起他们对文献资源开发利用的更大热情。

读者对文献的选择性还受到文献内容的感染力、可读性的影响。凡是文献所表达的内容接近于读者原有的知识并与读者有着切身的关系,就会对读者产生吸引力。此外,文献内容的醒目性、时代性,也在某种程度上支配着读者的选择行为。因为,我们大家都有过注意力猛烈间被突然变化的或特别醒目的事实所吸引的经历。

读者选择文献信息又受其自身的各种条件所制约:他的知识水准、他的实践范围和经验、他的个人信念、他的阅读动机、他的情报意识、他的情报检索能力、他的心理特征、兴趣爱好等。因此,图书馆学关于读者的研究应该包含着这样一些内容:不同读者的特征和读者需求的调查、读者阅读心理的研究、读者情报意识的加强和检索能力的教育培养。

读者对文献选择理解的差异也是明显的,对于同一的文献信息内容的输入,不同的读者会作出不同的估价。每一个读者都有其各自的社会处境和社会责任,扮演着不同的社会角色。他们也总是从这一角色所处的位置上思考问题,寻找情报资料,并有他们自己的推理判断方式。例如科研工作者首先注意的是理论的新颖性、数据的准确性和推理的逻辑性;工程技术人员侧重于合理性、适用性;企业家也许想到的是成本效益等问题。这说明了读者对文献情报的取向选择总是把注意力集中于与他自己所处的社会角色相同的一面。而易于忽视其他方面。

不仅是不同的读者对信息内容的理解有差异,即使是同一个读者在不同时刻、不同的实践条件下,对同一信息内容也会作出不同的理解和反应。

读者在阅读文献后比较容易记住符合他的经验范围的、他所感兴趣的、与他个人的爱憎或职业十分有关的信息内容,而对那些不熟悉、不理解、不感兴趣的事情在记忆中则较淡漠。

一个对某个学术领域已有所知的读者和一个刚涉足于该领域的读者相比,前者对文献内容的选择性强,他们喜爱较高深的知识,也会用评判鉴别的眼光去对待有关的信息,作出不同的理解;后者常有某种盲目性——尤其是在无人指导的情况下,对文献内容的选择性弱。在通常情况下,对于一个陌生的、一无所知的学术领域,读者的选择性将趋于极小。

由此,我们可以得出这样的结论:读者对文献的需求具有不同的层次,读者对文献的选择也就具有不同的层次性,其理解、认识,吸收、记忆文献内容同样是有着不同的层次。对读者的选择原则,和根据不同读者提供各种不同层次的文献服务,应该在我们工作中得到充分贯彻。

读者的选择途径

读者对文献的选择性还与其选择文献的途径或选择方式相联系。这种选择途径表现为力图以最方便、最省时、省力、并且以最能适合其本人的认识水平或者能够获得最大信息量保证的方式来进行。借用美国传播学家 W·施拉姆（Schramm）和 W·波特（Porter）所著《传播学概论》中提出的一种粗略估计一个人选择某种信息的或然率的公式：

$$\frac{报偿的保证}{费力的程度} = 选择的或然率$$

报偿的保证可理解为获得信息量的大小及信息内容满足读者需要的程度；

费力的程度主要指同可得性有关的使用图书馆和检索系统的易难程度。

读者的选择概率表明，他们总是希望以最省力的原则获得最大的信息量。读者利用文献的费力程度和获得有用信息量的大小之比，交流的中介机构或人员的服务质量与职业道德，乃至图书馆环境条件、内部设备等等，都足以影响读者对图书情报机构的情感、态度和选择行为。总的来说，只有交流机构和读者之间的关系十分融合，交流方式又十分方便于读者，读者对交流机构又有强烈的信任感时，才能提高交流的效果。美国情报学家摩尔斯（Mooers,C. N.）曾提出一条定律：一个情报检索系统，如果使用户在获取情报时比不获取情报更费心更麻烦，这个系统将不会得到应用。

在某些时候或某种特定的情况下，某些文献资源对读者说来显得如此重要，以至于值得读者几乎不惜一切努力去获得它。即使在这个时候，读者也总是选择最容易获取，最有把握的渠道或方式。

最省力原则还表现在读者就近取得所需情报的愿望，越是接近于读者所在处的情报源,其利用的机率越大。国外有不少调查证实了这一点。七十年代初,索潘(Soper,M. E.)从作者引文分析所引用的材料的来源中得到的抽样数据表明,在5175条参考文献中,将近59%的参考文献来源于著者的个人藏书,将近26%的参考文献来源于著者所在单位的图书馆,极少数才来自较远地区。

对于新文献所表现的异常关注和先睹为快的心理是读者取得文献的又一共同特征。经验表明,读者有定时定期地查阅各种相关新书刊的习惯。文献利用的频率与文献内容的新旧和出版时间的远近呈正比。与此种现象相一致,读者对提供文献服务的时间要求着眼于快和及时。

除了指定的已知书刊索阅或者为解决某一特定需要的特定情报需求外,多数读者都是先从主题(包括分类主题)角度对文献提出需求,而且这种文献需求在读者的提问中往往是表达的需求大于实际的真正的需求。对于一个陌生的领域,读者表达需求的专指性更为一般化,即他们并不执着于某一篇或一群特定的文献,而只是希望获得适合于他们实际水平的那一群文献。

希望直接浏览原始文献,阅读原文。一些调查资料表明,读者最关心的是一次文献的借阅,他们普遍期望扩大开架方式。因此,不能轻视"借借还还"的工作。

需要指出的是,读者对文献的选择受到可获得条件的限制,这种可获得条件的限度多大,与图书情报事业发展规模,文献保障水平和各个交流机构业务密切相关,也与读者个人的自身条件相关。

读者的知识同化

读者对文献的利用也就是对知识或情报的吸收同化过程。这种同化过程之能实现,取决于读者个体原先具有的知识"格局",如果文献的知识内容适合和接近于读者已有的知识水平和经验范围,那么,新知识就能纳入到他原有的知识格局之中,就好像是消化系统将营养吸收一样。反之,原有的知识格局就会在一定程度上对新知识产生排斥性。

对新知识的吸收和同化是第一步,第二步则是用这种输入的新知识对个体知识结构进行自我调节,使之产生认识上的局部变化或飞跃,形成新的知识格局。

在这里,知识的增长是通过接受者对传递的知识作出反应而实现的。这种反应的媒介是接受者原有的知识状况对所传递的知识的"可容性"。反应的结果则可以是作为已有知识的补充而不改变知识的结构;填补初始知识结构的空白;改变先前的知识结构。

由于各个读者个体存在着知识结构差,(这种差异的造成出于社会和家庭环境、教育条件、实践范围、个体认识能力和智能发展、心理和生理等方面因素。)因此,同样的文献信息对于各个具体的读者,其吸收同化程度就不会是一样。有鉴于此,图书馆若要提高文献在交流中的社会效果,就一定要充分了解接受者的知识程度,使交流的内容针对着读者的需要,既要是读者原有的知识格局中所不具有或不完全具有的新知识,又要切适于他的知识水准。换句话说,不仅要使文献同读者的兴趣、需求在主题内容方面匹配,具有有用性;而且要考虑在内容上的适用性,包括论述的水平,形式和所使用的语言等各个方面,甚至要考虑选择适当的传递途径或方式。图书馆还应该大力介绍与推广科学的读书方法,引导初学者选择获得知识或情报的短程线,要主动宣传文献的内容,进行图书评论,以消除大多数读者对文献信息内容的模糊性或不确定性;要介绍文献著者的声誉、学识及其对所述问题的权威性,因为一个有名望的作家或一本有独特见解的科学著作往往能引起接受者心理状态的变化和注目,诱发出阅读的愿望。

由此出发,我们应该看到,图书馆现有的组织与传递文献的方法和读者吸收利用知识的过程并非一致,我们目前只是消极被动地向读者提供文献线索,我们的检索方法所使用的人工语言的复杂性和对文献内容概念分析的一定的人为主观性和模糊性,对读者利用知识和情报并非便利,手工检索和读者自我服务仍是主要形式。即便是读者查找到一大批文献线索,但还要花费大量时间阅读原文进行取舍,才能获得必要的那部分知识信息,其中许多文献线索对于他们的需要来说貌似相关而实无联系。

总之,我们既要从宏观上改善图书馆知识传播、情报交流的社会环境,又要在微观上促进各个图书馆交流功能和效率,这就必须深刻地认识读者、研究读者、探讨交流中图书馆员与读者的特定关系、文献与读者的关系,整个图书馆环境与读者的关系。

第四节　读者需求

"读者"作为一个特定的概念是反映人和书,以及人与图书馆之间的关系。前者指阅读某种书刊或报纸,成为该书刊或报纸的读者;后者指人们利用图书馆和文献中心的服务——借阅文献资料、要求检索情报、解答咨询、代查文献、复印复制及其他等,他们就成为图书馆的读者。阅读利用文献是这二类读者的共同特征。

对于图书馆来说,读者有现实的和潜在的之分。按理说,任何一个社会成员都可以是图书馆的读者,享用图书馆的服务。但由于主客观条件的限制,今天能真正享用图书馆服务的读者——这些读者也确实感到需要图书馆服务支持的——占人口比例仍属少数。

读者需求的含义

对于什么是"读者需求"的解释,迄今仍然处于众说纷纭、莫衷一是的状况。一种观点强调"需求"是指读者群向图书馆提出的,实实在在的,并经由图书馆记录下的、可辨识、可测量的要求。也就是说,这类需求已完全外化。例如:各种借书单、拒借条、借书记录凭证、口头及书面的咨询记录、阅览室阅读数据、输入并记录在机检系统中的人机对话内容等。第二种观点认为,"需求"更多地表现为读者的内心状态,一种不可见的心理活动,专指那些尚未表达在实际行为中的潜在需要。第三种观点则是上二种观点的折衷与综合,认为任何需求既包括已表达的借阅行为和图书馆记录下的数据,也指某些尚未表达的但终将会显露的、并且能被图书馆测得的需求的线索。这种见解比较有理,"读者需求"可以理解为既指存在于读者的主观意识中的内在心理活动——读者在一定的客观环境下产生的向往获得某种文献的内在需要心态——潜在需求;也包含已表露和外化在读者行为指向的阅读利用上——现实需求。前者虽说是读者的内在心理活动,但通过询问、调查、引发等途径是可以了解的。图书馆应该经常用一定的表格形式,通过征询意见、访问谈话,将读者的需求心理引示出来,使其主观的内在的需求心态外化为客观的、可测得的需求;后者则使我们可以通过观察文献的使用情况、统计与分析文献被利用的数据以及引文分析,来把握这类已表露的需求的动态,从需求所指向的行为目标物——文献情报上,来部分地辨识和把握读者需求趋势。但这种辨识和把握只能是部分的、有限的。因为读者的潜在需求不会全部投落在现有已被使用的文献情报上。

读者群

"读者"是个广泛的概念,其中实有不同的类型,按照人们某些共有的倾向和特性,可以把读者划分为一些大的群体,属于各个大群体内的读者将选择大体相同的信息内容并以大体一致的方式理解、吸收知识和作出响应,这就是读者的分类。我们要了解读者对文献资料的千差万别的需要,就有必要对读者给予群分,因为只有这种分类的方法能使我们认识和区别读者,寻找出读者质和量的共同点和差异性,类聚同族、区别异群。

读者需求具有个体性和群体性两个方面,每个读者的需求由于主体的素质和条件不同,心理特征互异,因而所寻求和指向的文献都具有鲜明的个性;但是任何读者又都具有共同的文化背景,一定范围内的读者大抵总处在一个相对固定的文化环境中,从事着同类型、同方向的研究任务,同一主题性质的实践活动,其知识吸取或科学交流的环境相同,方法类似,因而需求又具有极大的共同面。

作为个体的读者的需求虽然千差万别,变幻多端,表现为一种随机现象,是我们难以把握的。但作为一个群体中的一员,他的需求总是与此一群体所处的特定环境条件、群体的共同特征——职业、教育、年龄、心理、实践经验等相联系着的。各个读者群都有其共同的情报需求、阅读倾向和选择利用的方式,这样,就使群体内的读者的文献需求又具有客观确定性,只要我们掌握了各个读者群的共有倾向和共同特征。因此,按一定特征划分读者群有利于从总体上把握住读者的共同需求倾向,并凭藉于此,使交流的中介机构能区别地对待各个不同的读者群,寻求适合于各种不同读者群的交流传递模式,提高交流效率。

所以,对读者需求的研究要以对读者群需求的研究作为出发点,这种研究有利于从总体上改善为读者服务的目的。当然,这里也不排斥对个体读者需求的探索研究,因为任何共性均寓于个性之中,并通过个性表现。对一个典型的、有代表意义的个体读者需求分析,正可以促进我们对该一群体读者需求的深刻理解。

我们可以按年龄、文化程度或知识素养、职业或专业特点,或这几种因素的交叉结合作为划分读者群的标准。组成按年龄划分的读者群;按教育水平划分的读者群;按主题领域划分的读者群;按工作或职业特点划分的读者群。

按年龄划分读者群可以有儿童、少年、青年、成年和老年等几个类型,但在实际意义上主要指儿童、青少年,其次是老年。年龄不仅是生物、生理学概念,也是社会学和人类心理学的概念。各年龄组的读者由于认识经验和阅历的深浅、思想成熟与稳定性的不一,心理状态的差异、思维能力的不同,在汲取文献的知识内容,对知识信息的选择、理解、接受、利用上都会呈现出各自的特点。

读者的文化水平和知识素养是影响他们抉择文献的一个决定性因素,因而对知识内容的专深和广博的程度要求各异。对文献内容的选择性一般是同读者科学知识增长取同步趋势。

每一个脑力劳动者在社会中所处的特定位置和他对社会所承担的特定责任,他们的社会实践、内容,职业或专业特点,是决定他们的情报需求的关键因素,或者说是他们对情报资料的取向标准。在这些读者群中,他们所借阅的文献资料,其主题领域绝大部分都是与他们所从事的社会实践活动密切相关。

根据上述的划分标志,可以把读者的组成群分为:1. 科研工作者,2. 工程技术人员,3. 大、中、小学教师,4. 党、政、军机关、企业事业单位管理干部,5. 其他各种专门职业者,如设计师、医生、新闻、编辑人员等,6. 大学生、研究生,7. 工人,8. 农民、专业户,9. 中小学生、少年儿童,10. 一般居民。

不同读者群的需求特征

1. 科研工作者　一般都具有较高的学术造诣、专业水平和外语素养,又专注于某一领域的研究项目,熟悉本领域和相关领域的文献情况,并能较熟练地运用各种检索工具。科研工作者对于文献情报的需求很迫切,集中于与研究领域主题相似方面的文献。他们总是希望能全面及时地掌握本学科和相关领域的专业文献——由于学科的综合化趋向,相关情报需求量逐渐增大,尤强调新理论、新方法、新设想的进展情报;关注文献的查全率,也注意文

168

献中所含情报内容的准确性;期刊、学术专著的需求量大——在社会科学研究领域中,专著的需求也许更显著;对国外文献普遍重视,外文期刊成为重要情报源;通过非文献渠道的直接交流是他们获得情报的重要方式,即使对于文献的需求,通常也总是依靠本身力量查找获得,相当大量的科研工作者都有自己丰富的藏书和资料积累;在文献使用过程中大多并不是侧重于从头至尾的通篇阅读,而是撮取其中有价值的情报,希望某些工具性资料能经常置于案头,备随时查考。

2. 工程技术人员　是科技文献的主要使用者,他们关心的是在解决技术攻关、产品创新、试制设计等过程中的具体的适用技术情报,包括各种数据资料、专利说明书、实验及测试或试制过程说明书、产品工艺过程及产品样本、图纸等等。要求文献内容有高度的精确性、可靠性和新颖性、适用性,同时要求提供文献服务必须迅速及时。参观访问,技术交流等直接途径是他们获得情报的很重要来源。据某些材料调查表明,目前我国工程技术人员中能直接使用国外文献的尚占少数,而其中会使用各种检索工具的更属少数。因而图书情报部门应大力开展文献检索和咨询服务,编制各种报道性的二次文献,提倡定题服务,追踪服务。

3. 教师　我国的高等学校既是教学中心又是科研中心,因此高等学校教师一般都兼有教学和科研双重任务。他们使用文献的情况在某些方面类似科研业工者,例如:比较熟悉本专业的文献出版情况,掌握相关情报;有自己动手搜集和积累资料的习惯,也收藏大量的专业书刊;关心学科发展的新进展,注意知识内容的系统性、完整性、新颖性,中外文专业刊物和专著为主要的参考文献;但教师也有自身使用文献的特点,为了扩大知识面,开拓思路,需要的相关知识和情报日益增多,综合性、跨学科文献普遍得到重视;由于需要编写教材和经常不断地充实或更新教材知识内容,因而对新理论、新材料,尤其是学术争论问题较敏感,对各种新教材、教学方法和教科仪器设备等方面的情报资料也较关切；由于需要向学生介绍参考文献，教师自己对二次文献很重视，常自己动手加工积累，也注意综述类文献。除了专业的专门著作外，一般文献的使用也不着重于通篇细读，习惯于比较长期的借阅以备随时按教学进度查考。中、小学教师对文献的需求大致集中在教学参考资料和教学方法指导书方面，观摩教学是他们获取教学情报的重要方式。

4.各种专门职业者例如医生、法律工作者、新闻出版从业人员、设计师等，他们是专业图书馆（室）的服务对象。由于实际工作的特点，这类读者对专业情报资料的要求具有极大的迫切性，往往要求以最快的速度获得相关文献中的情报内容，并且希望能够解决所面临的实际问题。有关临床医学和基础医学、药理学的中外文期刊和专著是广大医务工作者最感兴趣的；新闻出版从业人员则要求在更广泛的领域使用文献资料。各个专业图书情报部门应该事先做好资料的搜集、整理、筛选、积累、贮存等工作。

5.党政军机关、企业事业单位管理干部

由于需要通盘考虑各种现实的或潜在的因素，作为制订政策，作出规划或实施管理时参考，要求提供系统的、综合性的，既聚焦十分强烈又具有全局观点的情报资料。在这一方面，目前图书馆所能提供的服务非常微弱。

6.大学生　大学生的文献需求受教学计划、教学内容和教学进度等因素的影响最为明显，阅读内容侧重于与专业课程有关的基础理论和基本参考书。大学生求知欲望旺盛的特点又决定着他们对人类各个知识领域的精神成果的深厚兴趣和阅读面的广泛。文艺类书刊，知识性和趣味性兼备的文史哲著作、新兴的横向学科知识、管理科学、未来发展著作等等，都是大学生们所喜闻乐读的。此外，社会上普遍关注的现象，或者正在探索、争论着的问题，甚至某个引起轰动的电影、戏剧等，都可引起大学生对相关文献的阅读热潮。

一般说,大学生的文献需求呈阶段性和节奏性,并随着学习的深化表现出层次的抬升。有时,某种需求会相对集中、整齐。高年级学生较之低年级学生利用文献的自觉性、目的性明确,随机性、任意性减少。

目前我国大学生利用图书馆能力有待提高,表现为不太熟练查阅文献,无明确目的性的阅读尚为数不少,书刊借阅率偏低,而借阅的书刊中文艺小说总的说来所占比重过大;其次除借阅与本专业有关的教材、教学参考用书外,广泛涉猎者少,阅读面还显得狭窄;外文书刊利用率低。这种情况有待于改进,其中许多方面涉及到高校教学方法和图书馆本身的工作问题。

7.工人、农民、中小学生、少年儿童、一般居民等 这是图书馆很重要的服务对象,他们的阅读需求集中在文化科学知识性和趣味性兼有的书刊,以及文艺小说,体育活动和其他娱乐性出版物上。增进知识、增长才干、解决生产技术问题和业余时间的消遣娱乐、陶冶身心,是他们文献需求的基本动机。随着人们可以自由支配时间的增多,消遣娱乐型读者也会随时而增,因而逐步满足社会经常增长的文化精神生活的需要,提供有益身心健康、养成高尚社会精神文明情操的文献也是图书馆发展中的一个重要任务。

就目前来说,工农、少年儿童、一般居民中的绝大部分只能说是图书馆的潜在读者。相信随着经济建设的发展,文化教育事业的繁荣和人们普遍地渴求知识,以及各项改革的深入展开,一个学文化、学科学的高潮必将随之来临。那时,图书馆将接受更多的读者,并在普及和提高全民族科学文化知识中起到更大的作用。

以上是对各类型读者阅读需求特征的最一般描述。我们还可以按某些共有的倾向对读者作更进一步的细分,例如,教师中的教授、讲师、助教,高年级学生与低年级学生,科学家与中级科研人员,高级知识分子与一般知识分子,青年工人与中老年工人,各种不同年龄组的少年儿童、居民中的各种不同组成,等等。这种细分有助于我们更进一步了解和掌握读者需求特征。

第五节 读者阅读和阅读心理

读者阅读研究

在对各个读者群的需求特征进行探索的同时,还要开展对不同读者的阅读研究和图书馆对读者阅读所能施加影响的研究,因为阅读是人们获得信息和占有知识的最重要手段——即便是传播媒介多样化的现代,人们通过视觉的阅读书面文字仍然是接受外界新信息和吸收知识的主导口。阅读的数量和质量决定着这个人的信息占有量,人们的思维能力、工作效率和解决实际问题的本领的高低,也在一定程度上取决于他们的阅读能力。

每个读者的阅读能力构成读者利用图书馆的基本素质。如何帮助读者"开卷",选择阅读的入口,确立阅读战略,研究阅读过程中读者和读物的相互作用,读者与图书馆员的相互联系,读者与目录体系的关系;探讨读者的阅读心理,阅读个性,发现各种阅读方式、总结阅读效果等等,是图书馆学理论研究的一个重要组成部分。这个研究如能取得突破性成就,无疑会大大提高知识传递和情报交流的效果。

如同传播学的研究一样,对于读者阅读的研究也有五个方面,即:

一、"什么人读"——读者的知识水平、年龄、性别;读者的职业、所学专业;读者的兴趣、爱好,等等。

二、"读什么书"——读物的性质,难易程度,所用文体等,这些读物与读者的关联程度、适合程度。

三、"为什么读"——阅读的目的，动机，迫切性；阅读的态度、感情。

四、"怎样读"——读者借阅图书的时机与本人学习、研究、工作进度的阶段性配合程度。如何选择读物，循序渐进；结合需要如何通读、泛读、细读、反复读、摘要阅读；如何写学习心得、作阅读笔记，选粹钩要，或作评论介绍等；如何把阅读过程变成积极思维的过程，看作是与作者进行探讨、发问、反诘辩难、补充、修改，从而激发新思想的过程。

五、"阅读效果如何"——读书以后获得何种收获：填补知识的空白，修改原有的认识，加深对事物的理解，改进知识结构，提高了解决问题的能力等。

阅读活动不纯是反映读者与文献间的联系和读者吸收文献中内含知识信息的思维过程，还表现为读者与图书馆员之间的双向交往活动。读者的借阅信息及阅读后的反馈信息，应是修正图书馆工作的重要依据。反之，图书馆又可通过这类信息对读者阅读倾向和行为作出正向的、积极的引导。阅读过程中图书馆员的主导作用有：养成读者持久的阅读兴趣，导引读者的阅读指向；提高读者使用情报的技能和培养情报意识；辅助正确的学习方法，授以科学的检索途径、解答读者在阅读过程中的各种咨询；提供良好的学习环境和必要条件，等等。

读者心理特征

人的阅读过程伴随着人的心理活动过程。开展对不同的读者群和读者个体的阅读心理的研究，可以清楚地观察读者吸收知识的机制。读者个性心理特征既反映了广大读者千差万别的阅读需要，选择特点，也表现在读者利用图书馆的行为中。所谓读者心理，是指读者在利用和阅读图书馆的文献过程中所呈现的心理过程、心理特征和心理活动内容。充分研究这些心理特征，有助于传受双方感情的融洽和双向交流的臻善展开。

对读者心理的探索可从以下几个方面着手：

一、分析读者利用图书馆和阅读文献情报的目的、需求等心理特征，分为：

1. 科学研究和创造心理，包括探索心理型

这类读者的心理特征是全身心地贯注于所从事的事业，所研究的项目；对知识的活跃兴趣、对探索的强烈欲望和热情；孜孜不倦的勤奋、百折不回的努力，旺盛的追求真理和新知识的精力。由于在整个研究过程中——从确定课题、研究方案的勾勒、研究方法的选择、相关观点的调研分析，已有结论的检验辩驳，学术观点的酝酿展开，科学假设的提出形成，到撰写论文、完成初稿，以及对成果的审阅评定，都离不开对文献情报的依托和指拨。因而表现对文献情报的心理状态为：全面搜索、细细过滤，强烈的求新、求快、求全、求准、求近、求便的借阅心情；在创造活动受挫曲折阶段，渴望得到相关情报信息的指点，以促进思维飞跃的"顿悟"产生。针对这种心理特征、开展定向服务、追踪服务、最新情报服务；急研究者之所急，充分做好科学创造的前期劳动，使研究者感到省力、省时，方便、可靠。从而促进科研成果的及早诞生。

2. 学习和寻求知识心理型。

大量的读者利用与阅读图书馆文献是为了获得知识、扩大信息来源、改进知识结构，渴望使自己早日成才。这表现为学习心理型。对读者学习心理研究目的是，通过这一研究，积极引导、发展与巩固读者学习自觉性；培养专一而广泛、稳定而持久相结合的学习兴趣；注意读者的阅读倾向使之更全面、更健康地发展；指导读者学习与掌握知识的技能和技巧，以充分发展读者的智力。对青少年读者学习心理的引导还包括影响其世界观的形成。

动机、兴趣、情绪、意志等是影响读者学习自觉性的决定因素；记忆、思维、想象、注意、能力等是决定读者学习效果的个性品质。

探讨读者的学习心理,目的在于激扬读者的个性心理的积极因素和优良品质。

3. 消遣心理、欣赏心理与猎奇心理型。

闲暇时间的排遣,精神生活的调剂,个人爱好的追求,好奇本性的满足,这是人类生活中的普遍现象。反映在利用图书馆和阅读领域中,便是消遣、猎奇、欣赏等不同表现形式的心理状态。而且,他们在图书馆的读者群中,具有相当的广泛性,即使那些研究型、学习型的读者,在一定时间、一定场合下,也可能是一个消遣型的读者,因为他们需要松弛一下过度紧张的精神劳动。

对于一般的消遣型读者,其特征为阅读目标不确定,兴趣随时转移;不少人喜爱刺激性的文艺作品或缠绵感伤的爱情小说;社会奇闻、影视体育,都可以成为他们经常的欣赏对象。

对读者消遣、猎奇和欣赏心理的探索研究很有必要,它的目的在于满足读者在业余时间的健康有益的精神文化生活享受,引导他们追求真正的心灵美,并使他们从这类正常的欣赏享受中获得知识,获得教育,增长才干。

二、不同年龄组的读者都具有不同的典型心理特征。少年儿童的好奇好问、求知欲旺、模仿性强、兴趣易迁,以及思维的具体性和形象性;青年的敢想敢为、生气勃勃,对新鲜事物的敏锐性和较少保守、对生活与真理的憧憬和追求而又充满幻想,社交、爱情构成他们生活的一个部分;成年人的稳定沉着,经验丰富和分析综合判断事物的能力,以及对事业的强烈责任感;老年人阅历丰富但喜沉湎往事,知识广博而记忆力差,生理机能的衰退引起性格、兴趣、情感、意志等不同变化,等等。这些心理特征表现在阅读领域中均有其不同的特点,我们要充分研究这些心理特点,区别对象做好服务工作。

三、马克思曾经说过:"无论是个人,无论是社会,其发展、需求和活动的全面性,都是由节约时间来决定。一切节省,归根到底

175

都归结为时间的节省。"(《1857—1858 年经济学手稿》)处处考虑并节约读者不必要的时间耗费,应该成为我们工作中必须考虑的事。

读者的时间心理因素往往表现得十分明显。但是,人们对时间的快慢长短的感觉是相对的,当人们的注意力集中于目标的等候与不那么注意的等候,在心理情绪与时间知觉上是不一样的。既有过高地估计不长的时间间隔——度日如年的倾向,也有过低地估计较长时间间隔——光阴倏忽,一瞬而逝的倾向。当你处在某种心理状态下——焦躁不安或者等待着某个急需见面的人或事时,片刻时间就像几个小时,反之,如果心情愉快或者与友人欢畅笑谈时,即便坐了几个小时,你只觉得霎时而过。这就是时间在人的知觉反映中的相对性。可以用这种人们对时间感觉的相对性来改善读者借阅利用文献时的焦躁情绪与分散其等待时间的注意力,如布置一个优美的图书馆环境,使之对读者心理产生良好的影响和舒适感;馆员的良好服务态度使读者有一种亲切感;趣味性和知识性结合的书刊评价、图文并茂的宣传报道,都可以起到吸引读者注意力、分散其焦躁情绪、兼收宣传图书、传播知识之益,从而发生吸引读者的效果。如果图书馆的环境空旷荒凉,服务态度又很恶劣,读者就会产生不耐烦与厌恶的情绪。总之,对读者时间心理的研究,是完善知识传递和情报交流的一个十分重要方面。

读者阅读文献的调查研究

对于读者阅读文献规律的探讨是一件较为困难的事。这不仅由于受到读者借阅中的主观任意性的影响,还在于我们缺乏必要的,在长期统计基础上的精确数据。为此,开展读者阅读文献的调查研究十分必要,这种调查有如下几方面:

1. 通过借阅、咨询等登记资料对读者在一定时期内的文献借阅数量、借阅文献的类型、学科内容进行统计分析,借以了解借阅频率最高的、最低的借阅量,平均借阅量,平均借阅周期。各类型读者借阅数据,用作判断读者利用文献情况。

2.结合抽样调查、典型分析,对高频率和低频率借阅的读者的主观因素和客观条件进行分析研究,既可以对不善于利用图书馆的读者进行指导或据以改善我们的服务质量,也可以发现和推广好的阅读经验,并从中总结规律性的因素。

3.与分析读者借阅数据的同时,对读者的阅读内容、阅读方式和阅读质量进行调查了解。分析读者的阅读面,读书方法,阅读与知识成才的关系,以及各学科,各专业书刊的利用率、各种文种书刊的利用率等,找出目前在阅读上存在的问题和症结。

4.总结读者组织自己知识结构的经验规律,研究成才学习的科学阅读方法。寻求如何做到"在适当的时间向适当的读者提供适当的图书"的方法。

5.通过对文献利用的统计分析数据,达到了解情报用户或科研人员文献需求和利用的类型结构、语种结构、时间跨度、主题范围等特点。

思考题:

1. 试析读者在图书馆知识传播、情报交流中的地位。
2. 为什么读者总是有选择地阅读、理解、吸收文献信息内容?
3. 读者选择行为特征。
4. 进行一次读者需求的调查分析。

参考文献

1.读者学浅说
  黄恩祝 《吉林省图书馆学会会刊》 1980 年第 3—4 期
2.读者简论
  于鸣镝 《图书馆学研究》 1982 年第 4 期
3.情报用户及其情报需求的研究

匡兴华 《情报学刊》 1982年第1期

4. 阅读行为与读者需求

赵世良 《图书馆杂志》 1983年第1期

5. 传播学概论

(美)威尔柏·施拉姆 威廉,波特著 新华出版社 1984年

6. 传播学(简介)

中国社会科学院新闻研究所 人民日报出版社 1983年

7. 情报检索系统——特性·试验与评价

(美)F. W. 兰卡斯特 书目文献出版社 1984年

8. 情报学概论

严怡民 武汉大学出版社 1983年

9. 情报用户及其需求

(美)艾瑟顿 《情报学刊》 1982年第1期

10. 从科学研究的心理规律谈情报服务"进入角色"

陈文秀 刘士诚 《情报科学》 1981年第5期

第六章 图书馆工作机理和工作内容

图书馆是一个发展着的有机体,它的生存价值并不体现在文献的单纯集合上,而是通过对文献的组织整理形成为一个有序化的文献结构,并实施定向的传递。它利用输入输出的功能,调节本身的结构,作用于读者,沟通文献与读者的联系,促进知识和情报的有效交流。对图书馆内部工作机理的探讨,是图书馆学基础理论的一个方面。如何使图书馆系统成为一个动态稳定的有序结构,是图书馆生机勃发、充分发挥其社会效益的核心问题。当前,不断增殖着的庞大的文献情报流,以其分布的离散性,频繁的新陈代谢,内容的重复交叉,以及大量冗余情报的存在,给使用者带来了极大的不便,造成选择利用上的尖锐矛盾。因此,更需要通过图书馆工作这一中介环节对文献进行科学的组织和有效的传递,疏浚社会知识交流的渠道。

第一节 图书馆系统

我们可以把图书馆看作是一个系统,它们从属于社会知识交流系统,或者说是社会信息系统的组成部分。图书馆系统以开发文献信息资源,担负社会知识信息载体的收集、组织、传递、交流为其特定的功能。

图书馆系统按其规模与覆盖程度可划分为宏观、中观、微观等不同层次的系统。图书馆宏观系统,即一个国家的图书馆事业整体,也称为全国图书馆总系统。它由全国各种不同类型、数量、规模的系统图书馆组成,如公共系统图书馆、学校系统图书馆、科研与专业系统图书馆、工会系统图书馆、军事系统图书馆等等,还有图书馆学教育系统、研究与出版系统,以及行政管理系统等。这样,公共系统图书馆、学校系统图书馆成为全国图书馆总系统下的分系统——我们暂且称之为"中观"层次。各个具体的图书馆则可以看作是图书馆系统的微观层次,它自身又构成为一个系统。

一个具体的图书馆系统是由若干相互联系、相互作用的要素组成。这些要素主要是:收藏的文献,所服务的读者,图书馆工作人员——专业人员、管理人员、工勤人员,技术方法与技术手段,经费、物资设备与建筑,各种相关信息等。

图书馆系统的特性

用系统论的观点考察图书馆系统,它具有以下的特性:

一、图书馆系统是个开放系统,它与整个社会发生紧密的联系,并且不断地和外界环境进行着物质、能量和信息的交换。系统的有序状态及其稳定性,系统功能的发挥都依赖于与外界的交换而维持。这种交换首先体现在:图书馆必须从外界"输入"各种文献资料、专业人员与专业知识、管理信息、反馈信息、经费设备及现代化手段等,如果没有这种交换,或者外界的"输入"十分微弱,不足以产生有效的影响时,那么图书馆系统就将无法维持生存,它的功能就将逐步衰竭。

二、对输入物质进行转换组合。图书馆系统不单纯是文献信息的自然通道,它的功能在于整理、转换、组合各种输入的文献,形成以目录、索引、题录、文摘等二次文献成果和一次文献的科学集合体,然后向外界传递、"输出",以作用于社会。也就是把文献中的知识开发出来,转变为人们易于利用的情报。这种转换组合的有效程度越高,系统的社会功能也就越能得到发挥。图书馆系统的功能就在于把"输入"经过处理转换组合成对社会有益的"输出",图示如下(图6-1):

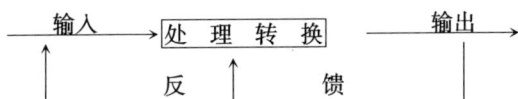

图6-1

三、图书馆系统是由若干相互依赖、相互作用的部分或要素紧密结合而成的整体。各个要素之间在时间和空间结构上都具有相对稳定的次第性、有序性和因果联系,并具有很强的协同作用力。它构成为系统的结构,并决定着系统的功能和行为。由于整个系统是处于不断地与外界进行交换的活动过程中,因而它又有高度的动态性。

四、为了适应外界环境的变化,有效地发挥图书馆的社会功能,就必须使系统的结构形式处于高度的有序状态中。序是事物的结构形式,是指事物或系统组成要素之间的相互联系及这种联系在时空结构的次第表现。有序是自然、社会、思维的普遍规律。有序是绝对的又是相对的,绝对性是说任何事物都是有层次结构的,都是有序的;相对性则指事物的组成要素之间具有动态变化性。当事物的组成要素有某种约束性,呈现某种规律性时,我们称该事物或系统是有序的。当事物的组成要素的相互联系被扰动破坏而不具有规律性,或人们尚未认识某种规律性时,我们称该事物或系统是无序的。但是,根据熵增加原理,一个系统在封闭状态下总要随着自身熵的增加会自发地由有序走向无序,最后达到平衡态而完全丧失其功能即趋向死亡的境地。观察图书馆系统,原有的文献结构会因知识更新周期缩短而趋向不适应需要;工作人员的素质与工作方法如因循苟且、不作更新和改进,也会落伍于现实;管理制度的僵化、缺少活力,不进行改革,势必削弱图书馆工作效率。凡此种种,均可看作是图书馆系统本身不可逆过程而造成的熵增趋势,使它从有序结构状态走向无序状态。从这一角度来说,图书馆工作就在于如何保持系统的有序状态,如何产生足够的"负熵",以抵销系统自发的熵增趋势。

图书馆系统的构成

一个具体的图书馆系统,按功能可划分为:

一、输入子系统,包括采集亚子系统。这是系统维持生存和发挥社会功能所必需的。

二、处理子系统,包括分编或标引亚子系统、加工亚子系统。被输入的文献,既有时间上的先后,又有学科的差异,语种的多样,加之类型不一,这就要求图书馆必须对文献资料进行加工处理、转换组合,组成各种文献的报道检索工具,提供文献信息,以方便利用。

三、贮存子系统,包括典藏管理亚子系统、文献保护亚子系统。经处理加工后的文献集合体应按科学原则给以贮存管理,才能有效利用。

四、输出子系统,包括流通阅览亚子系统、检索亚子系统、咨询参考亚子系统、宣传报道亚子系统、情报服务亚子系统等。

五、控制子系统,这是保证整个系统的输入、处理、输出均处于最佳运行状态而实行的必要的组织,控制。对于控制系统来说,要重视反馈控制,依靠反馈调节各子系统的协同关系和建立文献的藏——用结构,通过读者参与和读者需求这个主轴,发展多样化的输出途径与服务方式。

组成图书馆系统的子系统既可以按功能划分,也可按其相应的基本变量分为:

1.输入变量。也称环境变量,即外部环境对图书馆系统的影响因素。输入变量应包括对图书馆系统能施加影响并改变图书馆行为的各种环境因素。可分成宏观、微观两个层次,前者大如国家科学技术研究能力、国民教育发达程度、国家的经济实力等等,只要这些因素对图书馆活动发生实际意义;后者则包括文献出版、读者队伍、经费收益、技术手段等消长因素,以及读者需求变化。他们对图书馆系统的行为的改变发生强烈的影响。输入变量大多是不可控的(对图书馆系统来说)。

2.状态变量。系统本身状态的测度,它是指图书馆系统在给定时刻内的整个状态信息,如队伍结构、文献结构、工作或组织结构等。

3.控制变量。也称决策变量或响应变量,用来表示系统管理或决策者对图书馆活动所规定的方向、控制的方式和施加的影响。

状态变量和控制变量都是系统内部的因素,因而是可控的。

4.输出变量。指图书馆对外部环境的作用与影响。输出变量的增强意味着图书馆社会功能的发挥,反过来又促进输入变量的变化。

输出变量的大小、强弱,受制于上述三种变量,只有改变约束条件,才能改变变量之间的函数关系。

5.信息变量。指的是管理决策者所需要的有关图书馆系统及其环境的全部信息。

图书馆系统的工作程序

图书馆系统的工作程序应包括图书馆开发利用文献资源的全过程,它一端联系着知识资源的创造者或最初传播源——出版发行系统,另一端与广大的使用者衔接。其过程如图6-2。

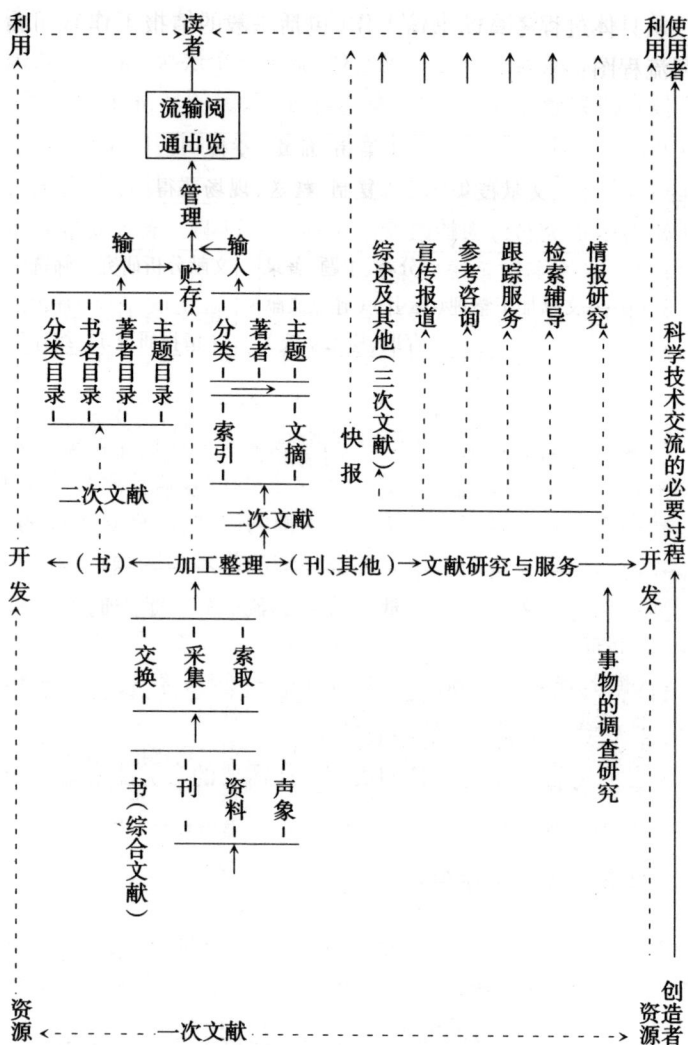

图 6-2 图书文献资料开发利用的全过程

（引自:陈士宗 开发利用图书文献资源的科学 中国图书馆学会
图书馆学基础理论讨论会论文 编号 13—26.1984.10）

184

从具体过程考察图书馆工作(包括一般的情报工作),可得出下列流程图:

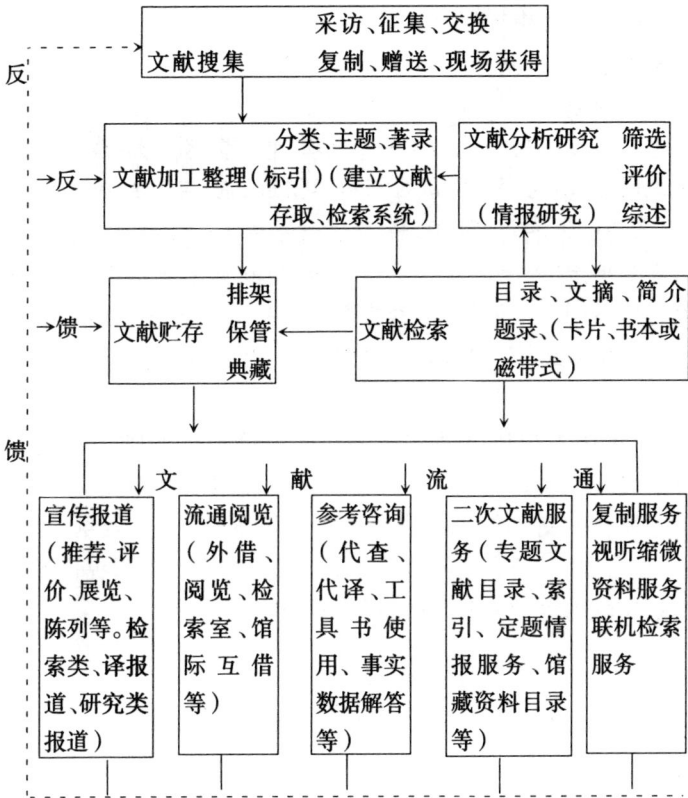

图 6-3

由图 6-3 的工作程序可以把图书情报工作划分为以下几个环节:

文献情报搜集建设环节,

文献情报加工整理环节，

文献情报贮存保管环节，

文献情报检索环节，

文献情报分析研究环节，

文献情报流通服务环节。

归纳起来,有二大部分:文献情报的组织与文献情报的传递服务。组织文献的目的是为了有效地传递知识信息,而要有效地传递知识信息,就必须对文献进行科学组织。二者互为表里,互相依靠,前者是后者的前提和基础,后者又是决定前者存在的依据。

需要指出的,上述这些工作内容,在图书馆或情报中心,其侧重面有所不同。一般说,图书馆注重于书刊文献的广泛收藏,情报机构则主要从事资料搜集,重视现场获得,以应用性科技知识为主;在文献处理上,图书馆按整体文献(种、册、件)为单位进行加工,以目录作为报道文献的主要形式。情报工作则突破以"种、册、件"处理文献的框壳,深入到文献内容的知识单元,重在揭示文献中所含的新的知识信息——一个新观点、一件发明、一项定律、一例公式、一条数据等,以题录、文摘、述评等更深更广层次组织报道文献内容,并需开展情报分析研究。

第二节　文献的组织和传递

文献结构有序化与文献集合

零散的、混乱的文献体系是无法有效地发挥传递知识作用的。对一个图书馆系统来说,文献总是处在流动的过程中,一方面是许多新文献的增加,这是使系统保持动态稳定所必须的,但它在输入时的状态是随机散乱的,这种文献的增量如果不加组织整理,客观上将使系统的熵变化趋向正数，也就是说，它会使图书馆的文献结构无序程度增加；另方面，某些已贮存的文献由于内容陈旧而逐渐失去效用，使无用文献量比例上升，这就是图书馆的文献结构本身由于不可逆过程而引起的熵增。总之，文献的流动过程时刻不停地"冲击"着原有的馆藏文献体系，打破旧的稳定状态。面对着使用者在不同时刻上的千差万别的需求，一个高熵态的、体系混乱的文献系统显然无法满足使用者的愿望。

解决此一矛盾在于使文献结构的有序化。当代社会知识成果的能否有效利用取决于对这些知识成果内容和载体的有序组织程度。要适应外界环境的变化，使图书馆系统能连续不断地保持稳定状态，能有效地发挥自己的社会功能，同样必须使自己的结构形式处于动态的高度有序化中。

文献结构的有序化是文献组织工作的关键问题。图书馆工作就在于对外界的各种文献资料实行有选择的吸收，并且经常地对输入的文献用科学的方法加工整理，组成为具有一定逻辑结构的文献集合体，把一切社会知识纳入到一个有效的科学体系中，使无序的输入转化为在空间结构和时间系列上都有序化的层次分明的体系，成为十分方便于人们利用的形式。所以，有序化是文献组织的核心和基本内容。

文献组织工作有序化的内容包含着多重方面，首先指对文献的搜集与整理。文献搜集是对社会上广泛散布的文献资料所作的初步选择，是文献结构有序化的前提；然后按照文献本身的内容特征和形式特征进行系列整理，这个整理就是抽出各种文献的组成元素的相关特征（相同属性）而加以系统排列组合，一方面组成方便管理的文献本身的科学贮存体系——文献集合体；另方面又组成各种不同的表征文献特征的检索工具——图书馆目录、各种书目、索引、文摘、简介、题录等，担负起文献信息高度集合的检索和报道的功能，并以其特有的专指性去适应使用者对文献信息的选择需要。简言之,文献工作有序化的内容就在于组织一个科学的、实用的、便于知识交流的文献系统、目录系统和检索系统。

第二,要建立一个稳定状态的文献贮存体系,它应该是经常地处在不断除旧布新的运动状态中,而不是静止的、凝固不变的"死"结构,因为一个静止的平衡状态的藏书结构必将逐渐地丧失其社会功能。

第三,要建立文献工作的科学管理体系和信息反馈体系,使系统能不断地对自身的结构进行调节、改善,以减少熵增加趋势。

第四,确立文献组织有序化的标准规范,以保证文献组织工作过程中的一致性、通用性、连续性。

文献搜集

文献搜集是图书馆工作的起点和最前列环节,也是开展其他各项工作的基础。文献搜集是受选择原则支配的,它必须根据自身的方针任务、专业特点、服务方向和读者的需要,以及财力、人力、库藏的可能条件,从广泛的文献情报源中有计划、有针对性地进行选择收藏,以建立起一个完整的、系统的、为特定范围的读者所需要的藏书体系。所以,文献搜集必须有明确的目的、规模与范围,要有一个文献利用的长期展望,还要随时调查搜集到的文献是否有效利用,要时时记住"为用而藏"。

选择文献的标准是:1.文献本身所含的知识质量价值,知识信息的密集程度、知识的新颖性、真实性、精确性、独特性、先进性等;2.社会的需要,即从不同类型的读者需要出发,顾及读者对象,考虑文献资料在社会中所起到的不同效果,注重文献的适用性。

文献散布的无序、多源和迅速增殖的特点,要求搜集工作必须广辟来源,扩充渠道——特别要注意非正式渠道的文献搜集,要重点专藏、兼顾一般;要分工协调、各有所长。

做好文献搜集工作既依赖于对文献情报源的深入研究,掌握文献类型及各类文献的知识信息深度、广度和情报价值；也要讲究科学的搜集方法和途径。要经常地开展调查研究，了解出版动态，把握各种书评资料，善于利用各种出版目录，随时注意收集读者的需求信息和文献流通出纳中的反馈信息。除此外，采访人员的学识、专业水平和经验也是重要因素。

上述文献搜集都是从每一个具体图书馆而言，对于文献资源的建设还有宏观层次一面，即如何从整体上建设一个与社会发展相适应，并大致上能满足社会需求的文献保障体系。各个图书馆的馆藏文献资源的总和并不自然地就成为一个系统的、合理的、能保障社会各种需要的文献体系，在各自为政地进行文献建设的情况下，书刊重复和漏缺的二极现象必定存在着。要建立一个整体的、有效的文献保障体系，需要有计划的规划和协调，有重点的投资与扶植。例如，文献资源建设的地区分工和馆际分工；重点收藏单位和特定专业领域的文献中心的确立，以及国家在经费上给予的必要支持，等等。关于如何建设全国性的文献保障体系，这是我国图书馆事业发展战略的一个重要方面，需要我们认真对待。

文献的加工整理

文献加工整理的目的是把各种文献资料依照它们本身的特征组成一定的文献集合和检索信息集合，使文献的内容和形式都有序化、系统化，成为一种既方便检索利用，又便于管理的文献系列。

文献加工可以有一书一刊的粗线条处理，也需要深入到文献内容所含知识单元的微观处理。两者相辅相成，为各种不同的需要服务。

根据文献的内容特征来组织和检索文献的方法有分类法、主题法、文摘法和索引法。

文献分类也就是类分文献，它以科学分类为基础，根据每件文献所阐述的学科知识内容或本身特点，依照一定的文献分类体系将文献归类,以确定该文献在知识体系中的位置,并以表达事物概念的类号(人工语言)作为标志符号。文献分类起到类聚同一知识内容的文献的作用,不同内容的文献则依据知识门类的逻辑关系分列,组成一个基本反映客观事物本身存在的规律,反映事物发展过程、反映知识之间内在联系的,从总到分、从一般到具体、从简单到复杂的层层划分、逐级展开、等级排列的、分门别类的文献序列系统。它比较清楚地体现了科学的系统性、层次性,以及事物之间的隶属、派生和平行关系。

文献主题组织法是通过文献内容所论述的对象——我们称之为主题,用经过规范的语词(主题词)进行标引,然后将主题词按一定规则排列作为查索依据。主题法的特点是可以通过各种组配方法集中某一论述对象的全部文献,从而系统地揭示某一特定的事物,利于特性检索;由于直接用语词标识,直观易记,查找快捷,且不受体系约束,增删灵活。

文献的分类组织和主题组织在文献有序化过程中各有其所长,并互为补充。分类法用作于检索和组织文献的排列集合,主题法则用于检索报道文献。

按照文献的形式特征,即文献的著者、书名(刊名)、书号(刊号)、机构、出版事项,以及登录号、流水号等要素来描述文献和组织检索标志,这就是文献资料的著录,也称编目法。

文献在整理加工中,都要使用编码技术。编码是为了方便文献信息的处理,它提供一个简明清晰的码号(符号)来表示对某种文献的识别及其在空间上的位置和时间上的次序,以便于排列贮存和检索报道。例如:分类号、著者号、索书号、刊号、统一书号、专利号、合同号、流水号等等。文献的编码都要从简便易用易记出发,一种文献只能用一个编号,一个码号只代表一件资料。使用统一的码号标准可以促进文献在更广泛范围内的传递利用。目前在文献信息编码中常采用的有数字码、字母码、字母数字混合码等。

无论是按文献内容特征抑或文献的形式特征整理加工,实质上都是对文献信息的形式加工,也就是对文献进行整序、组合、编码、标识、转换和浓缩等,它并不改变文献本身原有的信息容量和知识内容。

加强文献处理的深度是当前图书馆工作情报化的一个重要内容,我们要把长期停留在一书一刊为基础的传统加工改变为深入到文献的知识内容的加工。这也是开发文献信息资源的要求。

文献整理加工业务标准化和规范化是刻不容缓的大事,它有利于建立全国文献报道与检索系统,实现资源共享。

文献经过整理加工后,成为便于管理的文献贮存体系,须进行排架、管理、保藏,这就是文献的典藏工作,或称"藏书组织"。

要把充分发挥文献的作用,提高查找和取存文献的效率,同合理使用书库空间,方便保管作为文献典藏工作的核心。

要重视对内容陈旧过时、复本量过多、流通率趋零的文献的剔除工作,这是建立稳定藏书结构的一个十分重要方面。在当前文献增长迅速的情况下,如果没有适时的剔除,文献贮存将永远处于无限制的膨胀局面。每隔10—15年藏书量就增加一倍的情景会使任何一个图书馆或文献中心贮存空间陷于无法解决的困境之中,同时还将带来管理费用的增加和管理效率的降低。

总之,研究文献贮存的最佳策略,建立动态稳定的藏书体系,研究藏书剔除方略,确定"核心藏书",提高藏书利用率等,已引起国内外图书馆和情报界普遍重视。

需要指出的是,图书馆要更有效地开发文献资源、重视知识交流的效果,必须改进文献组织加工的方式。如果我们仅仅对馆藏文献进行科学分类,在书名、篇名的层次上作加工,是难以完成时代所赋予图书馆的使命的。我们的工作必须再深入一个层次甚至几个层次,由对文献的形式加工、外在的加工进入到内在的、深入知识内容的加工;要从一般加工到对文献的分析研究;由提供一书、一刊或者文摘到提供专题资料，或经过提炼归纳综合的学术信息、知识信息，甚至综述性资料。

文献检索

文献经过整理加工，组成了各种不同的表征文献特征的检索工具，依靠这种已编制的检索工具，从大量的有序集合的文献信息中查寻出符合读者需要的情报资料，这个过程即为文献检索。它的目的在于解决文献资料众多与获得全面的、准确的情报之间的矛盾，沟通特定文献与读者利用联系的纽带，并成为获得系统、完整或特定需要的情报资料的最基本的方法。

实际上，文献检索是由文献的贮存和文献的寻找两大部分组成。前者包括文献的搜集、整理、记录、贮存。这项工作在情报工作中被称之为"标引工作"，即对文献内容进行概念分析，然后按其内容进行分类或主题标引，用类号或规范化的语词、或选用文献内容的关键词对文献进行标识转换；对文献的外部特征和文献的标识符号予以著录并记录在按一定规则排列的卡片、书本或磁带等载体上，形成众多文献检索信息集合体。这种文献检索信息集合就是此一文献检索系统使用的检索工具。至于查找的过程，就是读者将自己对文献的特定需要表述成"提问特征"，图书情报人员将此一提问进行概念分析，确定读者实际上要找什么，然后将概念分析转换成该系统所使用的检索标志，即系统使用的检索语言。在系统的检索工具中进行比对，通过比对将符合或部分符合于读者提问特征的文献检找出来，提供给使用者。这个比对在情报学中称为"匹配"。

以上就是文献检索的全过程，在这里，"文献标引"和"读者提问"是循着同一的整理和排列原则作相反方向的转换。文献经过标引，转换成检索标志而予以记录贮存；提问则是先通过检索标志再查找文献，其模式如图6-4。

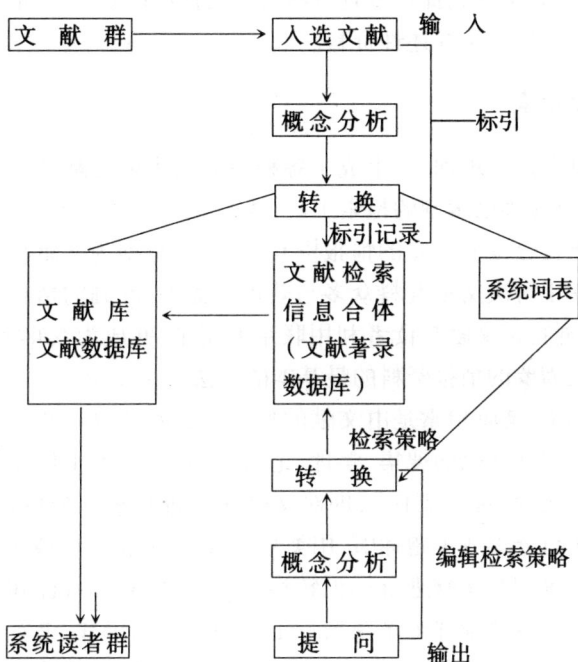

图 6-4

（引自:情报检索系统——特性、试验与分析 （美）兰卡
斯特著 书目文献出版社 1984）

综上所述,文献的标引和查找都需要通过一定的检索标志,这
个检索标志就是该系统所使用的检索语言。

检索语言既用于描述文献的内容特征和形式特征,在按一定
原则排列之后又作为查找文献的依据,读者特定需要的提问特征
也要通过检索语言表达,这样才能完成一个检索程序。检索语言
是由一大堆符号代码构成,一般常用的检索语言可以是人工语言,
也可以是自然语言。前者有分类法的码号、标准书号、刊号等。人
工语言结构比较严密,用逻辑方法编成,表达事物概念清晰。后者

或是经过规范化了的主题词、或者是反映著者、书名、机构等等的自然语言,以及反映文献内含知识单元的关键词。使用自然语言来标引和检索文献,具有直观性和易查性,可以获得较高的命中率。但由于自然语言中有许多同义词、近义词,对同一事物的概念可以由不同的语词表达;同时,自然语言的结构不够严谨,重复率高,所以不是最精炼的检索语言,会造成检索过程中的误差,因而要注意控制管理。

在计算机情报检索系统中,由磁带、磁盘作为贮存载体而组成的一群相关文献或数据的信息集合体,称作数据库。数据库是情报检索系统的基础,它拥有的文献信息量是衡量这个情报检索系统规模、能力的一个重要因素。

数据库分为文献库和数据库两大类。所谓文献库,是指贮存的二次文献磁带。目前,电子计算机大多尚不能贮存全文。数据库则提供经过鉴定评价的数据情报,包括统计资料、参数、公式、图表、化学分子式、计算数据、材料数据,实验及应用技术数据等。

正在发展中的类似智囊团的用于知识检索的数据库,这种数据库将把各种专家意见和解决各类问题的各种建议和知识组合贮存在计算机中,以供查考。

情报研究

情报分析研究是科学情报工作的一个重要内容,也是现代化图书馆工作的组成部分。情报研究指的是围绕某个特定的课题或某一给定任务,对有关的文献情报或信息进行全面搜集、实地考察、系统综合、分析、归纳、判断,然后将所得到的有价值的情报成果以综述、述评、专题报告、科技总结等三次文献形式编写出来,提供给有关方面或作决策时参考,或作为科学研究的前期资料的综合与把握。

与其他的一些图书情报工作不同的是,情报研究已经逾越了对文献信息的形式加工的状态,是情报加工的一种高级形式,可以认为是对一次文献的更高度有序组织。它要以大量的一次文献为基础(也利用二次文献的成果),对相关的情报内容运用逻辑思维、创造性想象或数理方法,去粗取精、去伪存真、由表及里、由此及彼,分析、评价各种科学技术知识成果,并通过对情报资料的综合、提炼、筛汰、甄别,得出研究客体的历史、现状、动态、前景。从而揭示出它的发展规律,说明其未来的各种可能性。因此,情报研究的成果实质上已经是一种新的知识创造了。而且,情报研究是在归纳综合大量相关情报基础上所产生的再生情报,包含了从原始文献中提炼出来的有实际价值的各种认识和观点、理论和数据,具有更大的普遍性,使人们对某一客体的运动或某一学术领域的发展的理解更为全面和深刻。

情报研究的范围十分广泛,涉及方针政策、组织管理、科学技术、经济发展、社会发展等方方面面。可分为战略情报研究和战术情报研究。一般把情报研究归之于"软科学"之列。

情报研究的类型大致有:

1. 基础性情报研究　从大量的一次文献中筛选、整理、汇总有关某项科学技术的数据、材料,编制成有系统的、方便利用的随时可供查考的情报工具类资料。例如各种手册、年鉴、统计、指南、名录、便览等。

2. 动态性情报研究　围绕社会需要,对有关科学技术或学术理论的国内外水平、动向、发展趋势的动态性总结,如综述、述评、科技总结等。

3. 专题性情报研究　根据给定任务,对某一专项研究课题进行情报调研,提出有情况、有分析、有观点、有建议的调查报告。

4. 决策性情报研究　围绕发展中的重大问题,如科技发展方向、规划、科技政策、资源开发、技术引进、生产布局、企业改造、产品更新等等,进行国内外情报搜集与调研,为拟定各种可行性方案提供情报依据与问题的背景,准备决策的前期材料,或者局部地对方案进行一定的比较和论证,这种情报的提供应是"聚焦"十分强烈的情报,即要从大量的相关情报源中,筛选出涉及该问题的全局性、战略性的情报加以汇总,理顺它的历史、现状和发展,及对经济、社会等方面的影响,使决策人员可以据此掌握大量的、关键的、具有实质性的情报信息,从而进行分析研究、拟定方案,做出决断。

情报研究的特点是:

1. 服务于既定的任务,具有显明的目的性和针对性、实用性;

2. 建立在大量的原始文献信息上的分析综合,同时对研究对象也力求把握其全貌和各个侧面,因而与一次文献相比,涉及的领域覆盖面广、综合性强、精难度高、信息量大、内容也更深刻;

3. 情报研究是对已有的研究成果进行总结而得出其未来趋势,具有预测作用;

4. 强烈的反馈功能是情报研究的又一特点。情报研究不仅为决策提供情报依据与问题的背景材料,更重要的是对决策实施过程中的各种可能性或偏离性倾向提供情报服务,反馈于决策层,用以调整决策。

情报研究工作和基础资料工作的关系:

基础资料工作(即文献的搜集整理等)是整个图书情报工作的基础。基础不落实,不可能建立科学的合理的情报源结构,也形成不了全国范围的二次文献报道体系,情报交流就会遇到障碍,情报的分析研究也不可能真正做好。同样,没有情报的分析研究和没有传递,基础文献资料也就不可能发挥它的情报价值。就目前我国实际出发,应该首先抓好基础资料工作即文献工作。

情报研究的工作程序与方法

一、选题 选题是情报研究关键的第一步,除了由领导部门给定的任务和用户委托外,自选题时一定要有明确的针对性和实用

196

性,并能带来明显的经济效益或社会效益。即面向经济建设、社会发展,针对科研、规划、管理、设计、施工、产品创新等各种需要,以及各个学术领域中的主要问题选择研究课题。同时又要适合具体情况,量力而行。

二、调查研究、占有资料　根据确定的课题,进行相关文献资源的调查与搜集,并辅之以必要的实地调查考察,力求全面掌握第一手材料。资料的调研一定要既广泛又有重点,为此,必须善于利用各种检索工具,对关键性的文献进行系统追踪。

三、资料整理、分析综合　这项工作包括:1.资料内容的核对与鉴定,侧重对其可靠性、先进性和适用性的评价;2.经过评价,对资料进行筛选分类;3.反复熟悉材料,掌握内容和各种观点、数据;4.对材料进行分析综合,归纳演绎,经过判断,引出应有的结论。

四、编写调研成果报告　这种报告可以是数据性的汇编,也可以是总结性的或者是评述性的、预测性的。其形式有综述、述评、专题总结、手册、统计资料汇编等。

情报研究的成果应该是有情况、有分析、有观点、有建议。

一篇情报调研文献应包括题目、目录、前言、正文、结论、附录(数据、统计资料、图表图片、重要引文或参考文献。)

图6-5为情报研究程序图。

一项情报分析活动,包含着从资料搜集、整理、分析综合到资料运用的一系列情报资料的运转。情报分析的精度与覆盖面是与其所占有的情报资料的广度和厚度成正比,两者表现为一种金字塔式的构置关系。高级的情报研究产品犹如金字塔的顶尖,情报资料则是垒成瑰丽顶点的基石。

关于情报研究的方法,有几十种之多,归结起来大致有这样几类:

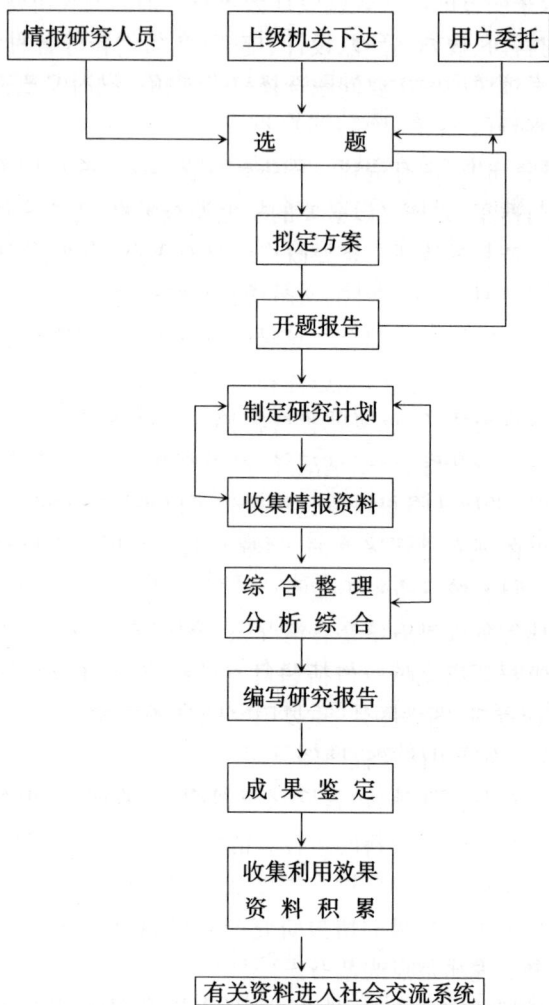

图 6-5 情报研究程序图
（引自:安慧 《怎样进行情报研究》(讲座) 《情
报科学》 1983 年第 1 期)

第一类属于逻辑思维方法,借助于分析、综合、归纳、演绎、分类、对比、类推等思维形式着重对研究的客体作定性分析。例如:因果联系法、求同求异法、对比法、趋势外推法、历史演变法等。

第二类属于观察、调查或咨询方法,其中德尔菲法(Delphi method)是近几年来发展很快、颇有影响的一种专家咨询法——以把需要研究解决的问题整理成调查表的方式,发给经过事前选择的有关专家或专门管理人员进行匿名征询意见,然后将各人答复的意见加以归纳、整理、统计、分类,汇总成若干问题再以调查表方式反馈给专家进一步征询答案,经过如此几轮函询从而得到比较一致的意见。

第三类属数理方法,即依靠数学这一计算工具着重对研究的客体进行定量的分析。这是情报研究为适应当代经济、社会发展需要,从形式逻辑方法向精确的、定量化的数理方法发展的必然结果。如情报模型法、数据分析法、文献计量法、加权评分法等等。

第四类属于创造性想象方法,或称超逻辑方法,借助于科学想象力对事物发展作出超越常规逻辑程序的判断。它也是情报研究中经常应用的一种方法。运用这种方法需要具有求异思维的能力,特别关注事物间的差异性与特殊性、现象与本质的不一致性、对权威意见持必要的怀疑、批判与分析的态度,不满足于现有的结论。属于这类情报研究方法的有头脑风暴法、否定法、未来场景描述法等等。

文献传递

图书馆工作的核心部分就是把各种静态贮存的文献及时地、主动地、准确地转化为动态的情报和交流中的知识,并针对着读者特定的需要实施多种多样的传递服务、提供利用。前面曾说,当代社会知识成果的有效利用首先取决于对这些知识成果的记录载体进行有序组合排列,其实,这只是说出了一部分,因为,文献中的知识或情报要能发挥作用,必须通过传递交流。由于人类对信息的选择禀性,又决定了作为一种信息资源的文献传递必须具有定向机制。它不是无目的的任意而为的运动,而是针对那些时刻在抉择文献、各有不同需要的读者,为他们找书,为书找觅者,使每一个读者都得到所要的书,使每一本书都有合适的读者。

定向机制的确立在实行有层次地和区别地对待服务,即区别不同对象层次的接受者,区别不同知识层次的读者,区别不同需求层次的读者,区别不同的文献内容和内容层次。这种区别原则要求我们必须研究各种文献的特点、知识内容、程度深浅与它的情报价值;研究不同的读者群和读者个体的特点与不同需要。区别性、层次性越是分明细致,针对性的定向传递就越能得到贯彻,文献内容与读者需求的匹配也越能保证。

从这一意义来认识文献传递,可以说,文献传递就是将特定的知识信息经过整理有序后,向特定目标提供过程中的特定运动。针对性(即定向)是传递中首先要遵循的准则,而及时性和有效性则对针对性起着支持和强化作用。所谓"及时性",是指传递中的文献信息必须是新鲜的,是读者正期待着的;"有效性"则指它的内容具有现实意义、能够对读者产生实际价值。针对性、及时性、有效性互为补充、结成一体,构成为文献传递中的最高准则。

要达到文献的定向传递,必须发展多渠道、多层次、多样式的服务,组成扇形辐射面,并且要力求以最小的信噪比客观而真实地反映文献中内含的信息。

苏联情报学家米哈依洛夫等把通过文献传递服务所进行的情报交流看作为科学交流的正式过程。并认为,在这个正式交流过程中,图书馆和情报部门作为中介单位进行着文献、情报的整理和传递是现今最普遍的形式。米哈依洛夫在其所著《科学交流与情报学》一书中,以下图表示两种交流过程:

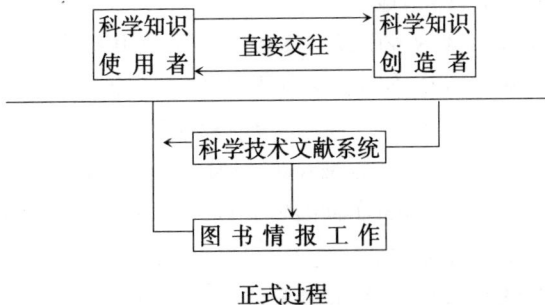

图 6-6

（引自:《科学交流与情报学》 米哈依洛夫著）

这种正式交流的优点是:服务面广,汇集的知识可以是包罗万象的;所有的文献情报可以积累贮存,随时检索使用;情报内容大多经过社会的鉴定评价,可靠性强;提供的情报可以是完整系统的。

图书馆和情报机构对寄存于文献中的情报的传递方式可从图书馆和情报部门同接受者之间的关系分为主动传递服务和被动传递服务、多向传递服务和单向传递服务。

如果由图书情报部门向读者直接主动地提供文献资料服务称为主动传递;由读者提出要求,图书情报机构向他们提供文献服务则为被动传递。向事先确定(专指)的对象进行文献传递服务称为单向传递或称有向传递;事先并没有确指的对象,而是向广泛的读者进行文献服务,或者说这类文献信息供众多读者选择使用,则是多向或称无向传递。它们的交叉结合,产生多向主动传递,单向主动传递、多向被动传递、单向被动传递四种类型。

二次文献报道,包括图书馆目录属多向主动传递服务,这是文献传递服务中的最基本的形式,也是其他各种传递方式的基础。

单向主动传递是传递服务的高级形式,针对性强,实效也大,但难度也大,目前尚无固定的形式,定题服务、跟踪服务在一定程度上属于此类传递形式。

文献借阅流通为多向被动传递,它是最普遍的形式。

参考咨询服务属单向被动传递,它是一种较有效的情报传递。

文献传递的目的是为满足读者对各种特定的文献信息的需要,因此,加强调查研究,针对不同需要,开辟新的服务方式,扩展服务领域,把主动、被动、单向、多向等各种传递方式有机地结合起来,互相补充,非常必要。

文献传递服务的形式有:

一、文献宣传报道:它的作用是:1.可以充分揭示馆藏以提高文献的利用率;2.提供最新的情报;3.满足科学研究需要开展定向或定题情报宣传报道服务;4.宣传党的方针政策、贯彻共产主义思想教育、进行社会主义精神文明建设。

报道形式有:文献推荐评价、展览陈列、新书通报、读书报告会、二次文献报道、文献综述等。

二、文献阅读辅导:对读者进行文献知识的教育,包括熟悉馆藏、熟悉图书馆的各种目录以及检索文献的知识与技能的传授,和辅导读者利用各种参考工具书,还包括对一般读者,特别是青少年读者的阅读方法指导,阅读文献推荐。

三、文献的外借阅览服务:这是文献传递服务中最普遍、最基本的形式,也是图书馆工作的最终着落点,因为各种文献情报最后总是通过外借阅览来发挥它的社会效果的。轻视借阅工作是错误的,当然,也不能只停留在借阅服务的单层次上。

一个图书馆工作的好坏,社会效益的发挥,藏书质量的鉴定,在文献流通过程中反映得最清楚。

作好文献流通工作的关键在于处处以读者第一为出发点,在不妨碍文献管理的情况下尽可能地方便读者,例如扩大开架借阅,延长开放时间,放宽借阅册数,降低拒借率等。

四、参考咨询和文献检索服务:这是一项针对使用者特定需要而开展的情报传递服务工作,通过提供文献或文献线索、各种事实或数据等,回答咨询,满足读者的情报需要。它也是情报传递服务中最有效、内容最丰富的一项工作,体现了图书馆工作情报化的方向。

其他如开展复制,代译服务,提供声像资料,进行定题情报服务和为科学研究的文献追踪服务等。

总之,我们的文献传递服务必须走出传统的框式,树立现代图书馆服务的新观念,充分地开发文献信息资源,发挥图书馆"知识喷泉"的作用。

提高文献传递效率

文献传递内容和文献传递形式是对立统一的两个方面,它们处于不断的矛盾运动之中。应该说,传递内容是最活跃的因素,也是起决定作用的因素,它不仅丰富多样,包罗万象,而且经常不断地在充实、更新和变化之中。同时,文献传递的内容又要切合读者需要,具有强烈的针对性和一定的时限性。因此,它也会不断地向传递形式提出新要求,传递形式必须适应传递内容的变化而作出响应,改进或发展新的传递形式。所以,任何传递效率的提高最终取决于这一对矛盾的发展。

当前,实现文献情报的有效传递在于如何消除传递交流过程中的各种障碍,这种障碍有来自文献本身,如它的数量激增,无用乃至冗余量的加大使人目不暇接,造成失漏或判断失当。文献中专业术语的不断出现和愈益晦涩化,使学术横向交流受阻,非同专业人员难以理解情报内容而影响吸收利用。其次,读者的知识素养或检索文献的技能和熟练程度,还包括他们的心理状态、检索习惯以及思考问题的方式而产生的对文献情报内容的取舍标准、判断能力等。再者,各个图书馆的文献工作质量和服务水平,也成为影响交流的一大因素。从图书馆工作本身出发,提高文献传递效率在于:

一、健全二次文献报道体系,发展文献评介,尤其对最新知识成果的评介、报道。这使各种有用信息摆脱凝滞、闲置的状态,投入到流通的渠道中去。

二、注意被传递的文献与接受者需要的吻合程度。一般地说,吻合程度越高,传递效率也高,因此,必须加强文献服务的针对性和情报内容对接受对象在知识水平与实际状况上的适宜性。

三、注意文献传递服务的适时性,因为读者获得适用情报的时机越早、越及时,情报的效用就越能发挥。

四、传递服务方式的多样性、灵活性和主动性,要使各种传递方式有机地结合起来,把被动服务转变为主动服务,当前更要注重发展有向传递服务。

五、建立十分灵敏的文献利用反馈信息体系,以及时地消除在交流过程中的障碍因素,提高传递效率。

此外,一定的物质设备条件,特别是现代化技术手段的应用,对于提高文献传递效率能起到有效的保障。

应该着重指出,提供文献与提供情报是两个既有联系又有区别的概念。文献是负载知识与情报的实体,文献的传递服务应该说就是情报内容的提供,但由于当代文献增长、离散、冗余、老化等复杂的特性,如果继续停留于一般的文献提供上,势必造成量大、质次、冗长、过时的信息的浮现、无用情报的增加。因此,要提高文献传递的效率,应该深入到文献的情报内容层次上,揭示其各个知识单元。

还须指出,应把文献传递当作开发文献信息资源的重要环节。这就要贯彻主动精神,把静态的文献转化为动态的情报,从文献中分离出各个有用的知识信息,然后面向社会、面向经济建设、调查读者需求，主动提供服务。所以，打破图书馆服务的封闭性，真正使各类的图书馆都向社会开放，是我国图书馆改革的一个重要议题。

第三节　文献组织与传递工作的现代化

我们已经在前面多处提到了现代科学技术的发展产生了巨大的文献情报流，它大大超过了人们所能吸收的能力，也超过了传统的图书馆工作所能处理的负荷和服务容量。因此，实现文献组织与传递工作的现代化，发挥文献资料的最大社会效益已成为当务之急。

专业分藏和资源共享

恩格斯指出："科学的发展则同前一代人遗留下的知识量成比例，因此在最普通的情况下，科学也是按几何级数发展的。"[①]

科学的发展相应地增加着知识量，科学史已表明，人类的知识数目以某种特殊的函数上升的。当前，情报量每年增长约 2 亿个单位，增长率为 12%（各种说法不一，暂取此率）。人类知识增殖的速度要求图书馆必须尽可能地增加藏书，并保证藏书增长率与知识数目的增长率相一致，这样才能适应由于现代知识的发展，人们迫切期望在更广泛的范围内吸收、借鉴、利用他人知识成果的愿望。虽然，当前图书馆的藏书量也大体以十到十五年的速度翻一番，但还是难以满足人们对知识情报的广泛需要。

即使是以往的岁月中，世界上任何一个大型图书馆都无法把所有的文献资料全部入藏（那也是不必要的），而在当前则更是不

---

① 《马克思恩格斯选集》第 1 卷第 621 页。

可能的了。但是，图书馆传统的收藏方针总是着眼于全面入藏上。今天，这种传统的观念已经逐渐被放弃了，因为，知识载体太多，而且书刊资料的价格又在上涨，图书馆经费的短绌更加重了困难——一些历史较短、规模不大的图书馆在这方面的困难更为明显——这样，就迫使图书馆摒斥了全面入藏的方针而采取有选择地、重点收藏某些学科领域的书刊资料的有远见的方针。其结果，就单个图书馆来说，它的藏书只能是局部的、相对的完整。而要满足读者的广泛需要，只有依靠图书馆际间的联合，彼此协调、互相补充、互通有无。于是，"专业分藏"、"采购协调"和"资源共享"就成为现代图书馆的共同要求。而且，现代技术的应用又为共享资源的实现辟拓了途径。加之，各种图书馆的组织（国际的、全国的、或专业性的学会、协会和机构）又推波助澜，出面倡导，给予支持，使之成为图书馆工作现代化发展的一个普遍趋势。

"资源共享"不仅是解决各个文献中心收藏短缺的问题，更重要的是它可以促进和保证各个图书馆藏书的专业化，提高收藏质量和服务质量，充分发挥藏书的利用率和效能，使藏书能为更多的读者服务，也更好地满足各种不同使用者的特定需要。实现列宁所教诲的："帮助人民利用我们现有的每一本书。"

实现"资源共享"还可以推动图书馆事业趋向更高度的社会化和整体化。这就使它更能适应科学发展整体化的需要。

目前，"资源共享"已成为世界图书馆界的一个重要的议论课题，国际图书馆协会联合会（IFLA）在 1976 年就提出了一个出版物共享计划（UAP），该计划谋求在世界范围内逐步实现全部出版物的广泛流通和利用，解决出版物数量的不断增加所带来的种种困难，以最终保障任何读者都能够利用他所需要的文献。

1976 年后，国际图联又多次召开国际性或区域性会议讨论"资源共享"问题，研究如何提高书刊资料的国内和国际的利用率，如何发挥国家图书馆在资源共享中的领导作用，并呼吁各国政府鼓励和赞助图书馆之间的资源共享。国际图联的这些活动都得到了联合国教科文组织（UNESCO）的支持。

集中编目和文献著录标准化

发展在版编目、集中编目，实现文献著录的标准化和建立统一的著者号码表、检索语言标准、目录组织标准、读者服务标准等等，是文献工作现代化的一项至为重要的内容。它有利于提高文献组织与整理加工的质量和效率，降低文献加工过程中的时滞，完善目录报道体系，节约人力、物力，并使各图书馆和文献中心的目录能相互兼容，便于读者的识别与检索，也为共享资源提供方便条件。

电子计算机应用于文献的组织、检索和传递工作

电子计算机应用在文献工作中的范围十分广泛，有：

一、进行情报（文献）贮存和检索

利用计算机进行情报的贮存和检索始于五十年代中。其检索原理与过程如本章第二节《文献检索》部分所述，首先通过对原始文献的分析、标引、析出主题，然后以一定的方式贮存到磁带或磁盘组成的文献库（Data – Bases）中。读者进行检索时，根据查找要求，将提问内容表述成提问公式，用键盘输入指令，电子计算机就会自动地按照输入信息进行大小异同的逻辑比对，将符合提问特征的文献自动输出，显示在终端屏幕上，或以宽行打字机输出。查找过程中，读者可以随时修正提问。

计算机情报检索的历史发展，已经历三个阶段。从五十年代到六十年代中期，情报检索处于脱机（off—Line）检索或称成批处理（batch—Processing）检索。这是利用单台计算机进行检索，由专职情报人员根据读者的要求或研究课题，随时或定期地将新入藏和过去累积的相关文献经计算机将检索结果按批交给读者。检索时，读者不能与计算机直接对话。

在这个时期中,美国人卢恩(H. Luhn)在 1959 年利用 IBM—650 机建立了第一个情报定题服务(SDI)系统,深受读者欢迎,因而很快地得到推广。

六十年代中期至七十年代中期,情报检索进入联机(on—Line)检索阶段。它的特点就是情报用户可以直接通过计算机终端与计算机进行对话,机器能对读者提问及时处理,读者也可随时修改提问,进行查找,其检索结果由终端设备显示或打印出来。

联机检索的出现是与计算机技术的进步分不开的,这就是磁鼓、磁盘机等其他大容量文献信息存取设备,多重通道,多终端,分时操作系统以及在读者终端和计算机之间联接的通讯技术等。

联机检索比脱机处理的优越性有:可即时回答,可直接进行人机对话;可随时修改提问以提高文献的查全率和查准率;可同时为许多读者服务;利用通讯线路使检索突破了距离的限制,终端设备可以设在读者身边,方便读者的使用。

七十年代中期以后,情报检索进入网络阶段,它的特点就是把许多计算机检索系统通过现代电讯技术互连。这样它就可以扩大情报信息的储存量,又可实现远距离的传输。其中较为著名的情报联机系统或情报检索网络有:欧洲经济共同体的 EURONET 系统,美国洛克希德公司的 DIALOG 系统,美国联机编目图书馆中心(OCLC,前身称《俄亥俄学院图书馆中心》)等。

微型计算机技术的进一步完善,使七十年代时期利用大型计算机建立的集中式数据库网络,逐步地向分布式文献数据库网络发展。以往那些完全依靠集中式大系统的单个图书馆和情报机构纷纷建立能满足自身需要的、成本低廉且效能提高的微机系统。利用高密度贮存技术和微机的结合,若干个各具有局部特定功能的微机系统作为局部网络中心彼此平行联接,构成了分布式网络。这种网络没有大型中心主机和中心数据库,具有灵活性、针对性、可靠性和对用户响应时间快的优点。因此,有可能成为未来分散化的情报处理的主体。

二、编制文摘索引

手工编制文摘索引周期长，人力巨，如日本科技情报中心，原来编制年度目录索引需要八个月时间，这就大大阻碍了情报传递速度。六十年代初，开始用计算机编制和出版文摘、索引和各种目录的尝试，加快了情报的报道。现在编制年度目录索引已缩短到一至一个半月，而且它还具有一次加工输入、多种用途的效能，可以编排出各种不同检索角度和途径的索引（著者索引、关键词索引、分类索引等）或检索号（报告号、专利号、馆藏号等）。

目前除将原始文献加工整理成二次文献时需人力参预外，其他各道工序，包括输入，计算机处理、贮存、输出、排印等都是由计算机自动处理。

三、机读目录的编制

电子计算机应用在图书馆内部工作，是从编目工作开始，叫机读目录（MARC Machine Readable Catalogue）。首创者是美国国会图书馆，它于1963年开始准备，经过MARC I 式的试验阶段，1969年正式发行MARC II 式机读磁带目录。

MARC II 式系统可以说是图书馆应用电子计算机的最有成效、影响也最大的研究成果之一。它在手工编目的基础上发展起来，能把传统的手工编目的内容都容纳到机读目录中，并且实施了标准化的著录格式，使各图书馆彼此可以互容共用目录。因此深受各国图书馆的欢迎并被采用。各国都在MARC II 式基础上发展本国的机读目录系统，如英国的UK MARC。日本也在1978年编制日文机读目录。同样，利用计算机编制我国的机读目录是个根本的方向。

四、采购、流通管理和期刊处理的自动化

（1）采购登记：利用计算机进行书刊采购登记已在很多图书馆和情报部门中采用。计算机可进行订购前的查重、建立"待入藏书档"和"订购文档",打印订单,编制书名、著者、分类和主题等订购目录。新出版物到馆后可进行验收、登记、帐目处理和编制新书通报。

（2）期刊管理：可利用计算机进行期刊的订购、登记、校核、催询、补缺、编目、装订、流通等业务工作。所谓 CONSER 计划，即连续出版物转换计划，是把各种期刊或连续出版物经过加工整理，一一输入到计算机磁带中存贮起来，变成机读形式。

（3）流通管理：将读者姓名和文献编成代码用穿孔方式或光笔、条形码等方式输入到计算机，就完成出借（或归还）手续。它还备有查询终端。

此外，电子计算机还能进行为消除情报交流的语言障碍的机器翻译工作，以及在建立情报检索系统中的文献自动标引和自动分类工作。

现代化的保证条件

采用以电子计算机为核心的先进技术设备，解决知识信息的大容量贮存和快速有效的收集、处理、转换、检索、传递、报道，实现图书馆工作的各道主要工序和各个基本环节的机械化和自动化，并结合现代电讯技术、高密度存贮技术，组成计算机情报检索传输网络。这是我国图书馆工作现代化的基本标志。因而，就某种意义上说，图书馆工作现代化也就是一场技术革命。

这场技术革命必然会引起图书馆工作领域内的一系列深刻的变化和连锁反应，要使它实现，就必须为之创造必要的条件。

首先，须有政策保障。即需要制订一个国家图书情报政策和有关法令、条例；建立集中统一的图书情报管理体制，拟定现代化必需的周密的规划、计划及实施步骤；保障采用现代技术所需资金及其来源等等。

其次，要实行科学管理。我国图书馆工作的现代化必将促进各个图书馆部门向更高度的社会化、整体化发展,将打破目前的分散单干状态。为此,必须将图书馆情报机构作为一个整体进行系统分析,选择发展最佳方案;采用有效的资金分配及经济管理,以提高计算机应用的经济效益;有计划地统一开发信息资源;加强各个图书情报部门的协作和协调,避免不必要的内耗;对目前已经进行的各种现代技术应用试验的图书馆要有宏观控制,抓好标准化、规格化、通用性,处理好传统技术和现代技术的相互关系等;防止不顾客观条件和实际可能的"计算机热"———哄而上、全国铺开。没有严格的科学管理,再先进的技术装备也难以发挥它的有效作用。

第三,抓队伍建设,人才培养。没有一大批精通图书情报业务,具有现代科学知识、掌握计算机技术及其他现代技术,并热爱本职工作的专业人才,要实现自身工作的现代化也是不可能的。为此,必须发展多层次的图书馆学和情报学教育,坚持正规教育与在职教育并举,坚持知识的不断更新。

在抓队伍建设同时,也要注意对读者和用户的情报意识和方法的培训。

第四,尽快实现图书馆工作标准化。没有标准化、各个图书馆子系统之间不能互容,资源难以共享,系统整体功能无法实现。那么,任何情报或知识的有效交流也成空话,即使各馆都应用了计算机,也是各唱各的调,无法适应四化建设的需要。

第五,继续建立各种类型的图书情报服务机构,使它成为一个完整的体系。如各种专业情报中心、数据情报中心、专利情报中心、情报交流中心、全国编目中心、二次文献编纂报道中心、贮存图书馆、期刊中心馆等等。同时,要尽早建立全国性的管理职能机构,加强宏观控制,强化整体功能。

第六,要大力开展图书馆学、情报学的理论和方法的研究。向现代化迈进的图书馆工作,必然会出现许多新情况,遇到许多新问题,这都应该从理论上进行探讨和研究,寻找它们的客观规律性,用以指导我们的实践活动。

最后,观念更新。现代化要求我们树立整体观念、效益观念、服务新观念,反对分散主义、各自为政。在现代化进程中,既要有创新精神,勇于实践,亦要有科学头脑,善于改革。图书馆工作的现代化不是短期内一蹴而就的,这是一个历史的过程,它应在国家的统一领导和规划下,根据财力、技术、设备、人才等可能条件,有计划有步骤地逐步实现。我们应该立足现实、面向未来、切切实实做好基础工作,发扬图书馆的情报职能和教育职能,建立各种新的服务项目,积极主动创造条件而不是坐等或埋怨,亦不应急躁而冒进。一切从国情出发,从实际出发,惟其这样,图书馆工作的现代化才是现实的,可以达到的。

思考题:

1. 简述图书馆系统及其特性。
2. 简述文献工作的基本流程。
3. 文献组织的基本核心是什么?
4. 情报研究工作与文献工作的关系。
5. 为什么要强调文献必须定向传递?
6. 如何提高文献传递的效率?
7. 文献组织与传递工作现代化内容和实现现代化的保障条件。

参考文献

1. 试论耗散结构理论中的哲学理论

　沈小峰《科学前沿的哲学探索》 傅兴侠编　辽宁人民出版社　1983 年
2. 关于图书情报系统的思考

　刘东　《图书情报工作》 1983 年第 5 期
3. 论情报系统的耗散结构特征

　刘东维　《情报科学》 1985 年第 3 期

212

4. 论情报和情报系统的作用机理

　卢泰宏　《情报科学》　1982 年第 2 期

5. 试论情报的有序化

　马大川　《情报学报》　第 2 卷第 4 期　1983 年

6. 文献工作机理探讨

　章振威　《情报学刊》　1983 年第 2 期

7. 试论藏书耗散结构理论

　史谨行　《大学图书馆通讯》　1984 年第 5 期

8. 一门新兴的实验科学——情报检索

　沈迪飞　《情报科学》　1981 年第 2 期

9. 怎样进行情报研究

　安慧　《情报科学》　1983 年第 1—3 期

10. 情报检索系统——特性、试验与评价

　(美)F. W. 兰卡斯特著　书目文献出版社　1984 年

11. 美国图书情报工作中电子计算机的应用与管理自动化(考察报告)

　邢志义　《图书馆学研究》　1984 年第 5、6 期,1985 年第 1 期

12. 建立在新技术基础之上的美国图书情报工作(考察报告)

　沈迪飞　《计算机与图书馆》　1983 年第 1 期

下　编

第七章 图书馆学的基本问题

对图书馆活动进行理论上的综合研究和抽象概括其本质和内在规律,便是图书馆学的任务。

如果说,人类对"历史"的认识是从人类开始保存文字记录为开端的话,那么,图书馆的存在就差不多和"历史"一样悠久。可以说,有了图书馆的存在,就有图书馆学术思想的萌芽与成长,以及关于图书馆活动的知识记录和方法探讨。图书馆的存在虽然如此源远流长,但把它作为一个科学对象进行专门研究并建立起关于这一对象的科学知识体系和教育体系却只有一百多年的历史。在此以前,虽说有关图书馆活动的知识的积累与发展已经持续了许多年代,然而这些记载大抵都是直觉的经验的描述。它表明了图书馆学同其他学科发展一样,也需要经历知识孕育积累和经验描述,再上升到理论归纳的阶段,也就是从"表象的具体"上升到"抽象的规定",再进入"思维的具体"这样一种辩证思维的过程。

作为一门科学的图书馆学,不能只关注客体的表象活动,或者限制在技术操作、具体方法或工作环节的直观叙述上,图书馆学教育当然也不应仅是工艺或职业的训练。它应该从一大堆事实、现象、技术、方法中抽象、概括、总结出图书馆这一客体活动的一般原理和一般规律,运用逻辑思维方法,运用质量分析和数量分析的辩证统一方法,并以系统方法的观点,来揭示图书馆活动的本质属性及其与社会环境的相互关联。考察图书馆学内部结构和外部联系,探究其社会功能,分析它的演变趋势。

但是,图书馆活动的实践性、应用性很强的特点,常使人们把注意力集中在工作方法、技术手段、服务内容的充实和完善上对图书馆人员的培养也只强调了职业的训练。对于图书馆学作理性主义的探索在以往的历史中相当淡漠。这不能不在很大的程度上阻碍本学科的发展,即使是应用研究,也因为脱离了理论指导而"行之不远,欲进又止"。

但这种倾向正在克服之中。对图书馆学的哲学思考,建立图书馆学的基础理论规范、图书馆学的范畴体系及逻辑结构,发展图书馆学的方法论,从科学整体化趋势研究图书馆学的动态发展,以及放在更大系统中的图书馆学考察等等,已经引起了广大图书馆学研究者的重视。人们已经提出了"知识工程","文献信息管理","情报交流学"等新的名称作为未来图书馆学的学科归宿。本章及其下几章将对这些问题分别给予阐述。

第一节　图书馆学的理论基础——知识交流论

当我们考察图书馆现象时,可以发现图书馆是一个具有复杂层次结构的社会实体,图书馆活动是这个社会实体的外在表现形式,对文献的收集、存贮、整理、组织、传递和利用,则是图书馆活动内容的具体体现。图书馆活动的内容和形式,图书馆在人们心目中的"图像",都充满着无限发展变化的可能性。如果我们透过纷呈百态的图书馆表象活动和多种形态深入一步,可以发现,在图书馆的动态发展后面,在图书馆活动以及为数众多的图书、情报、资料等相关活动的表象后面,隐藏着一个理性的、具有稳定的社会关系的基础。或者说,一种基本的社会现象规定并制约着全部图书馆活动和图书馆事业发展。对这个基础的剖析、研究,正是图书馆学理论体系的核心。

图书馆活动的本质是社会知识信息交流

传统的图书馆学是以图书馆这一社会实体的职业活动作为认识之源来建立本身的理论框架的,它侧重于处理文献的过程。这类研究实际上只能构成图书馆学的应用研究。但是,任何一门科学从来不把它的理论基点建筑在这类现有的社会实体的表面活动上,而是深入到制约这种社会实体活动的社会联系的本质基础上。

决定图书馆这一实体活动的本质社会联系是人类社会知识交流的这一基本现象,文献的整理传递工作是人类社会知识交流活动在图书馆的反映。这在本书前几章中已对此作了阐述:它是基于人类认识发展的特点,即人类总体认识的丰富性、无限性、无穷性和每个个体认识的狭隘性、局限性和有穷性的矛盾,以及每个人的认识存在着的极大的差异。此外,人们对客观世界的认识还受着实践范围的限制。人类个体认识的特点决定了知识的交流必定是人类社会普遍存在的现象,是认识世界和改造世界活动中所必需的。

人际间的知识交流沿循着两条途径:直接的、面对面的交流和通过某个中介进行的间接交流。文献作为记录知识的载体是实现交流的有效工具。这种通过文献进行交流形式的出现和不断发展,促使着出版、发行、收藏、管理、传播、宣传、利用知识载体的相应的社会机构的诞生,社会知识交流的进一步扩展,使这些服务于交流的社会实体也随之发生相应的急剧变化。

只有当社会对文献的利用能提供强大、有效的保障时,才能使文献所固有的交流知识的潜在能量得以发挥。图书馆就是这样的一种社会实体,它纵向跨越时代的鸿沟,历史的间隔,留存和积累人类自古迄今的文化科学知识;横向成了联接知识创造与知识利用的纽带。它以收集和贮存的功能集积记录在文献中的人类精神财富,以其传播和提供阅读的功能使社会知识扩散到各种不同的人群中去。因此,就本质来说,图书馆是社会知识交流的一种有效工具,也是社会的、大众的传播媒介。人们通过图书馆实现个体的知识交流是图书馆知识交流的微观层次,社会通过图书馆进行知识交流是图书馆知识交流的宏观层次,两者的交接点就是文献知识内容的科学组织和扩大知识的社会作用。

知识交流既是图书馆外向社会功能的体现,也是决定其内在活动机制和存在方式的依据。图书馆通过对文献的组织整理以形成一个知识发展的有机体,它利用输入和输出,调节本身的结构,使之不断适应社会知识交流的需要;它研究认识主体阅读利用文献吸收知识的认识和心理机制,以寻求图书馆文献传递服务的最佳策略,促进知识信息的有效交流。图书馆事业发展的规模和方向。图书馆的社会地位、社会职能、社会价值可以说都取决于知识交流的社会需要和它对这种交流所能作出的响应程度。

只有基于以上的认识,才能使我们对图书馆实体意义上的直观描述拓展为本质意义上的揭示。社会知识交流是图书馆存在之源,也是图书馆活动之根。

知识交流论

以"知识交流论"作为图书馆学理论体系的基点,目的就在于把图书馆活动置身于更广阔的社会活动的背景下,从图书馆和社会之间的固有的内在联系的基点上展开图书馆学的基础研究,并以此建立本学科的理论体系。

知识交流是一种普遍的人类社会现象,图书馆只是实现知识交流的一个社会实体,图书馆履行它的知识交流功能,必须具有相应的内在机制来适应知识交流的需要。因此,知识交流论作为图书馆学的基础理论是由三个层次所构成的:

第一个层次,研究社会知识交流的基本原理,揭示知识、知识载体、知识交流三者的关系；阐述个人知识和社会知识的相互依存、相互促进和相互转换及其对新知识的产生与发展作用；探讨认识主体吸收和利用知识的机理；研究人际间知识信息交流的基本过程和模式。

第二个层次，研究社会知识交流与交流的社会实体之间的相互关系，了解作为主体的社会是怎样寻求通过图书馆这种交流中介来进行知识载体的贮存、整理、综合、传递和利用的社会交流过程；探索这种社会知识交流过程对社会物质生产方式的依存程度，图书馆在适应社会需要的过程中自身变化发展的规律。

第三个层次，研究图书馆实现社会知识交流的内在机制和工作机理，探索图书馆服务于交流的最佳方式。

这三个层次可以构成为图书馆学基础理论的逻辑结构。交流的知识、交流的媒介（知识载体）、交流的过程、交流作用对象（读者）、知识交流的社会实体及社会实体（图书馆）的交流机制则是知识交流论研究的主要内容。

交流的知识。图书馆学对知识的研究，不以各个学科的具体内容为对象，而应侧重在个人知识和社会知识的交互作用；社会知识的特点和运动规律；对处于交流中的社会知识如何综合组织，形成为一个社会知识有机体系；又如何把这些社会知识分解组合成适合于读者需要的知识单元或知识集，它们的不同用途和交流方向。

交流媒介（知识载体）。作为交流媒介的知识载体的社会功能及这种载体的自身演化发展对交流的作用与影响，应成为图书馆学探索的一个重要课题；各种不同载体物质形态在贮藏、传递知识中的不同特性；它们对交流的社会实体的发展，以及对图书馆在文献组织与提供模式上的制约关系；此外，还应研究作为知识载体的文献的类型结构和其情报交流特性。

交流的过程。对于交流过程的研究可分为两个层次，第一个层次是从宏观角度研究社会知识交流的一般过程,把知识交流看作是人类普遍的社会现象,探讨人际间交流形式,建立交流过程的模式,以及交流障碍的消除。这里需要借鉴信息论、计算机科学、语言学、符号学、心理学、社会学等学科研究成果。第二个层次是从微观角度研究图书馆知识交流的基本过程及特点,并以此探索建立图书馆文献传递的最佳模式。

交流作用对象(读者)。研究文献信息内容如何作用于读者,读者在图书馆交流过程中的地位,读者选择信息的特征、读者阅读研究等等,这些,需要掌握认识论、心理学(包括发生心理学)、社会学等各方面的知识。

知识交流的社会实体。这一领域的任务在于揭示知识交流和交流的社会实体的相互关系,包括社会生活的生产方式对社会知识交流和交流实体的制约作用,社会知识交流在各种社会环境中怎样通过交流实体的活动体现出来,交流的历史发展和交流实体的社会事业发展、职能演进和形态变化的关系,交流实体的社会功能、地位、作用等。围绕着社会知识交流,形成了交流实体的多样化局面,它们既从不同的侧面,以不同的活动方式和内容,丰富和活跃社会知识交流,又相互联结为一个社会知识交流系统,互相结合,互为补充,甚至互为因果。图书馆学基础理论的研究既应论述图书馆在社会知识交流中的功能、作用以及图书馆事业和组织管理的发展,又要探讨图书馆和其它各种社会交流实体的相互联系和区别,它们的相互转换、替代或合一的可能性。这种探索都应当置于社会信息交流和技术变革的背景下系统地加以考察。

图书馆的交流机制。图书馆之所以能够完成知识交流的功能,在于它具有内在的工作机制。对图书馆活动的内在机制的探讨,是寻求图书馆工作科学化、合理化的重要方面。如何使图书馆系统成为一个动态稳定的有序结构,是图书馆生机勃发、充分发挥其社会效益的核心问题。这种研究能够为图书馆学的各项应用研究提供理论依据。

知识交流说的历史回顾

把图书馆活动置放在知识交流的大系统中考察并非始于今日。历史上,人们早就认识到图书馆是知识的宝库(十七世纪法国图书馆学家诺德),是"全人类的百科辞典",或者是"一切时代的伟大人物相互对话的场所。"(十七世纪下半叶十八世纪初德国图书馆学家莱布尼茨)当本世纪三十年代理论图书馆学兴起之时,这类思想就更显现。美国图书馆学家巴特勒(P. Butler 1886—1953)在他的《图书馆学引论》一书中指出:图书馆学研究的客观现象就是图书和阅读现象,就是对待通过图书这种媒体把社会积累的经验传递给社会的每个人的现象的这种理论。他又指出:图书馆学的基本要素就是社会的知识积累,并由它连续不断地传递给生活着的一代,到现在为止,这些过程是借助于图形(可感知)记录来实现的。

美国图书馆学家谢拉(J. H. Shera 1903—1982)在七十年代则提出了"社会认识论",他论述了知识的重要性,对知识的要求使个人和社会都活动起来。因此,如果被剥夺了知识和情报,个人精神就会坠落。社会也完全一样,如果不为其成员和组织不断地补充知识,它就会衰亡。谢拉认为,图书馆是一个保存和便于利用文字记载的系统,是一种社会工具,一个社会或文化怎样获取、吸收和传播知识,必须在图书馆员专业理论中找到依据。一门新的交流学科不但是关于知识是怎样发展和增长的那些早已成为研究的课题,而且是关于知识怎样整理、综合和付诸实际工作这样一些领域。谢拉指出:"社会认识论",这门研究知识发展过程及知识与社会关系的新学科,可以成为图书馆学的理论基础。

与谢拉同时,德国的卡尔施泰特(P. Karstadt)以"知识社会学"构造图书馆学基础理论,他认为,图书是客观精神的容器,图书馆是客观精神的现有形态,是把客观精神传递给每个人的场所,个人只有通过图书馆才有可能真正同客观精神接触。所以,图书馆是使文化的创造和继承成为可能的社会机构。

最引人注目的也许是英国科学哲学家卡·波普尔(K. Popper)的"客观知识世界"理论,即"世界3"理论。这种学说现时已为不少国内外著述引用作为情报学和图书馆学的理论基础,它同样也是描述人类如何创造知识,人类与创造的知识之间的关系,知识如何增长等问题。波普尔认为整个宇宙是由三个"世界"组成:"世界1",物理客体和状态的世界,包括整个宇宙间的物质和能量以及一切生物体;"世界2",意识状态或精神状态的世界,包括人的全部感性知觉和认识经验;"世界3",客观知识世界,包括语言、文学、理论体系、科学问题等,主要是科学理论体系,还包括技术装备、图书、工具等等。体现着人的意识的人造产品或文化产品。客观知识世界本质上是人类精神即世界2的产物,而存在于物质即世界1的形式之中,它们所体现或传达的思想内容属于世界3。世界3的东西一经产生,构成为客观知识,就不再以它的创造者的意志为转移,走上自己发展的道路。

波普尔论证了"世界1、2、3"之间的相互作用,"世界3"是由"世界2"(创造性思维活动)作用下产生,它寄存于物质形态(世界1)中;客观知识反过来又支配人的主观精神,激发人们的思维、想象、灵感,从而推动对新知识的探索和发现。客观知识世界还通过主观精神世界的"中介"作用于"世界1",达到改造物质世界的目的。

波普尔对客观知识世界的描述使英国情报学家布鲁克斯得出如下结论,那就是:"波普尔的世界3理论应受到图书馆学家和情报学家的欢迎,因为他首次为他们的职业活动提供了理论基础。"[①]

---

① 布鲁克斯:情报学基础 第一部分,《情报科学》,1984年第4期。

按照布鲁克斯的认识,图书馆学和情报学理论研究的任务为:"研究世界 2 和世界 3 之间的相互作用,描述和解释它们,以有助于对知识(而不是对文献)进行组织,从而更有效地加以利用。"①

在苏联,"交流说"也盛极一时。例如,情报学家米哈依洛夫等把情报学看作是研究科学交流全过程规律性的学科。② 丘巴梁把图书馆学认作是一门把图书馆过程作为群众性交流社会思想的一种形式的社会科学。③

"知识交流说"在我国图书馆界也是由来已久的。在三十年代,李景新先生就提出过,图书馆学是以有系统的科学方法,研究人类知识及一切动态的记载的产生、保存与应用;使它成为教育化、学术化的一种科学。④ 其间已涵蓄着交流知识的认识。

进入八十年代以来,"交流说"在我国日益获得重视。彭修义同志首先在图书馆学界提出开展"知识学"研究的建议,并把知识学的理论和内容看作是图书馆学的基本理论和基本内容的重要组成部分。周文骏同志则在"概论图书馆学"中指出:图书馆学的理论基础是情报交流。(虽然使用了情报交流,其实际含义与知识交流有着内在联系。)

第二节　图书馆学的研究对象

任何一门科学都有其独特的研究对象,研究对象是从研究客体的活动中概括抽象而得出。但是研究对象又往往不是一门学科

① 布鲁克斯:情报学基础 第一部分,《情报科学》1984 年第 4 期。

② 米哈依洛夫:科学交流与情报学,科技文献出版社,1980。

③ 丘巴梁:普通图书馆学,书目文献出版社,1983。

④ 李景新:图书馆能成一独立的科学吗?,《文华图书馆学校季刊》第 7 卷第 2 期。

刚建立时就能明确的。关于图书馆学的研究对象,或者说什么是图书馆学,从1807年德国的施莱廷格首次使用"图书馆学"一词以来,就成为人们所一直努力探述的问题,各种释义接踵而至。表示着人们对它的认识经历了由零星到系统、由局部到整体、由实用到理念、由直觉经验到科学抽象、由孤立研究到放在社会系统的关系中考察的过程,这个过程还没有穷尽。

图书馆学的研究对象这一问题,不仅历来是图书馆学基础研究中的重大课题之一,在历史上又起过推动本学科基础理论研究发展的作用。从本世纪三十年代我国图书馆学兴起时期,建国后五十年代初期至六十年代中图书馆学发展时期,乃至七十年代末至目前图书馆学研究更趋兴旺时期,每一次图书馆学基础理论的讨论都伴随着对图书馆学对象的认识与争论,至今在认识上还很不一致。

如果把这许多不同的看法归纳起来,可分为如下几大类。(以略古详今原则叙述)

一、以图书馆技术操作、工作方法作为图书馆学的研究对象。这种观点可以追溯到德国的施莱廷格,他对图书馆学下的定义是:符合图书馆目的的整理方面所必要的一切命题的总和。而构成图书馆整理核心是图书的配置和目录的编制。其后又有艾伯特、莫尔贝希、爱德华兹等提出的"图书馆管理学",把图书馆学看作是关于藏书建设、分类编目、服务内容与设施等等的"图书馆员执行任务时需要的一切知识和技巧的总和。"直至近期,还有研究者认为"图书馆学研究图书馆挑选、收集、编目、流通等使图书和其他情报可以利用的方式方法的学科。"[1]"是关于把图书馆通常所获得的文字表达形式或非文字表达形式的阅读资料组织起来,以便让这些资料容易取得和有效利用,以及关于图书馆和图书馆系统

---

[1] J. 贝克:情报学浅说,科学出版社,1979年。

管理的理论和实践的科学。"①

我国国内有人响应上述说法,提出过:"图书馆学便是研究图书馆的组织法、管理法和使用法的学科。""图书馆学是研究图书馆搜集与流通图书资料为一定阶级利益服务规律的科学。简言之,它就是研究图书馆工作规律的科学。""研究图书资料有目的有组织的采编,科学的管理和迅速有效地使用的发展规律",等等。我们可以冠之为"方法说。"

二、把组成图书馆的诸要素的研究作为图书馆学的对象,由此确定图书馆学的定义。最有代表性的是刘国钧教授在1957年发表的《什么是图书馆学》一文,认为:"图书馆学就是关于图书馆的科学,也就是研究图书馆事业的性质和规律及其各个组成要素的性质和规律的科学。""图书馆事业有五项组成要素:(一)图书,(二)读者,(三)领导和干部,(四)建筑和设备,(五)工作方法。很显然,五者之中缺少任何一项,就不能够有图书馆的存在。因此,图书馆学必须对这些要素分别进行深入的研究。"在此之前,也有不少研究者提出类似的看法。如1929年陶述先先生提出书籍、馆员、读者为图书馆三要素,1932年杜定友教授提出书、人和法三要素。"要素说"在国外也有反映,例如,苏联在五十年代也曾议及过"书——图书馆员——读者"为图书馆学的对象。

三、从"要素说"的一端延伸,把图书馆看成是一个有着复杂结构的组合体、各个部分之间相互作用、普遍联系。从这种相互关系出发,探讨图书馆学的对象。认为图书馆开展一切工作的物质基础是图书资料,图书馆工作的服务对象是各种类型的读者。图书馆通过图书作用于读者,通过图书为读者服务,所以书和读者是图书馆工作的二个基本要素,馆员是这二者的媒介和触剂。研究人与书、或者说读者与图书的关系,构成为图书馆学的对象。

---

① A. Neelamagham UNESCO,1978.

另一种说法提到："图书馆学的研究对象就是图书馆事业之本质关系。图书馆学是研究图书、读者、图书馆组织、图书馆方法等要素构成图书馆事业之关系，研究这种关系的发生、发展和变化的科学。"我们不妨呼之为"关系说"。

四、"规律说"或"事业原理说"。从科学的任务是揭示事物发展的规律、发现事物发展过程中的本质联系和必然趋势出发，对图书馆学研究对象有如下一些表述："研究整个图书馆事业和它的全部活动的规律。""研究图书馆事业及其工作之规律"或"研究图书馆事业建设的原则及其工作规律的科学。"进而又有把图书馆事业分解成若干基本部分，即图书馆的组织、工作内容和工作方法等，以此作为图书馆学具体研究对象，表述为图书馆学是研究图书馆事业的发生发展、组织形式以及它的工作规律的一门科学。

五、根据《矛盾论》学说，"科学研究的区分就是根据科学对象所具有的特殊的矛盾性。因此，对于某一现象的领域所特有的某一种矛盾的研究，就构成某一门科学的对象。"①研究图书馆的特殊矛盾构成为图书馆学对象。但在认识图书馆的主要的、基本的矛盾时，出现了收藏与传播、藏书与读者、藏与用、系统收藏与反复提供、科学管理图书馆和充分利用图书馆、社会知识开发与利用、知识数量无限增长及其分布散乱状态和知识材料利用等等各种不同的理解。

六、综合要素说、矛盾说、规律说等所含的图书馆实体活动方面的有关内容，提出了图书馆作为图书馆学的研究对象。持这种观点的同志认为，这里所指的图书馆，已经不是具体的实体，而是一个抽象的概念。首先，它不是古今中外的具体的图书馆形态，而是一个历史的集合体，不仅包含过去、现在，也指未来。图书馆作为概念就与现实不相等了。它是认识活动的客体，是古今中外所

① 《毛泽东选集》横排本第 1 卷第 284 页。

有具体图书馆的抽象化，是一个科学的集体概念。这个概念体现了客观与主观的对立统一，共性与个性的统一，抽象与具体的统一，内涵与外延的统一，有形与无形的统一。图书馆"要素"、"事业"、"工作"、"活动"等等，都立足于"图书馆"这一基本点上，也包含在"图书馆"这个总系统的范畴之内，是其组成部分。所以将图书馆学对象表述为"图书馆"是比较合适的，无须在其后面附加什么词了。

持这种观点的同志还认为，不能将图书馆学对象与图书馆学定义混为一谈。对象就是对研究范围的规定。

另一种概括要素说、矛盾说、规律说、交流说的意见，把图书馆学对象定义为图书馆活动，其理由是：图书馆活动是一个完整的社会现象，图书馆活动是一种社会实践的活动，图书馆活动又是一个完整的概念。认为用图书馆、图书馆事业、图书馆工作、图书馆事业的组成要素，图书馆的特殊矛盾，图书馆事业的规律，以及图书馆的传递交流等等，都不如用"图书馆活动"这个概念表述得准确完整。

七、"层次说"。这是一种将上述关于图书馆学研究对象的论点加以综合考察分析并给予新的解释，认为各种观点之间存在着内在的层次联系，是对图书馆学研究对象认识过程中的一个递进阶梯。要素说构成了客观实体对象层次；图书馆活动的内在规定性，构成了抽象认识对象层次；图书馆活动的机制，构成了科学具体对象层次。另一种意见认为，图书馆本身的结构具有层次性，因而作为图书馆学的对象也必然有其层次性。图书馆学对象的层次，应该区分为图书馆工作与文献信息。前者为图书馆所固有，是区别于其它机构、组织的特殊的质；后者则从属于上位系统，是社会信息交流中的一部分。作为图书馆学自身的对象，它应当研究图书馆工作，即研究图书馆在社会信息交流系统中所采取的一系列方法、手段，并以此区别其它学科。而作为图书馆学所要从属的上位学科，则它要研究文献信息。即要研究文献的内容信息和形式信息,研究文献信息的产生、传播、存贮及其交流方式,从而解决人们对文献的不确定性认识,推动科学技术的发展。

八、"交流说"。现时一种颇为流行的观点。这种观点认为图书馆学对象表述应当是对图书馆活动的本质概括。图书馆活动的本质是一种社会交流现象,是通过文献的搜集、整理、传递实现信息(或知识、情报)的交流。然而,在对图书馆活动的本质的科学抽象上,却又有若干歧异,即使是同一的"交流说",也有认识和语义上的区别。从知识交流角度定义图书馆学,提出了"图书馆学对象应当是研究图书馆在知识交流中的地位、作用、任务以及图书馆实现知识交流的手段。""是研究社会知识资源、利用人类精神财富的科学""研究图书馆在科学交流和情报传递中的作用和规律"等。从知识开发、利用、传播和交流剖析图书馆学对象、指出"知识、图书、图书馆和读者是图书馆学的四大研究对象,这四个方面及其特殊矛盾运动,构成了图书馆学区别于一切其他学科的重要标志。"从文献信息角度,人们提出了图书馆学是"关于知识文化信息积累传递的科学","文献资源(文献信息)的开发和利用","文献知识的交流与传递"等等的表述。

综上所述,对图书馆学对象的确定,一类是从图书馆这一客体的实体出发,对图书馆学的对象这一概念的外延的确定性进行描述和限定,也就是划定一个研究范围。他们认为,确定图书馆学的对象和对图书馆学下定义是既有区别又有联系的两个不同的范畴,前者在于限定图书馆学的整体目标,强调的是对概念外延的周延性,达到要解决的是"图书馆学对象是什么"这样一个目的,而后者是要找出图书馆学对象概念的内涵即本质属性,解决的是"图书馆学是研究什么的科学"这一问题。

这种从图书馆实体出发确立图书馆学对象,对于图书馆学研究的发展曾经起了极大的作用。它对于图书馆活动的控制管理、工作方法、技术手段、规范标准等尤有巨大贡献。然而,它的弱点在于无法在理论上达到高度的抽象,也概括不了所要研究的客体的本质属性。

另一类则力求从图书馆学研究对象的特征和本质是什么入手,把研究对象看作是所研究的客体活动的本质抽象,而不是一般抽象。主张对象与定义不能割裂,离开了对象的定义与离开了定义的对象都是不可思议的。确定对象的目的是为了揭示研究对象的本质,只有抓住了对象的本质,才能科学地下定义。因此,讨论图书馆学对象并不在于罗列或限定一下它的外延,规定它的研究范围。

用抽象认识去反映图书馆实体活动,并联系社会环境进行考察,对于图书馆学基础理论的发展无疑具有重大的意义。

关于图书馆学科学对象的讨论尚在继续深化中。基于我们目前的认识,在对图书馆学研究对象的本质定义尚难取得相对一致的意见时,或者说在一个严谨的图书馆学理论体系还处在形成的过程中,我们对它的对象的论述暂且不取严格的定义形式,而用描述性的语言来表示:图书馆学要研究社会知识交流在图书馆活动中的特殊过程和特殊规律;研究如何搜集、整理、贮存和传递知识载体,以促进社会知识的交流;研究在社会知识交流过程中图书馆与图书馆事业自身变化发展的规律。

第三节　图书馆学的体系结构

所谓图书馆学体系是指组成图书馆学的诸分支内容的有机知识整体,而图书馆学结构则是图书馆学的各个组成部分即各分支学科之间相互依赖、相互作用和相互关系的方式。两者既有联系又有区别,前者规定图书馆学整体知识范围,后者揭示各组成部分的逻辑联系。这里把图书馆学体系结构归并在一起叙述,为的是能更清楚地理解。

图书馆学基础研究

同其他任何一门科学一样,图书馆学也可分为基础研究和应用研究两大部分,基础研究是对图书馆活动的理性抽象,应用研究则是对图书馆活动的方法、技术及其组织、规范的具体探讨。

图书馆学基础研究即理论图书馆学,是整个图书馆学研究的起点和根本,它从总体上规定了图书馆学的方向,为整个学科起到提示认识和方法论的作用。基础研究的深度与广度,以及反映研究客体的精确严密程度可以表明本学科的成熟性和研究水平,以及它在整个科学体系中应有的学术地位;它不断地开拓新的领域、派生新的学科分支,丰富图书馆学的内容,使图书馆学向纵深发展;它又为应用研究和开发研究提供理论动力,因为任何的应用研究都要承袭基础研究的成果。离开了基础理论,离开了这门学科本质和运动的基本规律的研究,应用研究就不会有根本性的变化;对于我国图书馆实践和图书馆改革来说,也都需要有理论的指导,否则将成为盲目的实践。

图书馆学基础研究在于阐明图书馆学的一般原理,它的研究内容应从宏观层次上组织,首先是研究信息、知识、情报的概念和特点,探讨社会知识交流的一般过程和特殊过程,研究图书馆在社会知识交流和开发社会知识资源中所具有的特殊性和特殊规律;其次要研究文献、揭示文献的功能、属性和结构,并对当代文献发展的趋势和特性作出科学分析;再次是开展读者研究,明确读者在图书馆知识传递、情报交流中的地位,并对读者的需求和吸收知识、情报的机制作社会的、认识的、心理的剖析,以寻找传播知识的最佳策略;第四,从整体上研究图书馆,把图书馆放在社会大系统中考察,研究它的起源和演化过程,它的发展和未来趋势,它的社会本质、社会职能和性质;第五,探讨图书馆活动的内在机理,考察知识、文献、图书馆和读者之间的相互关系、相互作用及其特殊的矛盾运动;第六,研究图书馆事业的组织和建设的基本原理、图书馆类型、图书馆网络；最后是对图书馆学本身的研究，包括图书馆学的哲学思考，图书馆学的理论基础，图书馆学的基础理论体系，图书馆学的研究对象，图书馆学的范畴体系与逻辑结构，图书馆学的外部联系，图书馆学的研究方法论和学科性质，图书馆学思想发展史等。

在这些基本理论问题的研究中，都要运用马克思主义经典作家有关的论述，要把马克思主义的一般原理结合到图书馆学基础研究并指导基础研究。同时，也要吸收现代科学的新思想。

理论图书馆学所包含的内容在整个图书馆学的学科体系中，是连结其它部分的基础和纽带。它的任务是抽象图书馆学的一般性原理和规律，揭示图书馆学的本质特性，系统地再现图书馆学的发展历史，科学地预测今后的变化，从而保证图书馆学和图书馆实践活动能最优化的发展。

图书馆学应用研究

图书馆学应用研究（和开发研究）也称应用图书馆学，重点在于研究文献收集、组织、整理、贮存、传递、利用的基本原理、方法和技术。包括：

文献资源建设：文献采集的原则和方法、文献贮存最佳策略、藏书体系与结构、文献再选择与剔除、藏书组织与管理、文献资源布局；

文献分类学与主题标引法：研究文献分类与标引的规律、原理和方法等问题；

图书馆目录学：研究图书馆目录的著录方法、目录的种类，目录的组织和目录体系的问题；

文献检索：研究文献检索的基本理论与方法，包括各种科学技术文献的检索利用；

图书馆读者学和读者工作：研究图书馆读者的阅读需求、阅读社会环境、阅读心理与阅读规律、读者调查与读者分析，以及阅读教育、阅读辅导、阅读咨询和为读者服务的一切方式与方法，包括图书馆情报工作与情报服务；

图书馆管理学：研究图书馆管理的理论和方法，以充分发挥图书馆的社会效能和经济效益；

图书馆建筑与设备：研究图书馆舍的外形、位置，建筑规模的根据、采光、内部布局以及各种设备设施等；

图书馆自动化原理：研究图书馆应用自动化设备所必需的基本理论知识；

图书馆现代技术：研究图书馆的现代化技术设备和服务手段的应用、操作的原理和方法。

应用图书馆学的研究应该说是整个图书馆学体系中的主干，具有很高的价值。只有发展了应用研究，才能更好地体现出图书馆在社会中的作用与效能。应用图书馆学要把理论图书馆学的一般原理广泛运用于图书馆工作实践的各个领域，并接受理论图书馆学的指导。它应具有自己的应用理论，同时，它又要通过本身的实践和应用，不断完善图书馆的工作方法和技术，不断充实图书馆的服务内容，不断总结图书馆实践经验使之升华，为基础研究和科学抽象提供最有价值的材料。所以，应用研究又是基础研究发展之本，应用研究检验着基础研究的成果。两者可以说是应用与检验、指导与补充的辩证统一。

专门图书馆学

除了基础研究（理论图书馆学）和应用研究（应用图书馆学）两大基本层次外，还有若干图书馆学分支，专门图书馆学即是其中之一。如果我们把上述的基础研究和应用研究看作是图书馆的共同活动规律与共同属性，基本原理和基本方法研究的话，那么专门图书馆学则研究各类型图书馆的具体活动规律。由于社会知识交

234

流所产生的不同的情报、知识的需求,和为了适应这种需求从而形成了各种不同类型的图书馆,在此基础上产生专门图书馆学。

专门图书馆学包括诸如公共图书馆学、大学图书馆学、学校图书馆学、儿童图书馆学、科技与研究图书馆学、工会图书馆学、农村图书馆学、民族图书馆学、特种图书馆学等等。

专门图书馆学的研究需要借助基础和应用研究的成果,也是理论图书馆学和应用图书馆学的一般原理和方法在某一特定领域中的具体化和实际应用。

比较图书馆学

以世界各国图书馆学研究和事业发展为对象的比较图书馆学是近几年发展颇为迅速的一个图书馆学的分支学科。通过跨时空的各国图书馆学理论与实践的调查分析、事业规模、发展趋势与社会背景的差异比较,对不同国家或地区、不同社会政治历史条件下的图书馆模式和图书馆学思想进行系统分析,运用比较的方法,找出它们的相同或相似点,区别它们的差异、分析各自的优劣得失,从社会政治、经济、科学文化、思想、历史及民族传统等多角度查清产生的原因。在这个基础上去正确地借鉴、学习、吸收他人的长处和有益经验,避免发展中的不必要弯路,为我国图书馆学研究和图书馆事业发展提供有价值的材料。同时,寻求达到一个完好的统一化的原理这一目的。

图书馆学的体系结构

如果把上述的图书馆学的各个分支学科系统地加以组织,就可以勾勒出图7-1所示的图书馆学体系结构。可以说,图书馆学就是由一组学科及其分支、亚分支层层展开而组成的一个知识有机整体,各个组成部分都存在着密切的联系,它们互为因果、互相作用,又随着人们对图书馆这个研究客体的认识的进一步深入而

图　　书　　馆　　学

```
图书馆学
    │
    ├─────────────┬─────────────┬─────────────┐
    │             │             │             │
理论图书馆学    专门图书馆学    应用图书馆学    比较图书馆学
（基础研究）   （各类型图书馆研究）（应用与开发研究）
    │             │             │             │
图书馆学原理   公共图书馆研究   文献资源建设   国际图书馆事业研究
图书馆学方法论  大学图书馆研究   文献分类与标引  区域比较
图书馆和图书馆学史 科学研究与研究图书馆研究 图书馆目录   国别比较
              儿童图书馆研究   文献检索     特定领域比较
                            读者服务
                            图书馆管理
                            图书保护
                            图书馆现代技术
                            图书馆统计
                            图书馆建筑与设备
```

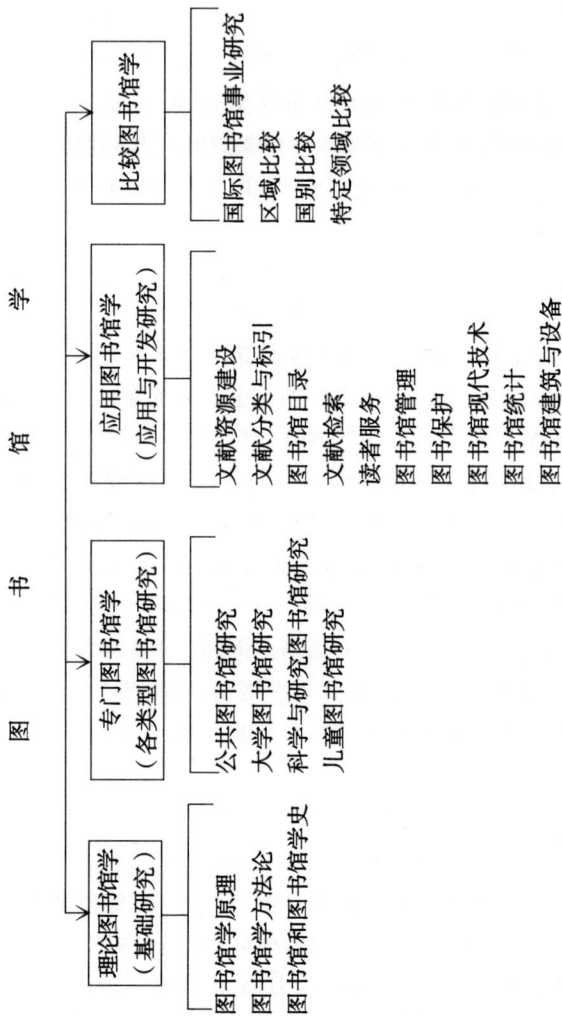

图 7-1　图书馆学体系结构

发展。因此,图书馆学的体系结构又体现出系统性、层次性、多维性和动态性。

图书馆学理论建设诸问题

图书馆学理论建设涉及的方面很多,宏观微观的研究都要重视,从学科建设需要,当前更要注意探索下列一些问题:

一、关于图书馆学理论体系的探索　我们须得承认,迄今为止,我们还未能形成对图书馆活动的本质机制的总体认识,还没有一个核心的基础理论规范和统一的理论体系。因此我们在许多问题上难以取得相对一致的见解,学科建设进展比较迟缓。为此,从宏观上探索建立图书馆学的理论体系可以说是一个迫不及待的问题。可否把对学科对象的本质定义的探讨移到建立学科的理论体系的方面来?

二、关于图书馆学史的研究　学科史发展研究是本学科理论建设的重要组成部分,学科史的目的在于系统地了解图书馆学认识和思想由浅入深、由表及里的过程,了解各个时代的图书馆人物及主要学说、观点。

学科史的论述应该是史、论的正确结合,认真联系社会时代背景、联系图书馆发展实际。当前,我们首先需要的是搜集和积累资料,然后理出头绪,逐步地建立起有关图书馆学史的全面、系统的认识。

三、关于图书馆学方法论的研究　方法论对科学的发展具有极其重要的意义,在某种程度上可以说科学发展取决于方法论的研究。一个科学知识体系一般都是由经验要素、理论要素和结构要素构成的。方法论就是科学知识体系中的结构要素,也是从这一学科知识体系中升华出来的,作为描述、探索、研究该学科的重要原则。图书馆学方法论是认识图书馆学、研究图书馆学的重要工具,目前,我们的方法论研究还十分薄弱,也不成系统,它还不能成为本学科的理论要素和经验要素的中介。我们亟须加强方法论的研究,这种研究也是对图书馆学科学理论本身的发展。

四、关于联系实际、联系改革、解决图书馆发展中问题的研究。理论图书馆学的研究必须密切结合实际、结合应用,总结现实问题,如果离开了应用和指导人们的实践,它就失去了存在的价值。当前图书馆事业的改革与发展已经给我们提出了许多需要从理论上来加以阐述的问题。理论研究必须倾听实践呼声,勇于探索,贵在创新。

五、图书馆现代化的研究　用现代技术手段武装图书馆、用现代化思想和管理方式改变图书馆传统观念和由来已久的传统服务模式是当前图书馆发展的关键因素之一。图书馆现代化的研究是当前图书馆学研究的重要课题之一。

开展图书馆学基础研究,应当提倡开放式研究,倡导学术民主、广开言路,要把宏观建设与微观考察结合,定性和定量分析结合,组织集体攻关和散兵作战结合。

第四节　图书馆学的学科性质和学科特点

图书馆学是什么性质的学科?这个似乎明确又不明确的问题历来是学术界热心讨论、争议颇多的问题,从传统的倾向于认为隶属社会科学范畴到人们不断提出质疑、重新讨论、重新归属,至今仍是图书馆学基础理论研究中的一个课题。综合性科学、方法科学、管理科学、应用科学,乃至人文科学等等不同的观点与主张在对隶属于社会科学质疑的基础上接踵而来。

一般说来,判定一门学科的性质,主要以该学科的研究对象和内容属于一种什么现象、从属什么具体范畴为依据。由此,人们认为图书馆活动是人类社会的一种知识(或精神文化、或思想)交流现象,图书馆学就其本质来说是研究人类社会知识交流这一现象,也就是研究人际间知识交往和相互关系的某一特定方面,图书馆活动和图书馆事业都是人类社会的特有现象。因此,图书馆学的社会科学学科性质应该是确定无疑的。

学术界继续延伸这种观点,指出:图书馆活动不是自然现象,也不是物质生产活动,而是一种社会实体现象,是人类物化知识传递交流活动,反映了人们的社会交往关系,作用于社会的政治、经济、科学、教育、文化,具有广泛的应用性;图书馆学的研究内容具有强烈的实践性、应用性、技术性特征,并以应用性研究为主向;图书馆学的理论来源于图书馆实践,受实践的推动和制约,它从社会实践活动中总结出理论知识,揭示在社会规律的支配下图书馆活动发展的客观规律,然后又回到社会实践中去,加以应用、检验、发展和完善。它和财经、法律等学科近似,直接服务于社会,所以,图书馆学的学科性质是应用性的社会科学。

目前一种较为流行的看法,认为不能把图书馆学单纯归结为社会科学范畴,它应是一门由理论科学、应用科学和技术科学组成的多层次结构的综合性学科。其依据是,组成图书馆学对象的图书馆是一个综合体,既有社会属性,也有自然属性,它除了反映"人——人"关系外,还出现了"人——机"、"机——机"关系。现代技术的大量渗入使图书馆正在变成一个以处理信息为特征的"人造自然"系统;从分析图书馆活动的全部内容,文献作为图书馆收集、处理、贮存、传递的对象,既涉及人类各个知识领域的意识内容,包括着社会科学、自然科学、工程技术等一切门类,又具有物理物质的形式,集社会性和自然性、意识性和物质性于一体。文献的广学科性使图书馆可以和人类的生产技术活动结合起来,文献的物质性则要求图书馆必须采取化学、物理或生物技术予以保护;从图书馆学研究和图书馆工作的开展,都要借助于社会科学、自然科学和技术科学已有的成果,图书馆学与这些学科都发生交叉结合的关系,具有文理综合的性质。

持这种观点的研究者认为,承认图书馆学的综合科学性质,并不意味着它失去了社会科学的某些特性和质,而只是更确切地表述了现代图书馆学发展的趋向。

图书馆学研究的综合化趋向正是反映了科学整体化发展的特点,反映了自然科学、技术科学向社会科学渗透和社会科学影响自然科学、技术科学的两股潮流的交接,也表示了以往图书馆学内容和研究方法、途径的单一性、封闭性和孤立性的结束。但这种综合化的趋向并没有改变图书馆活动的社会性质和图书馆学的社会科学属性。因为图书馆学对象并不涉及人对自然的关系,并不直接研究自然界物质运动的具体规律。诚然,图书馆活动涉及人类各个知识领域,涉及各种载体物质形态,与自然科学和技术科学有着密切的联系,但就总体和本质而言,他只是处理观念形态的科学知识(包括自然科学和社会科学)的交流工作,解决的是人际间的知识传递,提供社会知识服务的问题,而一切技术的应用均是围绕着此一目的。——这些就是不同意图书馆学为综合性学科的意见。我们也是这样认识的。

图书馆学的特点

图书馆学作为一门科学,和其它科学一样,起着认识世界,改造世界的社会功能。同时,它又独立于其它任何一门科学,有它自身的研究对象和内容,学科体系和研究方法——虽然目前尚不完善,也不规范——具有独特的个性。这种个性在图书馆学长期的发展过程中形成了自己的学科特点。

这些特点是:

一、图书馆学具有综合性的特点。关于图书馆学究竟是一门社会科学还是综合性科学,学术界尚有不同的见解。但是,就图书馆学具有综合性的特点而言,还是普遍认可的。这些综合性就如

240

本节第一部分介绍图书馆学是综合性学科的那些主张。

二、图书馆学是一门应用性或者说实践性很强的学科。图书馆学不同于其它一些高度抽象的理论性科学，它从一开始，就是以图书馆的实际工作需要为其发展动力，并且和图书馆的实践活动粘合得难以分解。它强调方法的完善、技术手段的改进，强调为读者服务、应用于社会。是图书馆的实践活动促进着图书馆学理论的发展，也是图书馆的实践在检验着图书馆学理论成果的正确、实用和有效程度。图书馆学研究的根本任务就是要发展和改善图书馆活动，使之更好地为社会主义四化建设服务，为科学研究和教育服务，为广大人民群众服务。这就要求图书馆学从社会应用的角度来促进图书馆事业和图书馆工作的发展。脱离了图书馆学研究成果的应用，就会丧失图书馆学发展的目标。

三、技术性。图书馆学研究的许多内容都具有技术特征。图书馆学一方面具有科学认识的作用，另一方面又具有很明显的职业技术的特点，最初的图书馆学教育也从职业技术训练中发展而来，受职业技术教育的促进和推动，这种职业技术在图书馆实践活动的发展中日趋复杂和成熟，要胜任图书馆工作就必须掌握这一系列技术——文献的选择收集、整理加工、分类编目、贮存保护、传递流通，参考咨询等各项专门的方法和技术，研究读者服务的方法和技术，以及图书馆工作和图书馆事业组织管理的方法和技术，这些广博的职业技术也是图书馆学研究中的一个重要内容。近年来随着电子计算机在图书馆中应用，使传统的图书馆职业技术有了很大的变化。图书馆学和计算机科学、通讯科学、光学技术等联系更加紧密，许多现代科学技术的概念、理论、方法和技术正在改变着图书馆学的某些内容。

第五节　图书馆学的外部联系

任何探索客观规律的科学活动,在认识途径和思维方式上是有共性的,在科学方法论上也有一致之处。由于现代科学发展的综合性,导致了各传统学科之间的界限趋向模糊,也为各个学科之间的相互渗透、交叉、结合、移植提供了更大的可能。探讨图书馆学的外部联系,观察现代图书馆学与其他社会科学、自然科学和技术科学的关系,有利于促进图书馆学开放式研究、容纳和吸收其他学科的理论成果和技术方法,加速图书馆学的建设。

由于图书馆学特殊的地位使自然科学、技术科学和人文、社会科学的强大潮流都奔涌而来,使图书馆学的外部联系呈现出多层次、多类型的复合状态。

一、第一类是学科之间的关系十分密切,在外延上和图书馆学发生联系,或者具有共同的认识或研究客体,或者具有共同的服务对象,或者社会作用相似,或者工作机理、技术手段、服务内容接近一致。因此,彼此之间可以互相利用各方的原理、方法和技术。

情报学与图书馆学,本是一根蘖生的姊妹学科,都研究知识的存贮和利用,注重于特定信息的交流。图书馆学是情报学的前导科学,情报学则是图书馆学的延伸和发展。是"现代图书馆学",我们主张综合研究图书馆学和情报学,赞同把情报学和图书馆学归并为一个学科群,如同国外已经做的那样。

研究目录工作形成与发展的一般规律,以及目录索引编制的原理和方式方法的目录学,与图书馆学也有着血缘的关系。它的基本理论是图书馆组织和报道文献的重要基础,它的方法技术为图书馆目录学发展提供了参考依据。目录学和目录工具成为图书馆开发文献资源的重要手段。

人与人之间信息(消息、思想感情等)的传递与分享是一种传播。研究人类传播行为发生发展规律及其社会关系的传播学,与以研究、处理知识交流这种传播现象的图书馆学有许多相通之处。大众传播学认为,报纸、杂志、书籍、广播、电视、电影等都是大众传播媒介,它们通过职业传播者的收集、制作,将各种不同内容的信息传播给受传对象,以达到对受传者在思想、态度、行为上发生某种影响的目的。传播学要研究传播过程,研究传播者、信息、媒介、受传者、效果。传播学还认为,作为为个人需要提供信息的图书馆属于知识产业,也是大众传播媒介的一种延伸。因此,传播学的研究内容对于图书馆从事文献的知识信息传播交流有着直接的关系,它为图书馆学基础研究和应用研究开拓视野,提供理论借鉴和方法指导。

其他如研究档案和档案工作运动规律的档案学,其基础理论和档案文献资料的处理、贮存、保管、利用乃至现代化管理的工作方法与技术手段均类似或相通于图书馆工作,与图书馆学自然地发生亲密关系。古代的档案事业和图书馆可说是同胎而存,资料与图书馆的文献完全可以相互转化,现在,这些学科又都面临着许多相同任务和研究课题。它们之间的相互补充可以充实和丰富各自的研究内容。

二、第二类是能为图书馆学的研究提供科学的认识论和方法论的基础,或是提高思维能力,开拓学术视野,提供新的科学方法。前者为马克思主义哲学,它是关于世界观和方法论的科学,是一切科学的概括和总结。它从认识论的角度为考察分析图书馆活动提供了一条正确可靠的途径,又从方法论的角度为图书馆学研究提供了一个总的基础。使我们可以从图书馆活动的纷繁复杂的现象中探索、把握住它的本质,发现其客观规律。又如系统论的思想为图书馆学研究提供了综合为先、整体出发、系统考察的新方法。

逻辑学研究人类思维形式及其规律,它的理论和逻辑方法对于图书馆学研究和文献分类体系的建立,以及情报检索理论和方法,文献情报分析研究都有着十分重要的指导作用。

客观世界的任何一种物质形态及其运动形式都具有空间形式和数量关系,都既有质的规定性,也有量的规定性。所以,数学及其思维方法也就普遍适用于任何一门科学。这对于图书馆学也不例外,它可使图书馆学研究从只有定性的分析到更精确化和公理化,并对图书馆活动中的各种量的关系的分析提供数学公式。

三、第三类是在某个生长点上产生交叉、结合,从而形成一些新的分支学科或研究领域。如读者阅读与教育学原理的结合,产生阅读教育和科技文献检索知识教育这些研究领域;用心理学的原理、方法对读者的研究,形成读者利用文献过程中的阅读心理、检索心理、科研心理、学习心理、欣赏心理,以及不同年龄读者的心理特征等为内容的读者心理学;对图书馆和读者的社会考察需要借助社会学的原理、方法,图书馆与社会、图书馆社会教育职能、阅读社会学等分支领域便是图书馆学和社会学的结合;图书馆管理则是把管理学的理论和方法原则应用到图书馆的一个实例。

未来学,也称未来预测或未来研究,它是一门以未来作为研究对象的学问,从综合的、跨学科的角度阐述未来,探讨未来发展的可能性。说得具体一点,未来学是以人类社会过程前景为研究对象(包括人与自然环境的前景),用定性或定量方法来探索科学技术和社会发展前景,研究它们之间的相互影响和相互关系,揭示、选择、规划和控制走向未来社会的一些既是理想的,又是可行的发展方案与途径。图书馆的未来研究是两者的结合,未来研究的一些方法又对文献情报研究起着指导作用。

四、第四类是利用其他学科的原理、技术和方法,来认识和解决图书馆在知识交流过程中对信息的处理、控制和传递。如信息论和信息方法、控制论和反馈控制、计算机科学技术等。

关于信息论和图书馆学的关系,美国著名图书馆学情报学家陶伯(M. Taube)曾作过一个形象的比喻,他说:图书馆学和信息论,相当于医学的基础医学和临床医学的关系,基础医学是信息论,临床医学相当于图书馆学。

此外,文献信息编码理论和技术,情报检索语言的发展,都需要依仗符号学、语言学的原理和方法。

五、第五类是可以把图书馆学看作某一大学科的分支,从而产生相交或相属的关系。例如,过去有人把图书馆学看成是图书学的分支,现在则有人主张图书馆学从属于知识工程学或知识社会学,或从属于社会信息系统工程。也有人把科技图书和科技情报学作为科学学的组成部分。

科学学是对科学本身进行综合研究的一门学问,即研究科学活动的规律。它包括科学的渊源、科学体制、科学方法、科学政策、科学管理、科学与社会关系等问题。科学学研究的目的在于通过揭示科学发展的规律、探讨现代科学的最佳管理的理论和方法,推动科学技术的迅速前进。

文献和情报资料是社会科学能力的一翼,我们可以从科技文献的消长变化这个侧面,反映科学运动的某些特点,并据此追踪科学发展的轨迹。反之,也可通过揭示科学的变化发展规律及科学成果的数量,促使在图书馆活动中更准确地把握当代文献的消长演变。

思考题:

1. 试对图书馆学研究对象的各种表述加以评述。

2. 你认为,以"知识交流论"作为图书馆学基础理论,有什么可取和不足之处?

3. 你对图书馆学学科性质的认识。

4. 图书馆学基础研究和应用研究的相互关系。

5. 近年来我国图书馆学基础理论研究有哪些进展?

参考文献：

1. 知识交流和交流的科学——关于图书馆学基础理论的建设

宓浩 黄纯元 《图书馆学研究与工作》 1985 年第 2～3 期

2. 概论图书馆学

周文骏 《图书馆学研究》 1983 年第 3 期

3. 关于开展"知识学"的研究

彭修义 《图书馆学通讯》 1981 年第 3 期

4. 图书馆学的哲学研究述评

庄义逊 《图书馆学基础理论论文集》 杭州 1985 年

5. 论图书馆学情报学理论的共同基础——关于波普尔世界 3 理论的思考

刘迅 《情报科学》 1982 年第 1 期

6. 关于图书馆学的基本原理

（美）谢拉著 孔青 况能富译 《图书馆学通讯》 1982 年第 2 期

7. 关于图书馆学研究对象和范畴体系的探讨

刘烈 《图书馆研究与工作》 1985 年第 1～3 期

8. 关于图书馆学对象的新争论

宓浩 邵巍 《图书馆杂志》 1985 年第 1 期

9. 什么是图书馆学

刘国钧 《中国科学院图书馆通讯》 1957 年第 1 期

10. 关于图书馆学基础理论研究的几个问题

陈誉 《图书馆学通讯》 1984 年第 1 期

11. 加强图书馆学基础理论的研究

黄宗忠 《图书情报知识》 1984 年第 3 期

12. 关于图书馆学若干理论问题的思考

沈继武 《图书情报知识》 1985 年第 1 期

13. 情报学基础 （第一部分）

（英）B. C. 布鲁克斯著 《情报科学》 1984 年第 4 期

14. 论布鲁克斯情报学基本理论

马费城 《情报学报》 1983 年 第 2 卷第 4 期

15. 科学交流与情报学

(苏)米哈依洛夫等　科技文献出版社　1980 年

16. Butler, Pierce

An introduction to library Science Chicago, 1933.

17. Shera, J. H.

Introduction to Library Science. Littleton, Colorado: Libraries Unlimited. Inc. 1976.

18. Shera, J. H.

The sociological foundations of librarianship. Bombay, Asia Publishing House, 1970.

19. Popper, K.

Objective Knowledge: The Evolutio – nary Approach、Oxford: Clarenden press, 1975.

20. Kemp, D. A.

The Nature of Knowledge; An introauction for Librarians. London, Clive Bingley, 1976.

第八章 图书馆学的研究方法

"工欲善其事,必先利其器"。科学史表明,科学的发展与研究方法的进步是密不可分的。研究方法每前进一步,必然带来科学的发展;没有研究方法上的革命,也就不会有科学理论上的突破。图书馆学也不例外,认真学习并不断完善和改造图书馆学的研究方法,积极促进图书馆学研究手段的现代化,无疑是摆在图书馆学研究者面前并关系到图书馆学是否能够健康发展的重要问题。

本章的任务就在于,围绕图书馆学研究方法这个基本命题,分别对图书馆学研究方法的基本涵义,图书馆学研究的一般程序,图书馆学各种研究方法的具体内容,以及图书馆学研究的自我组织等问题予以系统地介绍。

第一节 图书馆学研究方法的基本涵义

我们知道,人类从事的一切科学活动,均属于对未知世界的探索。这种探索,一般包括三个方面的内容,即"禁区"的突破,"疑区"的澄清和"荒区"的开拓。所谓"禁区",是指那些受到人们认识水平的限制和外界的强制的科学区域,使人们不能或难以涉足;所谓"疑区",是指那些虽然留下过人类的科学足迹,但有待探讨的科学区域;所谓"荒区",则是指那些从未有人问津过的科学区域,即科学领域中尚未被开垦的"处女地"。三区之和等于未知世界的全部外延。科学研究就是和"三区"打交道。

在图书馆学研究中,无论是整体上的建设,理论的开拓,还是这门学科新的生长点的出现,以及新的研究方向和有意义的研究课题的产生,都与"三区"有极为密切的关系,都是图书馆学研究的组成内容。

图书馆学研究方法的含义

人类在探索未知世界的时候,总要运用一定的研究方法。例如,天文学家为了探知天体变化和发展的规律性,需要运用观测比较的方法,物理学需要运用实验、数学等方法,同样,图书馆学研究者要想获得自身研究的成功,也必须要掌握和运用图书馆学的研究方法。正如毛泽东同志所讲,方法就如同过河的"桥"和"船"一样重要。

在西方,method(方法)一词起源于希腊文,意为沿着正确的道路前进。人们做任何事情,都希望比较快,比较顺利地进行,这就要采取相应的步骤,手段和方法,以期达到预定的目的。诚然,科学研究是人们向未知领域进行探索的过程,是一种创造性的活动,因而具有许多偶然性。但是,任何偶然性都是受必然性支配的,都是必然性的表现。人们透过这种偶然性完全有可能认识它的必然规律性。科学的研究告诉我们,科学的发展是有规律的;逻辑学的研究也表明,人的思维也是有规律可循的;通过对科学史的考察我们又发现,科学家的探索活动也具有某种共同的特点。因而,我们完全可以运用辩证唯物主义认识论、科学史、科学学、逻辑学、心理学、数学以及信息科学等学科的综合研究成果,总结,概括、提炼出科学家在向未知领域进行探索的过程中所采取的成功的步骤、手段和方法。这种向未知领域探索而采取的有效步骤、手段和方式,我们就把它称作科学研究方法。

科学研究方法是任何一个科学领域中的行为方式,是用来达到某种目的的手段之总和。据此,可以认为,图书馆学研究方法就是图书馆学研究过程中科学行为方式及手段的总和,是图书馆学研究中的一般性方法以及具有一般化趋势的方法。

图书馆学研究方法的确立,是根据图书馆学研究的实际出发,从众多的特殊研究方法中概括和抽象出来,参考社会科学和自然科学通用的方法论内容并在哲学方法总的指导下形成的。因此,它必将对整个图书馆学的研究起到很大的促进作用。尤其值得注意的是,在现代图书馆学体系中,图书馆学方法论作为关于研究方法的系统理论正在形成并取得相对独立的发展,其地位和作用日益为人们所重视。它的研究与进展,无疑会较大地影响整个图书馆学的发展。

图书馆学研究方法的层次

就科学研究方法的层次来说,一般可分为三级。上面一级是哲学方法,它普遍适用于自然科学,社会科学和思维科学领域,如一切从实际出发的方法,矛盾分析的方法,质变量变的方法,实践方法等等,可以说这是具有最一般意义的思想方法。下面一级是各门科学中的一些特殊的研究方法,即各门科学中解决具体问题时所采用的方法。而中间一级,则是一般科学研究方法,这一层次上的方法,既没有哲学方法那种最普遍的意义,又没有各门科学中的特殊方法那么具体,而是相当一些门类的科学所共有的一般性方法。如社会科学研究方法,自然科学研究方法等。

一门具体学科的研究方法,就科学方法的层次来看,应是界于一般科学研究方法和各学科的特殊方法之间,并在总的哲学方法指导之下的方法。因此,我们不妨把科学研究方法的层次由三级变为四级,即哲学方法、各门科学的一般研究方法,具体科学的一般研究方法、具体科学的特殊研究方法(如图8-1)。

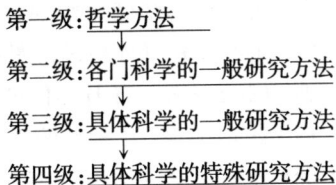

第一级:哲学方法

第二级:各门科学的一般研究方法

第三级:具体科学的一般研究方法

第四级:具体科学的特殊研究方法

图8-1

有了这个科学方法的层次作为依据,图书馆学研究方法在整个科学研究方法中所处的地位就非常清楚了。该图告诉我们,图书馆学研究方法具有自身的特点,它不仅可以从本身与哲学方法以及图书馆学研究的特殊方法的区别和联系中表现出来,而且还可以从它与社会科学研究方法以及自然科学研究方法的区别和联系中反映出来。图书馆学研究方法的特点及其独立性决定了必须把它作为单独的一个课题来进行研究。

学习图书馆学研究方法的意义

我们可以把图书馆学研究方法看作是一种以理论思维形态表现出来的认识工具和行动工具,依藉它,认识图书馆活动的诸现象,指导图书馆的工作实践,发展图书馆学的理论研究。对于研究工作来说,图书馆学研究方法可以为研究者提供"战略"与"战术"上的指导,帮助研究者改进自己的思想方法和工作方法,为图书馆学研究工作提供启发和借鉴,缩短研究者自己盲目摸索的阶段,相对延长他们的创造性年华。因而,它在培养新型图书馆学研究人才,促进图书馆学发展方面具有特殊的意义。

首先,学习图书馆学研究方法,可以调整和完善研究者的智能结构,激活思维、增强适应能力。由于当代科学技术的发展,知识猛增和知识更新周期缩短,因而,教育的职责就不应是仅仅传授知识,还应注意传授方法,训练思维。否则,就必然造成学生的智能的缺陷。这样培养出来的学生,有可能是"学问"满腹,但局限于已有的知识,只会模仿,只能解决同类问题而难以创新;也有可能一旦面临实际工作,就会手足无措,"问以经济策、茫如坠烟雾"。既不能融会贯通,又不能独辟蹊径,况且学校传授给学生的知识再多,也不可能满足他将来工作的需要。有人估计在人的一生中,大学阶段只能获得需用知识的10%左右,而其余90%的知识都要在毕业后的工作中不断学习,逐步取得。因此,在现代科学技术的背景下,我们必须注意方法的传授和学习,只有这样,才能在向未知领域的探索中有更强的适应性、主动性和创造性,才能不受时空的局限,对已有知识进行组合扩展,才能在图书馆学的研究中获得成功。诺贝尔奖金的获得者大多都同意这样一个观点:他们在学徒期间最重要的并不是从他们的导师那里获得实际知识。有些人甚至认为,从科学文献上关于情报和知识的有限意义上来说,那些集中研究某一问题的学生有时比他们的导师"懂得更多"。他们认为最重要的是学习导师的方法,看导师怎样活动,怎样思考,怎样对待事物,从中学到一种思考方式,学到真正能够解决问题的思想方法和工作方法。

其次,学习图书馆学的研究方法,可以开阔研究者的思路,提高思维效率,加速图书馆学研究的进程。佛兰西斯·培根在谈到方法对科学研究的作用时,将它比作在黑暗中照亮旅客道路的灯笼,比作路标,离开了它就会迷失方向。在图书馆学研究中,由于这一专业领域的局限,人们的思维往往会被束缚在一个狭小的天地里,而图书馆学研究方法吸收了许多其他科学的内容,恰好能给人们常常造成的思想堵塞以意想不到的冲击,从而打开研究者的思路,开阔研究者的眼界,借鉴历史的和其他学科的经验教训,获得全新的启迪,"免得走无穷无尽的弯路,并节省在错误方向下浪费掉的无法计算的时间和劳动。"①使自己的研究工作做得更快些,更好些。

同时,学习图书馆学的研究方法,可以指导研究者自觉运用和创立新的研究方法,提高创新能力,为图书馆学的发展作出更大的贡献。科学的历史曾一再证明,科学方法上的创新往往会带来科学理论和知识的重大突破;一些科学家之所以在科学上取得重大成就,一个重要的原因就是在科学方法上有所创造。俄国生理学家巴甫洛夫曾这样讲过:"科学的跃进往往取决于研究方法上的成就,研究方法每前进一步,我们也仿佛随之升高一层,从那高处,我们就可以望见广阔的远景,望见许多先前望不见的事物。因此,我们头等重要的任务乃是制定研究方法。"②拉普拉斯也说:"认识一位天才的研究方法,对于科学的进步……并不比发现本身更少用处。科学的研究方法经常是极有兴趣的部分。"③从这个意义上说,图书馆学研究方法的确立与研究就具有更重要的意义。这是因为,一方面,就图书馆学本身的理论体系来说就相当不够成熟和完善;另一方面,在我国,图书馆学方法论体系还没有真正确立起来。同时,即使是已有的那些研究方法,随着现代科学技术的发展,也面临着更新和突破。因而,我们说,对图书馆学研究方法的探讨和研究,实际上又是图书馆学现代化的一个重要步骤。

第二节　图书馆学研究的一般程序

进行图书馆学研究,应该从哪里起步？要经历哪些步骤和环

---

① 恩格斯:《自然辩证法》,人民出版社,1971年,第12页。
② 《巴甫洛夫选集》,科学出版社,1955年,49页。
③ 拉普拉斯:《宇宙体系论》,上海译文出版社,1979年,第445页。

节,各个步骤和环节在整个研究过程中的地位和作用,以及所采取的研究方法的特点、形式和功能又是怎样的? 在这一节中我们将要回答这些问题。

课题的选择和确定

从事科学研究,应从哪里开始着手呢? 这是首先要解决的问题。然而,目前学术界对此尚无一致的意见。有人沿袭了十五世纪文艺复兴时期的科学巨人列奥那多·达·芬奇的提法:"科学研究开始于观察";有人认为科学研究开始于继承(学习);还有人认为科学研究开始于怀疑等等。而当代著名科学哲学家卡尔·波普尔提出:"科学只能发端于问题,""富有成果的科学家一般从问题开始。"我们认为,波普尔的观点是富有启发性的。

历史上的科学早已告诉我们:创造并不是学习的必然结果。观察、继承或机遇亦不能当然地导致科学发现,而问题的有无的确是本质的因素。怀疑与问题有些接近,因为任何科学问题的提出,都必须仰仗研究者大胆的怀疑。怀疑的本意是寻求、研究,"是反复游移于二者之间的状态。"①怀疑的基本思想就是不承认任何最终的绝对真理,反对形而上学的僵化,否定对任何理论的迷信和对权威的信奉。然而,怀疑仅仅是先导,光怀疑不提出问题,是无法着手进行研究的。所以,在怀疑的基础上,大胆地提出问题,这才是科学研究的起点。爱因斯坦说,"提出一个问题往往比解决一个问题更重要,因为解决一个问题也许仅仅是一个数学上或实验上的技能而已,而提出问题,新的可能性,从新的角度去看旧的问题,却需要有创造性的想象力,而且标志着科学的真正进步。"②

图书馆学的问题是十分广泛复杂多样的。因而,要发现图书

---

① 黑格尔:《哲学史讲演录》第三卷,商务印书馆,1959 年,第120 页。

② 《爱因斯坦文集》第一卷,商务印书馆,1976 年。

馆学的问题,又必须考虑这些问题的来源。归纳起来,图书馆学问题的来源有以下三个方面。

一是从实践需要的角度去考虑问题。例如,随着传统图书馆向现代图书馆的迈进,我国图书馆事业的发展战略和发展道路就成了关键性的问题,如何发挥图书馆整体社会效应,如何建设一个能基本适应四化建设需要的文献保障体系和传递报道体系?进而,要实现图书情报工作的计算机网络化,在宏观上应如何规划设计,实现投资少,见效快、适合国情,需要注意什么问题? 等等,都是图书馆事业发展的实践给我们提出的问题。

二是从理论需要的角度去考虑问题。我们知道,任何科学理论都是绝对真理和相对真理的辩证统一。图书馆学的理论当然也不能例外。就现有的图书馆学的各种理论来看,虽然它们总是试图解释某个领域的一切现象,但它毕竟是一定时代的人在特定条件下建立的,不可能穷尽一切现象。随着人们认识的深化,发现了图书馆活动中许多新的现象,而原有的理论无法解释时,就会提出新的研究课题。

三是从美的角度去考虑问题。这是往往被人们忽视的一个方面,但实际上又确是可以产生问题的一个方面。美国著名科学史家托马斯·库恩曾根据科学史实,论述了科学革命中美的考虑的重要性。他指出,在新的科学规范代替老规范时,"新理论被说成比旧理论'更美','更适当'或者'更简单。'"在新理论的建立中,"美的考虑的重要性有时可以是决定性的。"①对美的追求,不仅是艺术家的创造动机,图书馆学研究者也应该予以认真的考虑。例如对图书馆的建筑与设备的研究,除了要考虑它的实用、经济、操作和制造方便之外,还要考虑它的结构、外形的美;甚至就连阅览室内的布置,近来也有人对色彩进行研究,这就提出了研究图书馆

---

① T. 库恩:《科学革命的结构》,上海科学技术出版社,1980年,第129页。

活动中的一系列美学标准问题。此外,在研究图书馆学的理论问题时,对它的简单性、统一性、和谐性、对称性等问题的探讨,也属于从美的角度考虑问题。

值得注意的是,即使是在以上三个问题来源中去选择和确立课题,仍然要遵循一定的原则。有价值和有可能就是选择图书馆学研究课题的两个基本原则。价值包括科学价值和实用价值,而价值本身又是相对的。有些研究课题虽然在提出时是有价值的,但随着时间的推移就会逐渐完成其历史使命,甚至很快被淹没了;相反,有些课题提出时似乎是没有意义的,但由于科学上的新发现,其价值却与日俱增。在注意有价值的同时,还要考虑到有可能,有办法完成。研究者要充分估量自身的能力,要看到社会上是否可以提供相应的条件等等。如果自己有能力,社会上条件又许可,则这个课题就是可行的。还应注意的是,适当的课题应是研究者尽最大努力所能完成的。

那么,在现代科学技术背景和社会条件下,图书馆学研究领域内有哪些课题具备了既有价值又有可能的条件呢?可以认为至少有这样几个方面:(1)与发展国民经济关系密切的课题。这类课题的现实意义是明显的,最容易得到各方面的支持,因而可能性是大的。(2)图书馆学研究领域中的荒区上的课题。这类课题具有一定难度,但只要成功,就开拓一块新领域。(3)图书馆学与其他学科结合点上的课题,这类课题以前不曾被人重视,只要具备多学科的知识,很容易出成果。(4)促进或变更现有图书馆服务方式,使之产生一定的质的跃升的课题等等。总之,要根据自己的情况,不能凭一时的兴趣,更不能为了赶时髦。

在图书馆学研究中,如何选择一个合适的课题,本身就是一个课题。它不仅需要研究者对图书馆学的历史和现状,以及图书馆活动的各个环节与组成部分有较为清楚的了解,需要研究者富有创造力和深刻的洞察力,还需要有"看出一个可以用你自己的力量解决的成熟问题的那种才能,这个问题大至足以使你竭尽全力,而且值得为之花费力量。"①在整个科学发展史上,那些成绩卓著的佼佼者,其成就无不都在于选择了合适的研究课题,他们有"发现什么是值得研究的东西的窍门。"②

情报的搜集和整理

确定了研究课题之后,就要围绕着课题广泛地搜集情报资料,以及各种文献材料和科学事实。这一阶段无论就其意义而言,还是就其劳动量而言,在研究活动中都占有重要的地位。苏联有人曾对六十年代末一系列城市的研究情况做了调查,结果表明,仅查找和阅读文献一项,就占博士整个研究时间的 36.4%,副博士占 38.6%,一般研究人员花的时间则更多。这种情况告诉我们,在搜集和整理情报的过程中,掌握科学的方法是十分重要的。

在图书馆学研究中,进行情报的搜集和整理大致可分为二步。

一是图书馆学专业书刊文献的检索。

牛顿说过,他是站在巨人的肩上做出他的科学成就的。因而,我们在图书馆学研究中,首先就是要了解前人和同代人的研究成果,即要查阅图书馆学专业的书刊文献。一般说来,针对图书馆学某一研究课题进行文献检索,可以从三条渠道展开:首先是检索工具的查阅。图书馆学的检索工具(包括书目、索引、文摘等)已多有出版,如《图书馆学论文索引》(李钟履编,商务印书馆出版)、《图书馆学文摘》(中国图书馆学会、山西图书馆学会合编)、《图书馆学、情报学、档案学论著目录》(华东师大图书馆学系编,上海人

---

① 哈里特·朱特曼:《科学界的精英——美国诺贝尔奖金获得者》,商务印书馆,1979 年,第 177 页。

② 哈里特·朱特曼:《科学界的精英——美国诺贝尔奖金获得者》,商务印书馆,1979 年,第 177 页。

民出版社出版)、《图书情报档案资料索引》(兰州大学图书馆编)等等,以及《全国总书目》、《全国新书目》和《全国报刊索引》等检索刊物。在这些检索工具中,为我们提供了诸多的相关文献线索,据此可找到原文。其次是馆藏目录的查找,从分类、书名、著者、主题目录中检寻与研究课题有关的材料。第三是引文索引的追溯,从文后的参考文献中来发现此一课题的来龙去脉和分析前人研究的逻辑思路。

情报资料搜集过程中,切忌封闭式的方法。善于从相关学科中寻检情报,以开拓思路,借鉴方法,引进新理论。为此,平时必须注意积累资料。

二是有关情报内容的分析。

通过检索,找到了有关的文献资料之后,就要着手对其内容进行分析。分析文献应本着先新后旧,先简后繁,先国内后国外,先基础后应用,先图书后论文等原则进行,这是一个节省劳动和时间的程序。文献的分析不是机械地吸收情报,而是有目的而又积极地去创造性地掌握情报的过程。尤其是要有选择,确定精读、泛读、一般浏览、干脆不看等几类。此外,文献的分析要放开眼界,注意与早先所掌握的知识加以对比,还要有学术上的诚实和追求真理的志向,决不能回避和隐瞒与自己的观点相矛盾的事实与论据。

问题的考察和验证

分析了文献以后,研究者可能还有许多疑问,甚至可能又发现了不少新的问题,于是就应该带着这些疑难和问题,对有关情况进一步进行考察和验证。这种考察验证的方式一般有两种。

(1)学术交往。即与同事,同行以及"异军"之间的学术往来。这种学术交往的形式是多种多样的,诸如,同事间的交谈,同行间的书信联系,各种类型的科学讨论会,讲习班,报告会等。统计表明,研究者所获得的情报来自同事、朋友间的个人交往不少于四分之一。例如,有人曾对美国500名化学家、物理学家和生物学家进行利用情报的情况调查,结果表明,有8—12%的人利用馆藏目录,3—12%的人采用图书馆人员和文献工作者提供的建议,9—23%的人利用专业题录索引,52—72%的科学工作者与同事交往是一种情报来源,而18—95%的研究者与同行的书信交往也是一种情报来源。科学家的实践活动证明,积极听取各方面的意见对研究工作促进极大,有时甚至一个外行也可能提出有益的建议。

(2)实际调查。调查原属社会学的一种方法,目前已被各种研究活动所广泛应用。毛泽东同志曾明确指出:"只有感觉的材料十分丰富(不是零碎不全)和合于实际(不是错觉),才能根据这样的材料选出正确的概念和理论来。"[①]图书馆学研究中的实际调查,就是运用科学的方法,有目的有系统地向图书馆实际活动搜集原始资料的过程。实际调查可以从不同角度以不同方式进行:从组织形式上分有统计报表和专门调查;从调查范围上分有全面调查和非全面调查;从时间的连续性上分有经常性调查和一次性调查;从调查方法上分有典型调查和抽样调查等。调查之前要拟定调查提纲和调查表,提纲要规定调查的内容,要尽量少而精,不必要和不可能得到答案的项目就不必列入,项目亦应注意含义明确,要避免重复。列表则是将所有调查项目,以精练的标题,清晰的排列组织起来形成表格的过程。

通过交往和调查等考察方式,我们可以将与研究课题有关的科学事实及其它疑问进行全面验证,从而获得更为确切的论据资料,为图书馆学课题研究的成功奠定基础。

理论的形成和发展

在掌握了一定的情报之后,就要根据已有的科学原理、科学事

---

① 《毛泽东选集》第一卷,第267页。

实,经过一系列的思维加工,对所要解决的图书馆学问题作出假定性的说明。经过逻辑论证和实践检验,完全不符合科学事实的假说要淘汰,部分符合的要修改、补充、发展和完善,没有逻辑矛盾且符合科学事实的假说方可过渡为科学理论。一般说来,科学的图书馆学理论,应该是能够解释和说明图书馆活动中的有关现象的本质和规律,并且具有客观真理性、全面系统性、逻辑严密性的知识体系。这中间,客观真理的含义是指图书馆学理论所反映的必须是不以人的主观意志为转移的、图书馆活动中的客观规律,应包括有绝对真理的成分。全面系统性是指,图书馆学理论中所包含的各个规定性不应该是彼此隔离的,不是简单的叠加,而是按照图书馆活动中的内在联系构成的有机整体。逻辑严密性则是指,图书馆学理论必须以恰当的表述方法准确地表达其观点,同时,还要有明确的概念,恰当的判断,正确的推理以及严密的逻辑证明。

但是,随着人们实践的深入和认识水平的提高,或者发现了现有图书馆学理论与图书馆实践活动的矛盾,或者揭露了图书馆学理论自身的矛盾,这样,就需要限定原有的理论,提出新的假说,建立新的理论。值得注意的是,任何新的科学理论,都必须满足以下三个条件:第一,新理论一定要能够说明旧理论已经说明的原有现象;第二,新理论一定要能够说明旧理论所不能说明的新的现象;第三,新理论要能够预见现在还没有发现但通过科学实践一定能够发现的现象。

在图书馆学理论发展的过程中,既可能是连续的进化,又可能是突发的革命。强调渐进而否认革命,或强调革命而否认渐进,都是不全面的。

第三节　图书馆学研究方法概述

前一节讲到的图书馆学研究的一般程序,是解决图书馆学研究的起点、步骤问题,是个战略性问题。有关图书馆学研究的各种方法及其运用,则是属于图书馆学研究中的战术性问题。本节的任务就是概要介绍图书馆学研究中可以运用的各种一般性方法。

历史的方法

所谓历史的方法,是按客观对象的自然进程、历史演变来描述和分析对象,即运用历史唯物主义的观点,对图书馆事业和图书馆发展历史中的人物、事件、成果进行科学的分析评价的基本方法。

运用历史的方法研究图书馆学,其基本任务就在于:系统地考察图书馆活动及图书馆学发展的历史,认真总结在其发展过程中的历史经验,探求摸索科学的发展规律,以促进图书馆学的进一步发展。

对图书馆活动和图书馆学进行历史考察,一般有三个出发点:

一是全面研究,即对图书馆活动或图书馆学从它诞生到现在的全面的历史考察。通常包括图书馆事业史、图书馆学史,图书馆学思想史等等。对于全面研究的要求是,史料全面,实事求是;考镜源流、揭示沿革;总结经验,找出规律。

二是阶段研究,即对图书馆活动或图书馆学发展中的某个历史时期的研究。它的内容主要涉及如分期问题,各个历史时期的概貌和特点等等。对于阶段研究的要求是,素材集中,分期明确;联系历史背景,抓住时代特色。

三是具体问题研究,即对图书馆活动或图书馆学历史发展中的某一具体现象、事件、人物、著作的研究。具体问题研究所包括的内容方方面面,其要求是,史料具体准确,通过分析比较,作出恰当评价。

运用历史方法研究图书馆学,往往涉及对图书馆活动或图书馆学历史发展过程中的一些现象,人物,事件以及成果的评价问题。对此,一定要把握住这样几点。第一,评价人物时,要看到他的多面性和复杂性,简单地一齐骂倒,一笔抹杀或大肆歌颂,显然都是不公正的。第二,评价事件时,一方面要把事件放回原来的历史环境中,另一方面则应注意事件的动机与效果的统一,这样可以防止认识上的片面性。第三,评价成果时,主要要看它当时的科学价值,看当时的影响,看对人类科学技术的发展是否有促进作用。

图书馆活动的发展是时起时伏,时兴时衰,波浪式前进的。因此,我们在运用历史方法对其进行研究时,不能仅仅以研究其历史发展概貌为目的,还应尤为注意对其规律性的研究,即做到历史和逻辑的统一。作为一门学科的理论,它的发展要表现为一种系统的逻辑体系;作为一个事物,它的发展也必然要反映由低级向高级演进的内在逻辑过程。而作为一事物本身,它的客观发展过程,乃是这一事物发展的历史过程。我们所要注意的,就是这种事物发展中的历史过程与逻辑过程的统一,逻辑的和历史的统一,不是机械的统一,而是在总的发展趋势上大体一致。逻辑的东西不是对历史的机械反映,而是对其本质的规律性的反映,它撇开历史过程中迂回曲折的细节、大量次要的偶然因素,而在纯粹形态上把握事物的内在必然性。恩格斯说:"历史从哪里开始,思想进程也应从哪里开始,而思想进程的进一步发展不过是历史过程在抽象的、理论上前后一贯的形式上的反映;这种反映是经过修正的,这时,每一个要素可以在它完全成熟而具有典范形式的发展点上加以考察。"①这段话全面地揭示了历史和逻辑的辩证统一关系,要求我

---

① 《马克思恩格斯选集》第三卷,第122页。

们在运用历史方法进行图书馆学研究时,不仅要注意历史过程的研究,还应注意逻辑过程即规律性的研究。只有这样,才能使我们对所研究的问题的实质有更深刻的理解。

逻辑的方法

任何科学研究工作,都必须遵守思维的规律,使思维过程合乎逻辑。如果认识只局限于经验材料的收集,不善于理论思维,就不能成为科学。"科学就在于用理性方法去整理感性材料。"①这里所说的理性方法,就是思维的逻辑方法。

"任何科学都是应用逻辑,"②图书馆学当然不能例外。这是因为图书馆学研究同样要以概念的形式来把握自己的对象,通过对于认识结果和新的科学事实来进行概括,形成概念,作出判断,进行推理等一系列逻辑思维方式,构成自己独特的科学体系,以巩固已经取得的研究成果。由此可见,逻辑方法对于发展图书馆学研究具有十分重要的意义。

逻辑方法的内容十分丰富,它包括比较、分类、类比、归纳和演绎、分析和综合、证明和反驳等一系列思维方法。我们这里只着重介绍比较、分类和类比这三种方法。

什么是比较方法?简言之,就是在同中求异,在异中找同;即确定对象之间差异点和共同点的逻辑方法。由于图书馆活动中的诸现象都是互相联系的,因此,我们在进行图书馆学研究的时候,首先就要对所研究的问题进行比较,"有比较才能鉴别",否则,分不出事物的相同之点和相异之点,就根本谈不上对事物有所认识。比较方法正是我们对图书馆学问题进行思考和认识过程中用的确定某事物同异关系的一种科学方法。

---

① 《马克思恩格斯全集》第二卷,第 163 页。
② 《列宁全集》第 38 卷,第 216 页。

事物之间的差异性和同一性,是比较方法的客观基础。无论是在空间上同时并存的事物之间,还是在时间上先后相随的事物之间,都存在着差异性和同一性。因此,比较方法包括空间上的比较和时间上的比较。这两种比较方法,我们通常又称之为横向比较和纵向比较。所谓横向(空间上的)比较,即在既定形态上的比较。是指在一定时期内,某类事物在不同地区,不同环境,不同条件下的比较。在图书馆学研究中有如:(1)不同国家、不同地区的图书馆的比较;(2)不同文化程度的图书馆的比较;(3)不同图书馆的具体工作事例的比较等等。这种比较的作用在于使我们区分或证认各种不同事物。所谓纵向(时间上的)比较,即在历史形态上的比较,是指某一事物的发展过程中出现的各种情况的比较。例如,杜威的《十进分类法》从产生到现在,已经修订了十九版。我们把每次修订的内容以及当时科学技术发展状况对于图书馆的要求和影响拿出来比较,就可以从中摸索出一些分类法的发展规律,从而推出其发展方向。当然,我们在运用比较方法对于某一课题进行研究时,决不应该仅仅是横向的或仅仅是纵向的比较,而是应该把二者有机地结合为一体。也就是说,既从历史的角度看,又从现实的角度看,这样,才能做到鸟瞰全貌,触类旁通,从中探索出规律性的东西来。

在图书馆学研究中,要正确地运用比较的方法,还必须遵循形式逻辑提供的一些基本原则。首先,比较的对象在现实中必须有某种联系,即比较的双方必须同时置于一定的领域、范畴,并有着相同的属性。其次,比较必须在同一关系下进行,即比较内容要一致。第三,要就对象的实质方面去比较,即要去粗取精。第四,比较的标准应求全面,即要比较穷尽。

值得说明的一个问题是,图书馆学研究中的比较方法与比较图书馆学(comparative Librarianship)是两个概念。前者是一种科学研究方法;后者是图书馆学的一个分支学科的名称。二者之间的联系是,它们都从比较的角度去认识问题。二者之间的区别是,前者在应用时不受任何时空的限制,而后者,由于约定俗成的历史原因,它所涉及的比较只能是国际间的比较。

下面谈谈分类的方法——

分类是一种认识和区分客观事物的方法,它研究客观事物运动形式的区别和联系。

物质的统一性和多样性构成了客观世界,世界万物在其自身的运动发展过程中形成了与其他事物之间的质和量的差异,这种差异是客观存在的。分类方法就是从客观世界的历史发展和物质在发展过程中所形成的质的差异角度去区分世界万物,认识客观世界的多样性,并根据事物的同和异把事物集合成类,起到类聚同族的作用。在图书馆学研究中,分类的方法确实是我们需要经常运用的一种逻辑方法,也是我们在进行研究时所必须具备的一种思维方法。具体地说,图书馆学研究中的分类方法,就是根据图书馆学研究所涉及的诸现象、诸问题的共同点和差异点,将其区分为不同种类的逻辑方法。

图书馆活动现象的复杂化,使分类在图书馆学研究中具有重要的作用。首先,它可以使大量繁杂的图书馆活动现象条理化、系统化,从而为进一步的研究创造条件。分类的基本思想就是逻辑学中讲到的种差和属差的概念。在图书馆学研究活动中,无论是对图书分类的研究,还是对其他图书馆学问题的研究,没有种的概念都是不可想象的。恩格斯说得好:"没有种的概念,整个科学都没有了,科学的一切部门都需要种的概念作为基础……。"①我们在图书馆学研究中应用分类方法的目的,就在于通过分类去建立图书馆活动中诸事物之间的联系,从而使其成为一个有系统、有规律的有序整体。其次,由于科学的分类系统能够正确地反映图书

---

① 恩格斯:《自然辩证法》,人民出版社,1971年,第198—199页。

馆活动内部规律性的联系,因而具有科学的预见性,能够成为人们寻找认识图书馆活动机理的向导。对图书馆活动的内在联系反映得越深刻、越全面,其预见性就越强。例如,我们对特定文献需求者进行不同的分类统计,就可以预见到他们到馆的频率以及对某种文献的需求程度,从而可以促使采购工作和流通工作更加完善。

接下来再谈谈类比的方法——

所谓类比,就是根据两个(或两类)对象之间在某些方面的相似或相同而推出它们在其他方面也可能相似或相同的逻辑方法。

类比也是以比较作为基础的。通过对两个(或两类)不同的对象进行比较,找出它们的相似或相同点,然后,以此为根据,把其中某一对象的有关知识或结论推移到另一对象中去,这就要作类比推理,简称为类比或类推。其公式为:

$$A \text{ 对象具有 } a、b、c、d \text{ 属性,}$$
$$\underline{B \text{ 对象具有 } a'、b'、c \text{ 属性,}}$$
$$\text{所以,B 对象可能也具有 d 属性}$$

(其中 a'、b'、c 分别与 a、b、c 相似或相同)

在图书馆学研究中,类比仍不失为是一种重要的认识方法。人们利用这种方法,把陌生的对象和熟悉的对象相对比,把未知的东西与已知的东西相对比,从而可以获得一些新的见解和认识。比如,当我们把图书馆学的学科体系与其他学科的体系相对比,就会发现,其他学科都有关于本身学科发展历史的研究,如哲学史、文学史、数学史、物理史等等,而唯有图书馆学尚无一本关于学科思想发展的专门著作,这种情况就会促使我们想到,有关图书馆学史的问题,有可能成为图书馆学研究的一个重要方面。由此可见,类比方法具有启发思路,提供线索,举一反三,触类旁通的作用。特别是每当理智缺乏可靠论证的思路时,类比这个方法往往能够指引我们前进。

类比方法虽然在图书馆学研究中有着十分可贵的作用,但必须看到,这种方法又有一定的局限性,由类比所得的结论不一定都是可靠的。其原因在于:首先,类比的客观基础限制了类比结论的可靠性。事物之间的同一性和差异性是类比推理的客观基础,同一性提供了类比的根据,而差异性则限制了类比的结论。任何相似的两个对象之间,总有一定的差异性,根据相似属性(或共同属性)进行类比时,推出的属性如果正好是它们的差异性,类比的结论就会发生错误。然而,这在类比推理中仍然是合乎逻辑的。其次,类比的逻辑根据是不充分的。类比是从对象之间某些相似属性(或共有属性)为根据的,但是,从两个对象之间在某些属性方面的相似或相同,并不能得出它们在其它属性方面也必然相似或相同的结论。因为相似属性与推出属性之间不一定有必然的联系,而类比推理是允许在不知道它们之间是否有必然联系的前提下来进行的。因此,同样是用类比推理所得出的结论,有的可能是对的,有的可能是错的,有的可靠程度大一些,有的可靠程度就小一些。

鉴于类比方法的作用及其局限性,我们在图书馆学研究中运用这种方法时,应注意以下两个问题。第一,积累有关图书馆活动的丰富知识,是在图书馆学研究中运用类比方法的必要条件。类比方法的运用是以已有的知识为基础的。因此,一般说来,对于图书馆活动方面的知识积累得越丰富,越广博,在这样恰当的类比对象时,就越能够左右逢源,运用自如。否则,缺乏必备的图书馆学知识而勉强运用类比方法,就容易作出牵强附会的推论。第二,运用正确的哲学思想作理论指导,是在图书馆学研究中提高类比结论可靠程度的有力保证。类比的可靠程度,取决于相似属性(或共有属性)和推出属性之间的相关程度。二者相关的程度越高,结论的可靠程度就越大,反之,就越小。以表面相似为根据的肤浅类比,是容易找到的,但实际上往往不说明问题,只有抓住事物的本质联系作为推理的根据,才能得到较为可靠,较为深刻的类比推论。

数学的方法

我们知道,客观存在的一切事物都是质和量的统一体。因此,科学研究方法亦可分为定性研究和定量研究二种类型,定量研究侧重于事物的量的规定性,通过对量的分析把握事物变化规律。定量研究以数学推理形式进行,结论也往往以数学表达式出现。定量研究的特有方法就是数学方法。

运用数学方法进行定量研究,一般具有逻辑推理严密,描述精确、结论较可靠,表达形式简洁的特点。科学发展史表明,当一门学科从定性的描述进入到定量的分析和计算,往往是这门学科达到比较成熟阶段的重要标志。目前,科学的数学化趋向已是科学发展的潮流,图书馆学也不例外。

图书馆学研究中运用数学方法涉及面很广,但核心是经历下列步骤:(一)以量的形式表述研究对象的特征,获取数据;(二)寻找适当的数学方式,建立模型并求解;(三)对问题的数学解作出解释,使经验的量上升为规律或度这样的表述形式。(布拉德福定律的建立和发展就是一个典型的例子)。

进入八十年代的我国图书馆学研究,数学方法的运用已出现大幅度上升的趋势。最常见的应用有调查或实验结果的分析处理,图书馆管理的各种决策研究,有关自动化和电子计算机应用的课题,等等。出现了文献计量学、图书馆统计学、图书馆计量管理这样一些以数学为其主要方法的新领域。种种迹象表明图书馆学的方法论结构正在发生着质的改组,数学将成为图书馆学研究的不可缺少的方法论工具。

应用数学方法去进行图书馆学研究,首要的问题是建立数学模型,即抽取某个图书馆学研究课题的各个因素的量并建立各个量之间的关系的抽象模型。从复杂的研究对象中抽象出数学模型,显然是创造性的思维过程,但却没有固定的逻辑通道。一般说来,可有以下几个步骤。首先,要分析研究对象的诸因素,针对研究对象的特点确定用来描述其状态、特征和变化规律的基本量以及量的类型。然后,要根据所研究问题要求的精度进行必要的化简、抽象,抓住问题的主要因素,适当地略去一些次要因素。第三步,分析找出诸量中的常量、变量、已知量、未知量,分析各量的特点及其相互之间的关系。最后,对问题做进一步简化,根据有关理论建立相应的数学模型。如必然现象可以抽象为精确性数学模型,或然现象可以抽象为统计性数学模型,模糊现象可以抽象为模糊性数学模型,突变现象可以抽象为突变性数学模型。还应该注意的是,所建立的数学模型不能太难,也不能太简单,要依实际情况而定。太难了,参量太多,关系太复杂,无从解决;太简单了,舍去太多,关系太简化,误差太大,就丧失了"合理内核",又不适用。

在图书馆学研究中应用数学方法,其意义是十分明显的。

首先,数学方法可以为图书馆学研究提供抽象简洁的形式化语言。在图书馆学研究中,问题的陈述,推理的过程以及定量的计算,一旦运用了数学方法,就可以只抽取问题的空间形式和数量关系,并以符号,图形,图表,公式等一套形式化的数学语言来描述量、量的关系,量的变化以及量之间进行推导和演算,从而就可以大大简化和加速思维的进程,如果不用数学方法所提供的形式化语言,只靠日常的自然用语,可能对一些简单的图书馆活动现象还可以说清楚,但对复杂的现象及其内在联系就难以描述了。

其次,数学方法可以为图书馆学研究提供数量分析和计算方法。数学以研究客观事物的量出发,到今天已经形成了一整套数学分析方法和计算方法。在图书馆学研究中运用这些方法,可以使许多表面化的问题不断走向深入,从而促使新的成果的诞生以及整个图书馆学的发展。

第三,数学方法可以为图书馆学研究提供严密的推理工具。

一般说来，数学的命题、定理、公式都要严格地从逻辑上加以证明以后才能被确立，其推理过程必须严格地遵守形式逻辑的基本法则。我们在图书馆学研究中提出的假说，确立的定律以及建立的理论，一当借助数学方法，就可以保证其具有逻辑的可靠性。一个理论体系内部，如果不保证前后一贯的逻辑严密性，这个理论就是站不住脚的。

第四，数学方法可以为图书馆学研究提供经济、迅速、简单和容易控制的实验。电子计算机在图书馆的应用，提出了一系列实验性课题，如文献信息的代码化和标准化问题，计算机系统的管理和评价问题等。这些问题从实验模型的原始设计到最后定型，中间有很多复杂的环节，只有运用数学方法，才能克服这类实验性课题中的困难，使之得以迅速解决。

考察当前图书馆学研究中应用数学方法的倾向性问题，我们认为有几点值得注意：第一，仅仅描述了事物的量，不能通过数学推理使之上升为规律或度，还只是经验描述，不是数学方法；第二，不是从实践中提炼模型以解决实际问题，用数学讨论取代图书馆学研究，也是忽视了数学的方法论意义；第三，由于图书馆学问题中可以计量的特征往往是抽象化程度较低的特征，即使分析过程无误，由这种特征得到的规律仍是趋势规律，结论不能绝对化。尤其是运用概率论和数理统计研究随机现象，更要充分注意这点。

"三论"的方法

本世纪四十年代，先后崛起了三门引人注目的学科，即系统论、控制论和信息论。人们把这三门学科称为横断学科。这些横断学科与其它学科不同，它们不是以客观世界的某种物质结构及其运动的形式为对象的，而是以多种物质结构及其运动形式中的某一个特定的共同方面为研究对象，因而它们的研究领域十分宽广，它们所研究的共性超出了过去所熟知的一些科学领域，它们的对象是横向伸展到客观现实的一切领域或许多领域里去的。"三论"不仅本身具有科学整体化的特征,而且都具有方法论的意义,对于研究和揭示对象的复杂性和组织性开辟了一条全新的道路,大大地改进了科学研究已有的方法论手段,对人们的思维方式产生了重大的影响。下面,我们分别介绍这三种方法及其在图书馆学研究中的作用。

一、系统方法

所谓系统,就是由一些相互作用,相互依赖和相互联系的若干部分(要素)组成的具有确定功能的有机整体。世界上的一切事物都成系统,例如自然界的生态系统,地月系统,生理上的消化系统,呼吸系统,神经系统,工业上的交通系统,电力系统,社会上的经济管理系统,教育系统等等。所以,任何对象都可以作为系统考察。

关于系统的概念,早在古代就产生了,例如亚里士多德就有过"整体大于它的各个部分的总和"的论点,但是,对于系统理论的研究,那还是二十世纪四十年代以后的事情。最早把系统作为研究对象,考察现实的系统,找出系统的共同本质,并建立系统论这门新学科的是奥地利生物学家 L. V. 贝塔朗菲。系统论是现代科学发展的必然产物,它的建立,打开了人们的思路,启示了人们从系统上考察问题,并导致了系统方法的形成。

所谓系统方法,就是把对象放在系统的形式中加以考察的一种方法。具体地说,就是以系统的观点出发,始终着重从整体与部分(要素)之间,整体与外部环境的相互联系,相互作用,相互制约的关系中综合地,精确地考察对象,以达到最佳地处理问题的一种方法。

系统方法的特点是:(1)着眼于整体,同时注意系统的环境和系统的要素。它从整体出发综合考察,以达到最佳化的目标,而不是考虑每个子系统、每一个要素都达到最佳状态。事实上,单个子系统或要素的最佳状态,并不能保证整体的最佳状态,在一个系统内,也不可能每一个子系统,每一个要素都处于最佳状态。(2)着眼于联系。它着重考察要素与要素之间、子系统与子系统之间、整体与要素之间、系统与外部环境之间的有机结合,而不是仅仅注意每个子系统,每个要素自身的情况。就是说,系统是各个部分(要素)的积分,而不是它们的简单代数和。因而,整体大于各个部分(要素)之总和。(3)着眼于有序,注重系统内的组织化程度。它遵循时间过程,空间结构以及功能的有序性、层次性、依次递阶分析,同时注意整体与层次之间的联系规律。

系统方法以整体、联系、有序考虑问题,因而具有传统方法无可比拟的优越性,在图书馆学研究中运用这种方法,无疑会起到十分重要的作用。比如,应用系统方法规划与建立全国图书——情报系统、文献检索系统;也可以把一个具体的图书馆作为一个系统,利用系统方法对其组织管理、认识研究,从而达到最优处理问题和尽力扩大图书馆的整体效能。

二、控制论方法

1948 年,美国数学家维纳发表了《控制论》一书,标志着一门崭新学科的诞生。控制论是研究各种系统的控制和调节的一般规律的科学,按照维纳的经典定义,控制论是"关于动物和机器中控制和通讯的科学"。

维纳在创立控制论这门新兴学科的同时,也创立了控制论方法。控制论方法包括极为丰富的内容,其中功能方法和反馈方法是它的主体内容。

所谓功能方法,就是通过对系统的功能和行为的考察,达到有效地处理问题的目的的一种方法。功能方法有两大特点:一是着眼于系统的功能。如我们在考察图书馆系统时,可以暂时撇开它的基本性质,只考虑它的功能。从功能的角度去研究图书馆的作用。二是着眼于系统的行为。如对图书馆系统的考察,并不考虑它的每个具体环节,而着重考虑的是它们的动作方式。也就是说,它不探索"这是什么东西?"即把对象作为"黑箱",而是研究"它做

272

什么?"这样,可以打开研究者的思路,便于从功能和行为上进行类比,并根据功能和行为相似进行模拟。

反馈原是电子学上的一个名词,意思表示在电路中把输出端能量一部分回授给输入端的过程。通过反馈后使输入信号强度增强的称为"正反馈",减弱输入信号效应的称为"负反馈"。

正是由于反馈这种特有的功能,在反馈概念被引进控制系统后,又赋予了人们新的内容。把系统输出去的信息(又称给定信息)作用于被控制对象后产生的结果(真实信息)再输送回来,并对信息的再输出发生影响的过程就叫作反馈。既然利用反馈进行调节,是控制系统迅速、正确地实现其目的的有效而重要的手段,那么,在图书馆管理过程中,反馈方法就应该得到切实的运用。图书馆管理系统中的反馈回路应该怎样形成呢? 我们认为,至少有这样两种信息来源可以作为图书馆管理系统中反馈回路的基本构成。一是读者对图书馆活动的反映、意见;二是图书馆各工作环节、工作效果的统计数据。为了进一步分析起见,我们姑且用 A 反馈和 B 反馈来分别代表这两种反馈信息现象。这样,我们就可以得到如下图示:

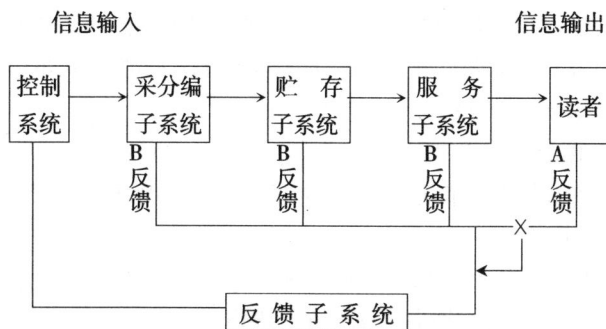

图 8-2　图书馆管理系统及反馈过程

显然,A、B 两种反馈的内容是不相同的。作为 A 反馈,一般是指读者对图书馆工作的感受、意见、建议等。这是图书馆管理系统中重要的反馈现象。读者是图书馆一系列工作的最终对象,也是检验图书馆工作质量的镜子。在长期与图书馆的接触过程中,读者对图书馆的工作效果体会最深,感受最真实,因而,他们也就最善于发现图书馆各项工作的薄弱环节。图书馆要不断适应社会发展,满足读者的需要,就要经常不断地改进工作,改进管理。而在这中间,读者的意见有着相当大的参考价值。它可以使图书馆的控制系统迅速明确存在的问题并找出改进的方向。作为 B 反馈,即是指图书馆自身工作情况的数据统计。这是图书馆管理系统中的又一个反馈现象,它是通过对图书馆各个环节的工作情况的统计,诸如藏书统计,入库统计,分类统计,借阅统计,读者统计,财产设备统计等等,一般以数字形式表现出来的信息内容。这种反馈信息反映了图书资料从收集整理到提供利用的全部过程中的实际状况,真实地揭示各个工作环节中存在的问题,并以数字形式提供给管理控制系统,作为他们不断改进工作的依据和参数。唯物辩证法告诉我们,原因产生结果,结果又构成新的原因,新的结果……。而反馈则在原因和结果之间架起了桥梁。将反馈的方法应用于图书馆管理系统,我们可以及时发现问题,纠正错误,修改指令,变换方法,从而也就可以最大限度地发挥图书馆的作用,并不断摸索出图书馆系统工作的新的规律。

三、信息方法

图书馆系统的最优化可以通过控制来实现,而控制又必须通过信息来进行。

人类对于信息的利用可以追溯到古代,但对信息理论的研究还是本世纪四十年代以后的事情。1948 年,美国贝尔电话研究所的 C. 申农发表了著名的论文《通信中的数学理论》,标志着信息论的诞生。信息论主要是研究信息的获取、变换、传输、处理等问题。随着科学的发展,在信息论,电子学、计算机科学和自动化技术等方面的基础上发展起了一门边缘学科——信息科学。信息科学的任务是研究信息的性质,研究机器、生物和人类对于各种信息的获取、变换、传输、处理、利用和控制的一般规律的科学。伴随着信息论和信息科学的诞生,信息方法也形成了。

所谓信息方法,就是运用信息的观点,把系统看作是借助于信息的获取、传递、加工、处理而实现其有目的性的运动的一种研究方法。信息方法的主要特征是:用信息概念作为分析和处理问题的基础,完全撇开对象的具体运动形态,把系统的运动过程抽象为一个信息变换过程,它不考虑系统内具体的物质状态,这就允许用不打开活体的办法,从整体出发,研究活体与外界环境之间的输入和输出的关系,也就是从信息的接收和使用的过程中研究活体的特性,因此,信息方法成为研究复杂的高级运动形态的一种崭新的有效方法。

信息方法在图书馆学研究中有着十分重要的作用。我们知道,在图书馆活动中,存在着人流(由读者组成的和由馆员组成的)、文献流,以及组织、计划、指导、协调、控制管理以达到图书馆预定目标的信息流。其中任何一个流通程发生堵塞、中断,都将造成图书馆活动的破坏和停顿。而信息流调节着人流和文献流的数量,速度,方向,目标,它可以使人和文献作有目的、有规则的活动,从而进一步揭示图书馆活动的规律性,促进图书馆学研究与图书馆发展的现代化。

移植的方法

当代科学发展具有崭新的特点:一方面,学科越来越多,越来越细,表现出科学知识高度分化和专业化的趋向;另一方面,学科之间的相互联系越来越紧密,在内容上相互渗透,趋向整体化。而科学各部分相互渗透,整体化日益扩大,是科学发展的总趋势。这种科学的整体化意味着：门类繁多的各门科学日益相互渗透，紧密地联系在一起，形成了统一完整的科学体系；各门学科共同的语言、概念和方法正在形成；一门学科所取得的成果可以迅速转移到其它学科之中，促进和带动其它学科的发展；每一门学科都是在与整个科学体系的紧密联系中向前发展的，以往单科突进的孤立发展已经很困难了；当代重大的科学技术问题和社会问题都具有高度综合性的特点，必须综合运用多种学科知识和多种技术手段才能解决；现代已经进入了如不制定考虑各门科学和各门技术相互配合的计划，所有重大课题都不能解决的时代。

当代科学发展的这种特点，要求我们必须在研究方法上采用相应的对策，移植方法就是顺应科学整体化趋向所诞生的科学研究方法。

所谓移植方法，就是将某学科领域发现的新概念、原理、技术和方法转移到另一学科领域的研究方法。由于移植方法的广泛应用，促进了大量的边缘学科和综合性学科的形成和发展，促进了大量新技术的采用，因而，它对于现代科学的发展有着十分重要的意义。

在图书馆学研究中，由于这门科学的广博性、多结构性、多分支性，以及综合性的特点日益显现出来，所以必须采取移植的方法。例如，有关计算机情报检索的研究，就必须将语言学、逻辑学、数学、计算机科学、系统论、控制论和信息论等学科的成果移植过来，才有可能获得成功。反之，如果不采用这种综合研究的方式，获取成功则相当困难。

运用移植方法进行图书馆学研究，首先要及时了解科学和技术的发展动向，注意发现其它领域的新成就与图书馆学的联系。一般说来，只要某学科的研究对象的某一方面是图书馆学的专门研究对象，就可以将那门学科的原理和方法移植到图书馆学的研究领域中。其次，在运用移植方法时还应注意，切勿强行移植，甚至生搬硬套,那是不会成功的,而且还会导致机械论和还原论的发生。

第四节　图书馆学研究的自我组织

图书馆学研究活动是一种创造性的劳动,要想获得成功,十分关键的一点就在于研究者本身的自我组织。所谓自我组织,就是研究者本人为保持工作的系统和程序而采取的综合措施。毫无疑问,自我组织的谐调、合理,是提高图书馆学研究效率,有效地向未知领域进发的重要手段。

研究者的自我修养

一个人要在未知领域里驰骋,要有效地组织自己的科研劳动,花最少的精力和时间取得最大的成果,就要不断地进行自我修养,以提高各方面的素养,适应科学发展的需要。

图书馆学研究者的自我修养是多方面的——

首先,应加强思想修养,树立明确的研究目的,培养致力于图书馆学研究的忘我精神。马克思曾说过,"科学绝不是一种自私自利的享乐,有幸能够致力于科学研究的人,首先应该拿自己的学识为人类服务。"[①]这段话对我们也是富有启发的。我国图书馆事业与发达国家比起来还较落后,图书馆学的学科体系相当不够成熟和完善。为改变这种落后的状况,发展我国图书馆事业和图书馆学研究,就要求我们每一个图书馆学研究者有为国家、为人民服务的思想。同时,每一个图书馆学研究者都要注意培养自己勇于

---

① 保尔·拉法格:《忆马克思》,《回忆马克思与恩格斯》,人民出版社,1973 年,第2 页。

探索,不辞艰辛的忘我精神。贝弗里奇说,"年轻的科学家应尽早懂得,科学研究的成果来之不易。他如想获得成功,必须具有耐力和勇气。"①

其次,应加强知识修养,培养有利于图书馆学研究的智能结构。图书馆学发展日新月异,因而对于图书馆学研究者来讲,学习是永无止境的。一方面,图书馆学研究者应不断地学习新知识,不仅是本学科的,还应包括相邻学科、工具性学科、方法性学科、历史性学科等等。尤其是要根据新的需要不断调整自己的知识结构。另一方面,图书馆学研究者还应注意培养和训练自己的观察能力、想象能力、发现能力和实际操作能力等基本能力。这是构成图书馆学研究者智力结构的基本要素。它们与知识结构的有机结合,便构成了智能结构。合理的智能结构,才能有利于图书馆学研究。

第三,不断实践,培养适应于图书馆学研究的心理气质。由于图书馆学本身的内容所致,许多刚刚涉足图书馆学领域的青年研究者往往感到枯燥和乏味,因而,从心理上培养对图书馆学研究的兴趣,这也是有效地组织自己进行图书馆学研究的重要一环。蒲丰曾说天才是毅力,歌德说天才是勤奋,叔本华说天才是忘我,而日本教育家木村久一却补充说,"天才就是入迷,""天才就是兴趣。"兴趣从何而来呢? 坚持经常地参加图书馆学研究的实践就是获得兴趣的一个有效途径。只有产生了浓厚的兴趣,发挥自己气质所长,才有可能获得成功。

研究方法和工作计划的拟定

如上所述,研究方法的好坏决定着研究的成败和研究的效率。然而,方法众多,应怎样选择,如何确立呢? 我们认为,在图书馆学研究中,应遵循以下三条原则:

---

① W. I. B. 贝弗里奇:《科学研究的艺术》,科学出版社,1979 年,第148—149 页。

1.有效性原则。所选择的方法对于解决、处理所要研究的问题是有效的,就是说运用这种方法是有可能到达目的的。这就要深入分析所研究的问题的性质,分析已有各种方法的功能,分析本课题与其它学科的联系,以及分析研究者所处的环境和现有的条件,在此基础上去选择方法。

2.可靠性原则。所选择的方法对于解决处理所要研究的问题可以达到一定精度,就是说不会因为方法而导致研究的错误,以至返工。这就要认真分析研究课题的特点,切忌生搬硬套。

3.简易性原则。所选择的方法对于解决、处理所要研究的问题是简单,容易,方便的。在保证有效性和可靠性的前提下,应尽可能地简单,找到最短线程。

事实上,所有的研究方法不会是孤立使用而都是综合使用的。这是因为,图书馆学的各种一般研究方法并不是孤立存在的,而是处在密切的联系之中。实践表明,一些著名的图书馆学研究者之所以能取得较为显著的成果,往往在于他们能够巧妙地把所需的各种方法结合起来运用。只有如此,所选择的研究方法才会显得更可靠、更简便、更有效。

确定了研究方法,接下来就要周密考虑和仔细制定工作计划。制定计划是合理,有效组织学术劳动的必要条件。它不但可以提高个人研究工作的效率,在合作项目中,亦能起到保证精确的职责划分,以及保证研究团体内部的协调和一致性的作用。编制合理的研究工作计划,要遵守下列三个基本原则:

1.具体性原则。研究工作计划在组织成分上(期限、劳动量、职责等)应该是周密详细的。应明确规定研究课题的确切表述,与他人的工作联系,各阶段研究的范围、内容、方法、技术、对象、劳动量和期限,以及研究成果的体现形式和课题的开支预算等等。

2.可行性原则。研究工作计划在执行中应该是有条件、有可能实现的。无法实现的计划是空洞的计划,机动性太大的计划则是盲目的。这就要对课题的难度、研究者的能力,以及各种环境和条件有足够充分的估计。

3. 灵活性原则。研究工作计划不是一成不变的。应根据研究工作进展的情况和出现的新问题进行适当的调整。调整要慎重、要恰到好处。一成不变往往会影响研究工作的进程。

研究计划的实施

制定了工作计划以后,研究者就要尽一切努力去实现它。在实施研究计划时要注意以下问题。

首先,要保持研究工作的有序性。毛泽东同志曾指出,"我们需要热烈而镇定的情绪,紧张而有秩序的工作。"① 研究工作井井有条,忙而不乱,这不仅可以节约研究者本人的劳动,还可以节省课题组织者和其他辅助人员的时间。反之,不按计划行事,破坏完成日期以及由此而产生的仓促行事,紧张过度和改变正常制度,将影响研究工作的质量和进程。

其次,要注意实行自我限制。如在进行文献叙述时,研究者往往难以舍去自己以顽强的劳动为代价所取得的资料,但过多的材料堆砌又会淹没主要的理论观点,甚至使研究成果失去严密性和完整性,因而这时就需要进行自我限制,对所获得资料进行取舍。再如在整理资料时可能会发现许多附带的课题,研究者如不加以限制,什么都想研究,可能一事无成。应该尽早确定自己应该研究什么、不应该研究什么,研究到什么范围,什么深度,以免背上过重的包袱。当然,在自我限制时,不应该放弃有希望的线索。

同时,要有自我批评的态度。苏联科学家恩·恩·谢苗诺夫说:"对于一个科学家来说,最困难和最主要的是必须使自己成为一个极其严格而公正的批评者,是自己的假设、试验和总结的裁判

① 毛泽东:《中国革命战争的战略问题》,《毛泽东选集》第1卷,第196~197页。

员……他必须成为一个似乎与自身作对的敌人——这既是科学家的残忍,也是科学家的伟大。"①我们的图书馆学研究,说到底也是一种创造科学产品的过程,同样需要不迁就缺点并与之斗争的精神,如果我们迁就容忍自己在研究中的错误,就必然会使研究中出现错误的几率增多。包括那些深深献身于图书馆事业的研究者有时也因缺乏自我批评的态度,从而导致某种偏见,或者丧失新事物感,甚至对一切与自己理解相反或自己暂时不理解的东西闭目塞听,这种偏见势必导致研究的失误。科学史证明,科学工作者的研究成果的可靠程度,在得到实践的验证以前,关键在于研究者的自我审判。

思考题

1.谈谈研究方法在图书馆学发展中的意义。

2.你在写作论文过程中是怎样选题、怎样收集资料的?

3.试用图书馆学研究方法去说明和解释图书馆活动中的一个问题。

参考文献

1.要重视图书馆学方法论的研究

　　刘迅　《图书馆通讯》　1981 年第 2 期

2.科学研究的艺术

·(英)W. B. 贝弗里奇著　科学出版社　1979 年

3.科学发现与科学方法

　　黄金南等　华中工学院出版社　1983 年

4.谈科学抽象

　　傅季重　《社会科学》　1984 年第 2 期

5.试论图书馆学研究中的方法论问题

---

　　①　转引自 K. M. 瓦尔沙夫斯基:《科学工作者应该如何组织自己的劳动》,科学技术文献出版社,1980 年,第 19 页。

　　乔好勤　《图书馆学通讯》　1983 年第 1 期

6. 试论图书馆学的研究方法

　　王俊杰　《图书馆学基础理论论文集》　杭州　1985 年

7. 图书馆学研究中的比较方法初探

　　刘迅　《图书馆通讯》　1981 年第 4 期

8. 科学哲学在图书馆情报学中的应用

　　P. E. 帕特斯著　范并思译　《图书馆学研究》　1984 年第 6 期

9. 图书馆学、情报学研究方法概述

　　C. H. 布沙著　侯汉清译　《图书馆学研究》　1983 年第 1 期

10. 图书馆学研究方法简论

　　杨挺　《图书馆学刊》　1984 年第 1 期

11. 图书馆学研究中的分类方法

　　刘迅　李福坤　《图书馆界》　1985 年第 2 期

第九章　图书馆学发展史略

第一节　图书馆学的产生及其社会历史原因

图书馆活动作为一种社会现象,可以追溯到几千年以前。随着图书馆活动内容的日益丰富和发展,人们越来越清楚地看到了图书馆在社会发展中的地位和作用。进而。人们开始有意识地把以往图书馆活动的所有现象综合起来,并作为科学对象来加以认识和研究。这样,就预示着一门以图书馆活动作为理论研究的学科的诞生。

图书馆学的产生

世界上最早对图书馆活动加以总结概括并进行科学描述的是法国的诺德。

加布里埃尔·诺德(Gabriel Naude,1600—1653)是法国十七世纪著名的图书馆学家,欧洲图书馆学思想的奠基人。他在青年时期,曾一度学医,但 1622 年,他作了麦斯梅文库的管理员。经过他四年辛勤的工作,使这一文库在欧洲一举成名。后又在法国红衣主教马扎林私人文库工作,也使这一文库驰名欧洲,在文库和图书馆的多年工作实践中,诺德全面掌握了图书馆各项工作的内容,比较深刻地理解了图书馆的目的与任务及图书馆员的职责,并且不断主动地去抽象图书馆活动的理念,体会图书馆领域的基本问题。在此基础上,诺德凭着自己的经验与认识,于1627撰写出《关于图书馆建设的意见书》一书,大胆地阐述了自己的图书馆学思想。在书中,作者从图书馆是人类知识宝库这一普遍的立场出发,认为图书馆保存人类文化的遗产,理应成为全人类所利用的设施。他指出,图书馆应该成为对社会具有绝对需要价值的机构,并明确指出,图书馆这个体系,应该作为一门学问来理解。对于如何建设与管理图书馆的具体内容,诺德在书中也提出了自己的全面看法。

诺德的图书馆学思想是具有划时代意义的。因而,他被后人誉为是"图书馆学的开山鼻祖"。同时,认为他的《关于图书馆建设的意见书》"确立了图书馆学的一般性原理",为此,把这部著作视为世界上第一本"图书馆学概论"。该书在十七世纪就被译成拉丁文、德文、英文。近现代以后,仍然反复再版。现代最优版有1950年的英文版和1963年的法文版。德国的图书馆史家赫塞耳把诺德的贡献与伽利略、开普勒、培根和笛卡尔等科学大家的贡献等量齐观。

诺德的图书馆学思想流传开来以后,在当时欧洲的图书馆界产生了极为深远的影响,许多国家的图书馆学家的研究都是在诺德思想基础上开展起来的。如法国的克劳德·克莱门特(Glaude Clement,1599—1642)所著的《图书馆组织论》,以及英国皇家图书馆馆长约翰·戴利(John Dary,1596—1680)撰写的《新图书馆员》等都反映了诺德的思想。

诺德以及其它图书馆学家的研究活动及其成果表明,图书馆学在十七世纪的欧洲已经形成。其标志主要表现在三个方面:

(1)图书馆学的研究对象已被基本上确定了所存在的范畴;

(2)对于图书馆活动这一对象(事物)的研究,社会上已提出了较为迫切的要求;

(3)对于图书馆活动这一对象(事物)已经进行了初步的、理性的概括与抽象。

图书馆学产生的原因

图书馆学形成于十七世纪的欧洲,毫无疑问是有其社会、历史的原因。

十四世纪末到十七世纪初,是欧洲封建社会向资本主义社会过渡的大变革时期。这一时期,社会生产力已经有了很大的提高,中世纪的行会手工业已经不能满足新市场的需要,资本主义性质的工场手工业正在兴起,资本主义生产关系在封建社会内部逐渐形成。十七世纪的法国,是当时西欧最强盛的国家之一,在世界上极为引人注目。尤其是它的文化已是十分丰富多彩,文艺复兴运动又带来了学术思想的活动,这些,都为法国成为图书馆学思想的摇篮而打下了基础。

十七世纪的法国,除掉由资产阶级革命前夜所带来的欣欣向荣景象外,还发生了一个十分重要的情况,即世界科学中心已从中世纪商业繁荣和文艺复兴的文化中心意大利北部,转移到了法国等地。科学中心的变更,不但使法国在这一时期出现了一些文学巨匠,同时,还出现了笛卡尔(1596—1650)这样的反映社会新要求的最卓越的哲学家,从而使中世纪延续而来的经院哲学遭到了根本上的冲击,新的科学思想层出不穷,正如恩格斯所指出的那样,"在中世纪的黑夜以后,科学以意想不到的力量一下子重新兴起,并以神奇般的速度发展起来"。① 图书馆学正是这一时期科学发展中的一个重要内容。

---

① 《自然辩证法》,162 - 163 页。

第二节　西方图书馆学的两大流派

图书馆学在其形成以后几百年的发展历史中，出现过各种各样的思想和思潮。十九世纪以来，这些思想和思潮经过认识上的不断陶冶，逐渐形成了具有鲜明的学术倾向性的一定思想体系、且又颇具影响的两大图书馆学流派。

实用派图书馆学

实用派图书馆学从图书馆的具体实践活动出发，认为图书馆学研究的内容应该是图书馆工作中的一切实际的技术、方法和操作过程。凡是与图书馆工作中的技术、方法和操作过程无关的内容，都不应纳入图书馆学的研究领域。"实用派"的主要代表人物是德国的施莱廷格、英国的爱德华兹和美国的杜威。

施莱廷格（M. W. Schrettinger，1772—1851）是德国著名的图书馆学家。他一生从事图书馆活动长达45年之久。在多年的图书馆活动实践中，他逐渐形成了自己对图书馆本质的认识，他认为，图书馆就是"将收集的相当数量的图书加以整理，并根据求知者的各种要求，尽快地提供他们利用。"为了完成上述任务，图书馆员必须进行职业知识的训练和教育。而教育和训练的内容就是图书馆学的内容。大约在1807年，他首先把关于图书馆活动领域的学问用"图书馆学"这一科学名词来加以表述。接着，撰写出版了《试用图书馆学教科书大全》（慕尼黑1808年）一书，并在这部历史性著作中，第一次自觉地设想图书馆学体系，试图建立图书馆学的内容结构。施莱廷格在解释图书馆学的定义时这样认为，图书馆学就是"符合图书馆目的的整理方面所必要的一切命题的总和"。显而易见，施莱廷格把图书馆学认为是关于图书馆藏书整理的学问,进而,他又把图书馆学的研究对象确定为图书馆整理,其主要内容是图书的配备和目录的编制。后来,许多图书馆学研究者认为,施莱廷格这种认识是在对图书馆员基本业务的考虑基础上形成的。即把图书馆员对图书整理的实际活动所反映出来的知识概括为图书馆学的体系。

施莱廷格关于图书馆学的认识提出以后,引起了不同的反应。有的人认为,这种耳目一新的对图书馆活动的认识,是带有开创性意义的,但也有人提出把图书馆员整理图书的知识作为图书馆学的核心内容是否过于狭窄的疑议。例如施莱廷格的同时代人年轻的德国图书馆学家艾伯特(F. A. Bert,1791—1834)就在1821年发表了一篇匿名文章,对施莱廷格的"整理说"进行了批评。他认为,把图书馆学的范围限定在图书的整理上是不合实际的。图书馆收藏的文献涉及各个知识领域,因而,图书馆学也理应具有相应的知识,尤其需要通晓各国语言,以及图书学、书志学、文学史、古文书等方面的知识,并且要有图书馆管理学方面的知识。所以,他认为"图书馆员执行图书馆工作任务所需要的一切知识和技巧的总和",应该成为图书馆学的主体内容。

艾伯特的图书馆学思想得到了丹麦人莫尔贝希(Christian Molbech,1783—1857)的支持,并在其《论公共图书馆》(1829)一书中将艾伯特思想进行了系统的整理,形成了西方图书馆学史家们所称的艾氏体系或艾伯特——莫尔贝希体系。这个体系在1839年法国人海斯(J. A. C. Hesse)所著的《图书馆管理学》一书中,得到了最后的完善。

面对各方面的不同意见,施莱廷格限于当时的认识水平,尚未发现这些观点并没有从根本上冲击他的"实用派"学说,即都是从"实用派"的主张出发,从不同侧面理解图书馆活动的。因而,拘泥于渴望确立图书馆员活动的独立性的施莱廷格,在1834年出版的新著《图书馆学总览》一书中,再次强调,"所谓图书馆学,是在正确的原则下,系统地确立符合图书馆目的的整理所必须的原则",重申了自己二十年来的观点。在今天看来,无论"整理说"也好,还是"管理说"也好,都没有作为一个相对稳定的学说流传下来。但当时的这种争论,却在客观上奠定了"实用派"学说形成的基础。从"实用派"学说涵义上看,施莱廷格及当时其它图书馆学家在著述中所反映的思想观点,不能不被认为是"实用派"形成的发端。

十九世纪中叶以后,在英国著名图书馆学家爱德华兹(Edward Edwards,1812—1886)的努力下,使"实用派"学说得到了巩固和发展,他在对以往图书馆管理学进行概括总结的基础上,设想了全国性的公共图书馆系统。在他的直接努力下,1850年,英国议会通过了《图书馆法》,对英国公共图书馆的发展起到了保障作用。他一生中为各种刊物撰写过多篇文章,并出版反映自己图书馆学思想的小册子。1859年,爱德华兹出版了《图书馆论文集》一书。在该书中,他论述了对公共图书馆的全部设想和图书馆的管理内容,包括藏书建设、图书馆建筑、分类与编目、图书馆内部结构与服务设施。为十九世纪后半叶图书馆管理人员提供了最广泛,最全面的"图书馆管理学"的专业理论,该书出版近二十年,盛誉不衰,使爱德华兹的图书馆管理学思想,不仅在英国,而且在德国产生了极大的影响。人们赞誉他为"公共图书馆运动精神之父"。

爱德华兹一生的著述与活动,顽强地体现了"实用派"的主张,即所谓图书馆学的理论,应该是一种实实在在的工具性理论,不能与图书馆活动有一丝一毫的脱离。他为图书馆学"实用派"学说的进一步发展,在理论和实践两个方面找到了根据。继爱德华兹之后,将"实用派"学说集大成并使其最后确立起来的,当推美国的杜威。

麦·杜威(Melvil Dewey,1851—1931)是十九世纪末乃至二十世纪以来闻名世界的美国图书馆学家,同时又是爱德华兹图书馆管理学的忠实崇拜者。1877年3月,他在给因失业而穷困潦倒的爱德华兹的信中写道:"我们一直认为您是图书馆学界杰出的作家和思想家","似乎没有任何其它人比您更适合在履行图书馆管理人员的职责方面,可以与一个国家的其它专家相提并论",同时,杜威表明,自己"在几个极其重要的问题上与您的见解相同"[①]。所谓见解上的相同,主要表现在杜威也是以满腔的热情投身于图书馆的实际活动中去,对于图书馆工作中的技术、方法和操作过程上所反映的应用性课题抱以极大的兴趣。1873年,他还在大学读书期间,就对所在学校图书馆使用的分类法提出了改进建议,同时,开始着手编制《十进分类法》。1876年,杜威《十进分类法》的雏形以《图书馆图书与小册子编目排架用的分类法及主题索引》为名正式出版,杜威图书馆学思想就随之基本形成。在该分类法的第一版导言里,杜威声称,他不是追求什么理论上的完整体系,而只是从实用的观点出发来设法解决一个实际问题。他说,"最重要"的是"能以轻而易举的分类排列并指出架上的图书、小册子,目录里的卡片,剪贴的零星资料和札记,以及时对这些文献进行标引。"[②]这恰恰是杜威图书馆学思想的真实反映。正是在这种思想的指导下,杜威潜心钻研,不断使自己的《十进分类法》日益完善,很快就开始在世界上流传、使用并卓有影响。据称,1885年杜威《十进分类法》第二版出版后的数年间,有三分之一的美国图书馆采用了这种分类法。根据1910年的调查,英国232个图书馆中有139个图书馆(占60%)采用了杜威的《十进分类法》。到了1931年,杜威曾宣布,他的分类法使用馆已遍布二十个国家,达一万四千个馆。

---

① 引自:ALA 《World Encyclopedie of Library and Information Science》,1980.

② 转引自:白国应,《图书分类学》。

杜威在分类法研究方面所取得的重大成功,再次向图书馆学界的人们表明,在图书馆学研究领域中,"无论在任何问题上,哲学上理论的正确性都让位给实际的效用。"这种完全公开地放弃从认识论的角度研究图书馆学理论问题,并大张旗鼓地宣扬和强化图书馆学的应用问题的研究,即标志着"实用派"图书馆学的最后确立。从此以后,"实用派"以其独到的观点和风格,在世界范围内,产生了相当大的影响,甚至可以说,一直左右着迄今为止的图书馆学发展。

理念派图书馆学

理念派图书馆学的主张恰恰与实用派图书馆学完全相反,它从对图书馆活动的抽象认识入手,暂时撇开图书馆活动的表象运动形式,从社会、哲学和历史三个角度对图书馆学理论问题进行探讨研究,试图获取一些"纯粹"的图书馆学理论。"理念派"的主要代表人物是美国的巴特勒和谢拉。

P. 巴特勒所处的时代,正是"实用派"思潮笼罩整个美国图书馆学界的时期。然而,巴特勒并没有不加思考地投入这个潮流。他在细心观察和冷静思考的基础上发现,在图书馆界流行的对哲学性原理的阐述所持的漠不关心的态度,这对图书馆学的发展是极为不利的。并且,他质朴地意识到,沿着"实用派"所主张的道路发展图书馆学,在二十世纪以来的今天,将会使这门科学与其它科学相比,越来越不协调了。那么,究竟应该怎样认识图书馆和图书馆学呢? 对于这一问题,巴特勒在其 1931 年发表的《图书馆学引论》(《An Introduction of Library Science》)一书中指出:"图书馆因文化的需要产生,为社会组织必不可少的一种机构,文化的本源,是超越个人的社会经验的积累。任何时代的人,都有吸取前人经验的本能,所谓图书,是保存人类记忆的一种装置;图书馆则是在现代人类意识中传播这种人类记忆的一种社会机构。图书馆学对于社会各方面的认识,即关于社会本原与其作用的说明,是因为图书馆学在一切社会科学所论述的社会现象中占有一定的位置。"

针对当时图书馆界流行的"实用派"观点,巴特勒在描述当时图书馆界的思想状况时这样说道,"一些图书馆员不喜欢也不相信理论,他们只知道社会需要有效的图书馆服务,而不清楚社会也需要理论观点,他们担心对专业理论的探索,会导致对实际工作的忽视。"(《图书馆学的参考职能》1943)甚至还有的图书馆员,对把图书馆学确立为一门科学持怀疑态度,他们认为图书馆业务工作非常单纯,无法为科学研究工作提供素材。巴特勒感到,之所以会产生这种认识,主要是因为对科学理论的本质尚未认识清楚。巴特勒认为,科学对于实体现象是关心的,但绝不能陷入到现象的表象运动之中,科学理论的使命在于抽出现象的一般性原理和规律。因之,"图书馆的全部工作,理应受到理论分析的指导,这种分析将揭示规律和原则。"巴特勒相信,"一套完美的图书馆学理论是可以在不损害实际工作效率的情况下向前发展;而且,只有建立了这套完美的理论之后,图书馆员才能在他们的实际活动范围内胜任他们的工作。"

巴特勒的图书馆学思想,显而易见地超越了当时图书馆学界的所有认识,他独辟的图书馆学发展道路的理论尽管显得肤浅且不够全面。但在图书馆学发展史上,却具有(与诺德差不多的)开创性的历史意义。尤其应该指出的是,巴特勒的科学观,顺应了近代以来的人类对科学的认识,对图书馆学"理念派"学说的建立作出了重要的贡献。尽管巴特勒在其《引论》的序言中说,"希望这里所写的内容,能够尽快地落后于时代",但随着人们对图书馆学认识的不断发展,巴特勒的思想愈来愈显示出它的历史意义。七十年代,日本学术振兴会一位叫小野泽永秀的学者赞叹道,"令人惊异的是,几乎在三十多年后的现在也没有使人感到他的著作有三十多年的年龄，所以这样，并不在于他对图书馆的研究，而在于他对科学的研究和哲学的研究的结果。"

巴特勒的图书馆学思想自提出之日起，就遭到了图书馆界众多人士的反对。然而在以后的几十年间，巴特勒思想如同不散的幽灵一样在图书馆界潜移默化渗透的既存事实，又不能不引起人们对他的思想进行新的审视。尤其是面对图书馆学不断出现的理论危机乃至人们对图书馆学能否算作一门科学的种种怀疑，不能不促使人们对巴特勒的"理念派"学说的合理性进行认真的思考。将巴特勒思想进一步发展并促使"理念派"图书馆学全面确立的要算美国的谢拉。

J. H. 谢拉是美国当代著名的图书馆学理论家，教育家。他全面细致地研究了巴特勒的全部著作，从社会的、哲学的、历史的高度提出了自己对图书馆学问题的认识。他认为，"图书馆是由文化浇铸而成的，"因而，研究图书馆的学问，必须对文化的本质有所认识。六十年代初，谢拉在其所著的《社会认识论》一书中指出，文化是社会知识和信仰的总和。它是由物理工具、知识经验和社会组织三个方面所构成的。而交流又在文化构成的三个方面中占有把三者联系起来的中心地位。（如下图所示）交流一般要在

二人或二人以上之间进行，并且要有四个必不可少的因素，即发出者、接受者、传递者和传导体。而传导体的表现形式是指记录各种知识的物质载体，其中，图书文献是反映客观知识的重要形式。从

而,也使图书馆成了交流体系中的重要组成部分。

谢拉在总结三十年代以来图书馆活动实践的基础上,觉得由于对图书馆在社会文化交流中的地位和作用搞不清楚,直接影响到人们对图书馆学的认识。面对"由于自身的气质和所受训练的缘故,图书馆员们总是实用主义的信徒,并不十分热衷于理论性的思考"这种局面,以及对图书馆学是不是一门科学的种种议论,谢拉认为:究竟能否把图书馆这个行业作为一门科学,问题不在于图书馆学是不是一门学问,而在于图书馆学是一门什么样的学问。这是因为,一方面,图书馆学早已从人文科学中产生出来;另一方面,当代社会对于图书馆的要求以及对于任何一门科学的要求,都绝不是用像图书馆活动的实体技术操作过程可以解释完全的。因此,图书馆员首先应当关心的是理念的东西,而不是实体的东西。

在这种认识的基础上,谢拉于 1970 年撰写出版了全面反映"理念派"学说的图书馆学专著——《图书馆学序说》。从社会、哲学、历史的高度对图书馆学理论进行了阐述,并进一步分析了当代社会和科学的特点。他指出,"图书馆学涉及到所有的学科,但又以其知识性和专业性独立于所有的学科。"他预言,"图书馆学理论的未来发展,必将包括人类从物质到精神的全部活动。"

谢拉以其广博的知识,严谨的思维和深刻的洞察力,提出了独到的图书馆学思想,对于"理念派"学说的最后确立起了决定性的作用。同时,他的贡献还在于开拓了图书馆学研究发展的新的天地。在此之后,无论人们对谢拉的思想持何种看法,"理念派"图书馆学所反映的思想,都已经在研究者的思维中无法泯灭了!

关于两大流派的说明

以上,我们对实用派图书馆学和理念派图书馆学的产生和形成作了一般性的叙述,下面作几点简短的结论:

1.关于"图书馆学流派"这一提法的根据在于:"实用派"是从

图书馆活动的实体描述出发,而"理念派"则是从对图书馆活动的理性抽象出发。两种截然不同的认识出发点反映了两种鲜明的思想倾向性。而这两种思想倾向性在图书馆学的认识中又都先后表现为公开地亮出自己的旗帜,有代表人物和代表著作,并在一定程度上左右和影响着图书馆学的研究发展,等等。这样一些符合学派形成的基本特征。

2."实用派"形成在先,"理念派"形成在后,这种现象、一方面反映了人类由感性认识上升为理性认识这种的认识规律;另一方面,也符合十九世纪以来历史、科学发展之必然。

3."实用派"认识所面对的是图书馆活动的直观现象,因此,它比起逻辑思想的理性认识,显然是低级和朦胧的。在图书馆学发展中,"实用派"长期占主导地位的现象说明,迄今为止,图书馆学仍然没有跨出经验描述的境地。作为一门科学,既必须要有经验描述阶段,又一定能够摆脱这个阶段。"实用派"过去和将来的命运,无疑将反映这条科学发展规律。

4."理念派"的形成,既不是孤峰突起,更不是同以往传统的图书馆学思想毫不相干。它只不过反映了人们对图书馆学认识在原有基础上的升华,预示着图书馆学思想已经进入了一个新的发展阶段,即正在开始向着理论说明阶段过渡。

5.从马克思主义存在决定意识,意识又反作用于存在的观点来看,"实用派"与"理念派"都决不会各自完全孤立地存在。即使有一天"理念派"学说在图书馆发展中占有主导地位,但它永远也脱离不了人们对图书馆活动实体的考察和认识。这是马克思主义唯物辩证法早已规定下了的普遍规律。

第三节 阮冈纳赞与《图书馆学五定律》

本世纪二、三十年代,在印度这个文明古国的土地上,出现了一位当时乃至后来一直为世界图书馆界注目的人物——阮冈纳赞。

阮冈纳赞(S. R. Ranganathan,1892—1972)年青时代曾是数学副教授,后来在马德拉斯大学开始了他的图书馆生涯。他一生潜心图书馆学研究活动近五十年,共写了五十多部著作,一千五百多篇文章,集中反映他的学术思想的著作有:《图书馆学五定律》、《冒号分类法》、《图书馆与分类理论》等。

1931 年,《图书馆学五定律》(The Five Laws of Library Science)在印度问世。它首先被印度图书馆协会一致通过,被视为"我们职业最简明的表述"。以后又被写入英美的多种图书馆学教科书中,被不少论文、专著所引用,在国际图书馆界反响很大。美国著名图书馆学家兰开斯特撰文指出,这五条定律"从表面上看起来很通俗,但实际内容却很深刻。它们从根本上阐明了图书馆应该为之努力的目标,在今天仍然像五十年前一样适用"。在这里,我们对每一个定律作一概要地叙述。

第一定律——书是为了用的

阮冈纳赞认为,图书馆学的第一定律——"书是为了用的"(Books are for use),是图书馆学的基本定律。据他自己介绍,这一定律是首先酝酿成熟的。而其它四条定律皆是由它引申、推理而出的。

第一定律认为,图书馆的主要职能不是收藏、保存图书,而是使图书得到充分的利用。就图书馆中图书的采访、保管、服务等项工作来看,目的全在于图书的充分利用。

第一定律虽然是显而易见、不证自明的,现在很少会有人怀疑它的正确性,但在图书馆的历史上,却不乏忽视这一定律可悲的例证。早在十五、十六世纪,由于书籍稀少,抄书艰难,欧洲不少国家用铁链把图书锁在书架上。这种管理图书的方法使图书永远被禁锢在铁链之中。这样,图书馆就成了图书的"监禁地"。印刷术发明后,虽然图书的数量急剧增加,但是长期形成的这种保存图书的传统习惯却被因袭下来:"书是为了保存",而不是"书是为了用的"。

在图书馆工作中,违背第一定律的现象比比皆是。

首先,表现在馆址的选择上。不少地方把公共图书馆设置在偏僻的市郊,自以为这样可以一防尘土的侵蚀、二防大批读者的涌入。甚至一些大学把图书馆设置在阴暗、潮湿、破烂不堪的旧房子里,以便充分利用那些无人问津的房间。

其次,表现在开馆的时间上。在传统的保存图书的观念占上风的年代,图书馆关闭的时间要比开放的时间长得多。十九世纪欧美的许多大学,如牛津大学,爱丁堡大学、阿默斯特学院、哥伦比亚学院等,每周仅开放一、二天,每天只开放一、二个小时。至于开馆时间,往往是反读者的习惯而行之,读者大批来馆时,图书馆则由铁将军把门,读者很少来馆时却大门洞开,目的是为了避开高峰,免去许多麻烦。

第三,表现在图书馆设备的选择上。在"书是为了保存"的信条占统治地位的年代里,图书馆设置书架完全是为了存放图书,只考虑如何以最小的空间存放最多的图书。这样书架的高度完全取决于房屋的高度,藏书从地板一直到天花板,书架的间距窄到只能容许一个人勉强通过(每个书架还分别装有门锁),以求以最小的空间放置最多的藏书。至于阅览室的家具陈设,真是简单又简单,除了简陋的桌椅外,别无长物。

第四，表现在图书馆员的资历、待遇和专业训练等方面。图书馆员是决定图书馆工作成败毁誉的关键。在第一定律被人们普遍接受之前，图书馆工作被看成是一种无所事事、无足轻重的职业。长期以来，图书馆员被称为"看管人"或"看门人"。在"书是为了保存"的年代，几乎不设专职馆员，馆员的时间和精力也无处可施。不少大学的图书馆员除了照看图书以外，还兼管新生入学注册、学位登记及其它公务杂事，以抵偿所得的报酬。在一些地方官员看来，图书馆员的工作仅仅是看管图书，无需什么学术和文化水平。像著名的牛津大学博德利图书馆的看门人竟然因为"忠于职守"而被任命为副馆长。在社会上一些人看来，既然图书馆的任务仅限于保存图书，那么就没有必要对馆员进行任何专业训练。因而，馆员的工资待遇低下，有些甚至比侍从、领班和电工还要低。在金钱支配一切的世界中，图书馆员显得人微言轻，受人歧视。馆员们自己也既无工作热情，又无事业心。

阮冈纳赞对以上众多的现象进行了分析和抨击，总结出了"书是为了用的"这一最为重要的图书馆定律。该定律阐明了图书馆的性质和任务，指明了图书馆工作的出发点和目的。他认为，图书馆应当是促进藏书利用的机构，应当铲除横亘在读者和藏书之间的种种障碍，使读者能够自由地、畅通无阻地使用藏书。阮冈纳赞预言：全面地贯彻这一定律，图书馆界将会发生一场革命。

阮冈纳赞详细地论述了为贯彻第一定律，图书馆应当做到以下各点：

1. 从便于读者利用藏书的角度来选择图书馆的地址。公共图书馆一般应该建造在城市的中心，建造在大多数居民经常往来的要道，而且应该尽量多设置分馆和流动图书站。

2. 开馆时间方便读者。应该延长开馆时间，每天从早到晚一直开放，午间、夜间也开放。阮冈纳赞指出：在任何一段便于读者利用图书馆的时间闭馆，都无异是一种真正的犯罪。他还认为：为延长开馆时间而支付的任何额外开支,都将是合理的、有价值的。

3. 添置各种设备,造成一个优美、舒适的环境,以吸引读者到馆,并便于他们利用众多的藏书。为了适应开架,书架不宜过高,架距不宜过窄,更不必上门安锁。还必须建立设备齐全,美观大方的阅览室、休息室、报告厅及读者食堂,总之要把图书馆装备成第一流的,舒适宜人的工作间,而不再是一个死气沉沉的书库。

4. 极大地提高图书馆员的专业水平。要使图书馆的藏书被读者充分利用,最要紧的是配备一批专门的、具有一定资历和较高文化素养的图书馆员。必须设置专职的图书馆员。图书馆员必须具有广博的学识和虚心好学的精神,还必须精通目录学,善于指导读者利用图书,善于把图书作为传播知识、开拓知识领域的工具。现在一些图书馆缺少的不是藏书,而是能使藏书得到充分利用的"钥匙",这"钥匙"便是图书馆工作人员及其独创性和学识。馆员要具有上述资格和担负上述使命,就需要进行周密、系统的专业训练。也就是说要在大学里开展专门的图书馆学教育。

5. 改善图书馆员的工资待遇,提高他们的社会地位。要充分发挥图书馆员的作用,就必须提高他们的社会地位,给馆员以良好的待遇,制定一个合理的工资标准。

6. 针对读者的需要开展个别服务。阮冈纳赞认为,图书馆根本的价值就体现在向读者提供的个别服务之中。高度组织化的、热情周到的个别服务是"书是为了用的"这一概念合乎逻辑的推论。既然图书馆保存图书是为了使用,那么馆员的任务就不是把一大堆图书推给读者,让他们自己去查找。也不是强制读者去阅读馆员所选定的图书,而是要帮助读者去实现他们自己的计划和愿望。也就是说馆员应该成为每位读者挑选适合其需要的图书的指导,成为他们的良师益友。

第二定律——每个读者有其书

图书馆学第二定律——"每个读者有其书"（Every reader his books）是由第一定律推导而出的。如果说第一定律推翻了传统的"书为收藏"的概念，第二定律则改变了"书为特定的少数人"的概念；第一定律是"书为人用"，第二定律则是"书为人人"；第一定律打开了现有图书馆的大门，第二定律则使图书馆成为全民关注的问题。

第二定律要求图书馆的大门向一切人开放，不仅包括富人和穷人，男人和女人、城里人和乡下人，而且还应该包括正常人与非正常人，即应该向病人、盲人、聋哑人、犯人等开发，另外还应该包括向海上的人——海员、灯塔看守人开放。总之，要使不同社会地位、性别、年龄、健康状况、居住地区的所有人都享有利用图书馆的平等权利。

阮冈纳赞认为，要实现第二定律，必须采取以下种种措施：

1. 国家应该制定图书馆法规，从法律上保证"人人有其书"。

2. 国家应该给地方图书馆或国家图书馆拨款，并规定公民应向地方图书馆纳税，以补充图书馆的事业经费，从财政上保证"人人有其书"。

3. 全国应该建立和健全由中央至地方的图书馆网络。

4. 图书馆工作人员要了解读者，了解书籍，认真地履行自己的职责，利用一切手段和工具，积极地帮助每个读者查找和利用所需要的图书。

5. 每个读者要认真地执行图书馆的规章制度，因为第二定律不仅为他自己，而且还同时为其它读者的利益和权力而呼吁。

第三定律——每本书有其读者

第三定律——每本书有其读者（Every book its reader）的基本

思想就是为每本书找到它们潜在的读者。

　　第三定律是第二定律的补充。第二定律强调图书馆工作要注意"可得性"，第三定律是强调图书馆工作还要注意"揭示性"，即要提高图书馆向读者揭示馆藏的能力。

　　在图书馆工作中，用以实现第三定律的主要手段就是实行开架服务。实行开架服务，事实上意味着读者可以自由地在图书馆中翻阅图书，显然，它可以提高藏书的利用率。在开架的图书馆中，读者经常会有意外的发现、几乎每天都可以听到读者这样的赞叹，"我还不知道你们还有这本书呢！"。可见，实行开架服务对实现第三定律可以起到巨大的作用。

　　开架借阅要取得成效，合理地进行图书排架是一个重要的因素。图书馆要想使每本书都得到充分的利用，就应该按照书的内容主题进行排架，也就是实行分类排架。另一个对图书借阅产生决定性影响的因素是图书的易得性。实践证明，读者易于接触到的架位上的图书利用率较高。这就要求图书馆员必须考虑书架的规格安放的高低等问题。

　　实现第三定律，目录的作用也是不能忽视的，即使是已经实行开架服务的图书馆，它也会提供很大的帮助。时常有这样的情形发生，一本很有价值的图书因其外部特征不引人注目而在书架上未被读者发现，但当读者查阅目录时，这本书却给他很深的印象。另外，完整的丛书款目和大量的分析分类款目，对于满足第三定律是大有益处的。

　　开架借阅，合理排架以及完善的目录是实现为每一本书找到其潜在的读者的三项必要的措施。但仅此仍然是不够的。开展参考咨询工作，也是一项重要措施。在一个老练的参考馆员眼中，图书馆就像一个万花筒，他用自己的技艺不断地向读者展现图书馆的各个方面，吸引着各类读者。

　　有相当多的读者对图书馆并不十分了解。有鉴于此，图书馆开展一定的宣传工作是完全必要的。

一般说来,图书馆的宣传主要强调以下几点:

1,宣传图书及阅读的价值,着重宣传图书的内容,观点及其教育意义;

2,宣传图书馆作为一种公共的文化设施,应当由公众支持、公众管理;

3,宣传图书馆的全部服务项目,强调它的参考咨询服务、成人教育服务以及其它不易为人们熟知的服务项目;

4,宣传被人们承认的图书馆标准,如"图书流通率"、"人均拥有藏书数"等;

第四定律——节省读者的时间

第四定律——"节省读者的时间"(Save the time of reader)要求图书馆工作必须考虑读者的时间,考虑成本效益。这个定律的作用也许不像其它定律那样显而易见。然而它确确实实已经引起了图书馆管理方面的许多改革,而且有着影响图书馆未来变化的巨大潜力。

研究这个定律最重要、最直接的方法是跟踪读者,看其从进馆的时刻开始,直到他离馆为止,各个工作环节在时间上对读者的影响。

首先,我们来看一下图书的选择。在一个实行闭架制的图书馆中,读者要在迷宫式的目录中找到自己所需要的图书,必须花费大量的时间。查到所需图书后,还必须非常仔细地把有关项目逐一填入索书条,再把索书条交给出纳人员。然后则是一个漫长的、令人烦躁的等候时间,少则几分钟,多则几个小时。

如果等候的读者很多,那么借书时间就要增加几倍,甚至会出现拒借,造成拒借的原因是多方面的,可能是索书条没写对,或是漏写了字符或标点;也可能是书已被借走或已有人预约。凡出现这种情况,读者只能再去查目录、送索书条,在柜台前等候,重复上面的过程。这些情况使图书的选择和借阅成为一种令人心烦、令人厌倦的事情。

图书馆究竟浪费了读者多少时间,这些时间能创造多少价值?这是应该认真计算的问题。1928年马德拉斯大学图书馆的每个读者在柜台前平均花费的时间是半小时,每天平均来馆约200个读者,则每天要浪费100工时。全年就要浪费36500工时。相当于18250卢比,这是多么巨大的浪费,而且仅仅是一个图书馆。

由此可见,对于一个国家来说,花费一笔钱组织一支图书馆工作者的队伍,可以使许多研究人员避免在查阅图书资料方面的时间浪费。这对一个国家或一门科学的发展,具有多么重要的意义啊!

第二,出纳工作。在第四定律问世之前,借书、还书的手续是相当复杂、笨拙的,浪费了读者许多时间。第四定律要求图书馆的出纳系统必须进行彻底的改造。

第三,剔除工作。当某些藏书在图书馆的书架上已无人问津时,应及时地将它们剔除。这种工作做得好、做得及时,也会大大节省读者的时间。否则,许多早已过时的图书在架上"滥竽充数",将使读者或馆员看得眼花缭乱,无疑也会浪费他们宝贵的时间。

第四,馆址的选择。图书馆设置在什么地方,也是一个实现第四定律的重要因素。在大学里,图书馆应设在中心位置,使所有系科的师生都便于使用。

第五定律——图书馆是一个生长着的有机体

生物学认为,凡属生长着的有机体都能独立存在,停止生长的有机体就会僵化、直至死亡。第五定律(A Library is a growing organizatio)正是要我们注意这样一个事实:图书馆也具有生长着的有机体的一切属性。生长着的有机体吐故纳新、改变大小，形成新的形状和结构。它除了变态过程中突然的、明显的、不连结的变化，也肯定有导致生物学上所谓"变异"和向新的结构演变的缓慢而持续的变化。就图书馆而言，也是如此。

在图书馆中生长着的有机体的主要部分是藏书、读者和工作人员。现代图书馆就是这三个要素的结合体。我们必须清楚地认识到，没有读者的藏书和没有藏书的一群读者一样，都不能被称作图书馆。仅有读者和排列好的藏书，但没有懂得在一定时候以一定方式、为一定读者、提供一定书籍的馆员的服务，也不能算作是图书馆。图书馆的主管部门往往低估上述因素的增长速度。使人难以原谅的是在开始建馆时，他们就把它看成是静止不变的，好像藏书、读者和工作人员都不会增加。没有什么比阻碍图书馆自由地向自己的高峰发展更应当受到指责。在图书馆事务中一再重犯这种致命的错误，是因为人们没有认识这样一个基本事实，即适合于小型图书馆的组织方式，可能完全不适于规模发展后的图书馆。物理学家现在已开始认识到，在无穷小的情况下，合适的东西未必在有限大的情况下合适，在常规情况下合适的东西未必在规模大得出奇的情况下合适。所以，在规划图书馆时不能眼光短浅过分地受本馆现有规模的影响，而应使设计的蓝图能够比较容易地跟上图书馆未来发展的步伐。

阮冈纳赞还深刻地指出，我们无法完全预料图书馆这个生长着的有机体的发展，还会经历哪些阶段，图书馆传播知识这一重要功能能不能通过印刷以外的手段来实现。电子出版物的大量发展是对阮冈纳赞这一预言最好的回答。

第四节 苏联图书馆学的发展

俄国图书馆学的创立

俄国图书馆学思想形成于十八世纪初。当时许多图书馆员在实践中都认识到了这样一个问题,即图书馆的建立不单纯是为了搜集藏书,而是为了让读者使用图书。于是,就产生了建立公共图书馆的想法,并要求对公共图书馆的本质和使命给予说明,他们希望,这种说明最好是从社会角度出发的、以定义的形式表述的、关于图书馆活动的基本原理。实际上,这就是俄国图书馆学的最早萌芽。

1776年,在纪念俄国科学院图书馆建立五十周年的时候,И·巴克麦斯特所著的《圣彼德堡自然科学皇家科学院图书馆和珍品及历史研究室的经验总结》一书以专著形式正式出版了。该书的初版为法文本,第二、三两版为俄文本,分别于1779和1780年出版。该书是在俄国出版的第一部有关图书馆的专著,它全面总结了俄国科学院图书馆建馆五十周年来所积累的经验。后人认为,该书是俄国图书馆学思想的最早的珍贵遗迹。

与西方最早的图书馆学思想(诺德的图书馆学思想)相比,俄国图书馆学思想的形成与确立虽然大约晚了100多年,但就内容上看,西方图书馆学思想始创于对图书馆内部管理的认识,而俄国图书馆学思想在形成之初就已从全社会的角度来认识图书馆,把图书馆看作为传播科学知识的基地,并把为读者服务视为图书馆的重要任务之一,这不能不说,俄国图书馆学思想的起点是相当高的。

十九世纪上半叶,由于一些大型图书馆相继建立,以及这些新建图书馆的藏书量迅速增加,使如何正确地组织好馆藏成为俄国图书馆学面临的一项刻不容缓的任务。为了完成这一任务,图书馆学研究集中在论述图书馆藏书目录等问题。

十九世纪中叶,随着公共图书馆的发展,图书馆学的研究课题又有了新的扩展。出现了综述欧洲各国的图书馆事业的著述。彼德堡公共图书馆馆员 B. И. 沙巴尔希柯夫是这个时期的代表人物。

十九世纪后半叶,随着革命的运动的高涨,公共图书馆在社会发展中的作用日益明显。沙皇政府为了维护其反动统治,便对图书馆采取了一系列反动政策,如将图书馆处于宪兵的严厉监督之下,严格地限定图书馆的藏书内容,剥夺广大群众利用图书馆的权力等等。然而这种反动的政策不但不能削弱图书馆在社会中的作用,而且还从反面促使了一种进步的图书馆学思想的形成。在这里,尤其应该指出的是,俄国革命民主主义者在建立进步的图书馆学思想方面做出了重要的贡献。例如,大文学家 A. И. 赫尔岑在维亚特省立图书馆的开幕式上发表了满腔热情的演说,在演说中,他揭露了沙皇为上层利益服务的专制主义政策,阐述了图书馆的社会作用,并提出了图书馆事业必须进行民主改革等主张。著名文学批评家 H. Г. 车尔尼雪夫斯基和 H. A. 杜布洛留波夫也曾多次发表意见,主张把图书馆变为便于居民接近的机构。他们还要求在图书馆的协助下,全力以赴对读者开展文化教育工作。

十九世纪末至二十世纪初,对俄国图书馆学的发展曾起过卓越作用的是 H. A. 鲁巴金(1862—1946)。鲁巴金的贡献首先在于对读者阅读问题的研究,他不仅论述了读者阅读的一般性问题,还提出了有关阅读的社会学和心理学的许多复杂的理论性问题,以及自学教育的理论和实践等问题。他所著的《俄国读者初探。事实,数字,观察》(1895 年)和《关于自学教育问题致读者的信》(1913 年)至今仍具有意义。他所编撰的《书林概述》也曾得到列宁的原则性评价。鲁巴金的贡献还在于他第一次对俄国图书流通状况的研究。

在这一时期的俄国图书馆学研究中,还曾出现过建立图书馆网的最初尝试。产生这种想法的原因是当时俄国已有一万左右的地方自治性的国民图书馆,而人们很自然地就要把这些图书馆放在一起来考察。尽管这种想法还是初步的和朦胧的。但却为后来图书馆网思想的确立奠定了基础。

十月革命后的图书馆学

十月革命胜利以后,人民群众因革命而激发起来的求知欲和渴望得到书籍的心愿,要求图书馆事业必须改善原来的发展原则。

面对苏维埃共和国图书馆事业急待恢复发展的现状,革命导师列宁提出了一系列有关图书馆事业发展建设原则。这极大地丰富了图书馆学研究的内容。列宁充分肯定图书馆活动在社会发展中的重要作用,明确地指出图书馆应当是国民教育中心,也是对群众进行政治教育的主要场所。图书馆事业的状况是整个文化程度的标志,图书馆事业的建设则是国家文化水平的标志之一。

列宁提出:图书馆存在的社会意义及衡量图书馆工作的社会价值标准不在于它拥有多少珍本手稿,"而在于如何使图书在人民中间广泛地流传,吸引了多少新读者,如何迅速地满足读者对图书的一切要求,有多少图书被读者带回家去,有多少儿童来阅读图书和利用图书馆……"[①]充分发挥藏书作用,"帮助人民利用我们现有的每一本书",这是图书馆服务的最高原则,也是图书馆生命力的体现。为此,列宁主张应向西方图书馆事业发达的国家学习,他在《论彼德格勒公共图书馆的任务》一文中指出:"由于多年来沙皇制度对国民教育的摧残,彼德格勒的图书馆工作做得非常糟

---

① 《列宁全集》第 19 卷,271—273 页。

糕。必须根据西方自由国家,特别是瑞士和北美合众国早已实行的原则,立即无条件地进行如下的根本改革。"①并在亲自考察纽约公共图书馆的工作报告的基础上,制定出了具体的改革意见。当他发现改革工作进展缓慢时,又亲自组织人民委员会通过了一个《关于建立图书馆事业》的决议。列宁在概述这个决议的轮廓时:把"对俄国图书馆事业实行集中管理"和"采用瑞士和美国的制度"列为建设苏联图书馆事业应立即采取的两项措施。

1919年5月,列宁在俄国社会教育第一次代表大会上又指出:"我们应当利用现有的书籍,着手建立有组织的图书馆网来帮助人民利用我们现有的每一本书,应当建立一个有计划的统一组织,而不是建立许多平行的组织。"②

在列宁思想的指导下,设立了中央联合图书馆委员会,以集中管理图书馆事业;吸取西方各国先进的图书馆工作经验、技术和方法;树立起组织人民、教育群众、普及知识、为工农群众自修和深造提供图书服务的根本思想。这样,使刚刚诞生的苏维埃共和国的图书馆事业和图书馆学思想迅速地得到恢复和发展。

在这里,尤其应该提到的是列宁的夫人 H. K. 克鲁普斯卡娅,她对苏联图书馆学的发展起了杰出的作用。克鲁普斯卡娅是苏联著名的人民教育家,她在创建马克思主义的教育学方面曾作出过重大贡献,从十月革命以后一直到1939年,她先后担任过政府负责校外教育的委员,政治教育委员会的代表,以及俄罗斯苏维埃联邦社会主义共和国的教育人民副委员,在这段时期里,她一直主管苏联图书馆事业,亲自领导贯彻列宁关于图书为苏联人民服务的思想。她曾写过大量的文章和著作,总结了苏联图书馆建设的丰富经验,而且提出并阐述了图书馆学理论中许多重要的原理,最值

---

① 《列宁全集》第26卷,第310页。
② 《列宁全集》第29卷,第302页。

得一提的是克鲁普斯卡娅编写的《列宁对图书馆写过什么和讲过什么》一书,这是把列宁有关图书馆事业的文件收集成册的最早的一本书。该书曾广为流传,先后在苏联出过五版,并译成多种外文在许多国家出版,影响极大。因此,可以认为,克鲁普斯卡娅是苏联图书馆学理论的一位重要奠基人。

列宁和克鲁普斯卡娅关于图书馆事业建设和图书馆学理论的论述,为苏联图书馆学的发展奠定了基础。二十年代是苏联图书馆学理论的初创时期,其间经过三十年代初期所展开的学术讨论和对"资产阶级民主主义的图书馆理论"的尖锐斗争,在1936年的全苏图书馆学和目录学理论问题会议上,总结了近二十年的实践经验,而进入了成熟时期。形成了具有自己特色的苏联图书馆学理论——社会主义图书馆学

社会主义图书馆学的基本特征:"在于它一贯地坚持从社会的、经济的和文化的各个角度,对图书馆事业进行阶级分析,并且一贯坚持对于图书馆在不同的具体历史条件下所起的社会作用的种种表现形式,给予阶级的分析。"① 社会主义图书馆学的主要任务"就是研究在社会主义社会的具体条件下,图书流通的规律性。……在图书馆学方面,占主导地位的问题有:图书财富的使用问题、组织群众阅读的问题和群众阅读的思想内容问题"。② 苏联图书馆学者明确指出:社会主义图书馆学必须以马克思列宁主义的方法论为基础,以列宁制定的图书为人民群众服务的组织纲领为依据。它是一门社会科学;图书馆事业的基本实质在组织图书财富,使之为公共使用,图书馆事业是一个与国家整个的生活有机地联系在一起的社会交流体系,苏联图书馆作为进行思想教育和交流科学情报的机构,其特征为:苏联图书馆是共产主义思想系统的

---

① O. C. 丘巴梁:《普通图书馆学》,书目文献出版社,1983年,第8页。
② 同上,第9页。

传播者,是党的政策的宣传者,是对劳动人民进行共产主义教育的基地,是传播科学技术成就和先进的生产经验的场所;图书馆的本质目标就在于引导人民阅读优秀图书,图书馆的工作应当服从国家在政治、经济和文化方面提出的各项任务,因此,要把图书馆工作看作为一个积极的、富有教育意义的过程。对于西方的图书馆学理论,在苏联采取了严峻的批判态度,认为是抹杀了图书馆学和图书馆工作的阶级属性,仅把图书馆学当成一门纯粹技术性学科。认为资产阶级图书馆学的特征有三:一是读者可以自由选书;二是图书馆对人民读书不加干涉;三是图书馆不能成为人民教师。认为西方图书馆学家不把图书馆看作社会生活中的一个有机组成部分,看作是形成社会意识的机构,"脱离了社会的阶级结构,没有把图书馆事业当作一个交流社会思想的体系来对待。"[①]

苏联图书馆学界的这种认识,几乎一直延续到现在,这在作为苏联高等学校图书馆学专业通用教科书的 O. C. 丘巴梁所著《普通图书馆学》新版中已经反映得十分清楚。尽管这些年来苏联图书馆学界在应用研究方面也取得了不少成果,但其政治性始终是十分鲜明的。总之,苏联图书馆学在其半个多世纪的发展过程中,在与资产阶级图书馆学理论相比较的基础上,已经形成了一个完整的、独具特色的图书馆学理论体系,它给我们提供不少有益的启示。

---

① O. C. 丘巴梁:《普通图书馆学》,书目文献出版社,1983 年,第 8 页。

第五节　中国图书馆学的发展道路

我国古代图书馆思想概述

有关图书馆的活动在我国可以追溯到几千年以前,对于图书馆活动的描述记录在古代文献中也时有所见,虽然这类记载当初还处在一种零星的、直觉的、经验的状态中,但比之西方却要早十来个世纪。

我国古代图书馆知识渊源于藏书楼实践,其主要特点和内容有:

一、它与目录学、校雠学溶融在一起,有时难以分解。如西汉时代刘向(公元前77—前6)、刘歆(前53—公元23)父子在整理典籍,鉴别校雠、撮要条目的基础上编定的《别录》、《七略》(均失传),是我国最早的目录学专著,但也可以看作是图书分类编目知识之大成。

二、记录或研究公私藏书沿革的著作占有相当数量,这正反映了"藏书楼"的本色。东汉班固(公元32—92)撰《汉书》,创《艺文志》,记录宫廷藏书沿革,是为后来正史中"艺文","经籍"志体的滥觞。宋朝以后,又有研究私人藏书及馆阁制度的著述。

三、所涉及的有关图书馆工作内容的记述,刻意于"求书",图书的整理也着眼在保藏上。举凡对图书的访求、鉴别、钞录、校雠、分类、编目、保藏、保护、防盗等,乃至馆舍建筑,都积累了丰富的实践经验,有不少的系统总结。其中,南宋郑樵(1103—1162)的《通志·校雠略》,明代万历进士祁承㸁(1563—1628)的《澹生堂书约》和《庚申整书小记》,清初孙庆增(生卒年不详)的《藏书纪要》等均堪为代表作。

四，阐发典籍意义，弘扬图书馆作用。魏晋以来，士大夫层对典籍和"典籍之府"的认识日见深刻。不少著述对之有所论及。如唐秘书监魏征（580—643）在其《隋书经籍志》总序中，开宗明义提出："夫经籍也者，机神之妙旨，圣哲之能事，所以经天地，纬阴阳，正纪纲，弘道德，显仁足以利物，藏用足以独善。学之者将殖焉！不学者将落焉！"对图书的作用充分肯定，并提出了"藏用"的观点。

南宋程俱（1078—1144）所著《麟台故事》，是一份向朝廷进言兴办图书馆的奏折。程俱力陈图书馆的作用，他说："典籍之府，宪章所由"，而"千年治乱之道，竝在其中矣"。图书馆的意义在于"祖宗以来，馆阁之职所，以养人才"，"复兴馆阁，国有大礼大事，于兹有考焉"。也就是说，图书馆的设立利于人才培养、方便资政参考。同时，纂修史书，研究学问，积累文化。

明朝礼部尚书兼文渊阁大学士邱濬（1420—1495）在《论图籍之储》和《访求遗书疏》中，则把设立封建国家图书馆看作是"治国平天下"之"切要之务"。自古以来"圣帝明王，所以继天而子民者，任万世世道之责于己，莫不以是为先务"。邱濬还论述"书之在天下，乃自古圣明帝王精神心术之所寓，天地古今生人物类义理政治之所存。"即所有前人知识的总合，客观万物的反映。

五，已经开始认识图书流通的重要性，但在封建社会的政治、经济制度下，知识交流极其狭隘，这种流通的思想始终未能取得主导地位。对于图书流通的叙述，最早当推南宋的郑樵。他的二百卷《通志》，其中《校雠略》、《艺文略》、《图谱略》，系统地提出了以藏书整理为核心，以流通利用为目的的图书馆思想。郑樵写道：册府之藏，不患无书，校雠之司，未闻其法。欲三馆无素餐之人，四库无蠹鱼之简；千章万卷日见流通，故作《校雠略》。把流通视作图书馆之宗旨，可谓破天荒的。此外，清朝浙江秀水藏书家曹溶的《流通古书约》，也论述了图书流通问题。

六，我国古代图书馆学思想大体以十一世纪（宋朝）作为界限划分前后二个时期。十一世纪以前是图书馆知识的酝酿萌芽时期，有关的记载显得零星、片断；十一世纪以后则进入到对图书馆工作的经验性总结阶段，出现了较为系统的记载，虽然它还没有超越经验的范围，但是有关的专门著作从南宋到明清却络绎不断地出现。

中国古代图书馆的思想和知识是我国图书馆学研究中的一份宝贵遗产，闪烁着前人的智慧，需要我们认真的总结。

图书馆学在中国的确立

十九世纪末，二十世纪初，中国的先进知识分子在面对帝国主义侵略压迫、民族危机十分严重，寻找救民富国之道时，认识到图书馆是辅助教育、增进知识，启发民智、育才强国的机构。就此一点，当时的王韬、郑观应、徐树兰、康有为、梁启超等进步人士纷纷激扬文字，立说呐喊，或者译述介绍西方图书馆事业。这些，可以认为是近代我国图书馆学形成前的强大思想准备。

1917 年—1927 年的"新图书馆运动"，对于近代图书馆学的发展起了重要的促进作用。1920 年武昌文华图书馆专科学校的建立，标志着我国独立的图书馆学教育的降世。1925 年成立了图书馆工作者自己的组织——中华图书馆协会。

与此同时，西方图书馆学的输入也构成为我国图书馆学形成的重要始因。突出表现在二十世纪以来，尤其是 20—30 年代之际，人们大量翻译西方图书馆学著述，并在此基础上，依据我国的一些具体情况，撰写了不少的图书馆学专著，造就了一代著名的图书馆学者。

沈祖荣、杜定友，刘国钧、马宗荣，李小缘，洪有丰、皮高品等是这一时代我国图书馆学的开拓者和代表人物，他们都以毕生的精力从事着图书馆工作实践，创建图书馆学。他们的著述是我国图书馆学发展历史中的宝贵财富。

总之,二十世纪二十年代是我国近代图书馆学创建时期,它的标志是:一代图书馆学人的出现,一定数量的图书馆学术著作的问世,专业期刊论文的出现,图书馆专业教育的创办,图书馆协会的成立等等。

杜定友(1898—1967)是我国近代图书馆学的重要开拓者。早在1925年他所编译的《图书馆通论》中,已经从人类社会这一广阔背景下考察图书馆活动。指出了"图书馆学专研究人类学问记载的产生、保存与应用。"(《图书馆学的内容与方法》1926年)他与巴特勒的图书馆学思想相呼应,并且早于巴特勒的《图书馆学引论》,在1928年就提出了"图书馆成为一个活机关","好像人的脑子,本应记忆许多事情,但一切事情都要这脑子记忆是不可能的;而图书馆的功用,就是社会上一切人的记忆,实际上就是社会上一切人的公共脑子。一个人不能完全地记着一切,而图书馆可记忆并解答一切。"(《研究图书馆学的心得》)杜定友把图书馆的进化划分为三个时期:保守时期——以图书保存为主;被动时期——以图书流通为其标志;自动时期——图书馆发挥积极教育的作用。指出:东方图书馆处在第一至第二时期,欧洲图书馆处在第二时期,美国图书馆处在第二、第三时期之间。这些见解都富有极大的理论价值和对图书馆本质及运动规律的认识。杜定友先生还是图书馆学要素说的主要创建者之一。他一生著述宏丰,治学严谨,对我国图书馆学的发展和图书馆事业建设有着开拓性的贡献。

刘国钧(1899—1980),是我国著名的图书馆学家,逝世前任北京大学图书馆学系主任、教授。他在中国图书馆界的学术活动达半个世纪之久,在图书馆学基础理论研究、图书分类理论与实践、图书馆目录与机读形式等各个方面,都有极深的造诣。此外,对中国书史、哲学史、古代目录学等领域,也有不少的研究,撰写了很多著述。

关于图书馆的性质与任务,早在二十年代初期,刘先生就撰文指出,图书馆是公共教育的一部分,"图书馆在教育上的价值,有时竟过于学校。"因为"学校之教育,止于在校之人数,图书馆之教育,则遍于社会;学校之教育,迄于毕业之年,图书馆之教育则无年数之限制;学校之教育,有规定课程之限制,而图书馆之教育则可涉及一切人类所应有之知识;学校教育常易趋于专门,而图书馆教育则为常识之源泉。""社会之人,在学校者少。人之一生在学校时少。然则图书馆教育,苟善用之,其影响于社会、于人生者,且甚于学校。"①图书馆的基本任务,要"以用书为目的,以诱导为方法,以养成社会上人人读书之习惯为指归。"②因此,图书馆应是一个"自动的"、"社会化的"、"平民化的"机构,所谓"自动的"指"用种种方法引起社会上人人读书之兴趣"、"使馆中之书为人所读,而尤贵乎使人人皆能读其所当读之读物"。③ 这个思想与阮冈纳赞图书馆学五定律同时出现,不谋而合。刘国钧先生的"要素说"则是我国第一个关于图书馆学研究对象的完整阐述,在图书馆学理论建设上具有不可磨灭的功勋。

毫无疑问,刚刚形成的图书馆学除了当时中国的阶级基础和社会基础决定了它的根本方向和基本内容外,必然还与中国历史上的图书馆活动实践,以及在西方久经徘徊、酝酿的图书馆学思想有着千丝万缕的联系。二者比较起来。中国历史上的图书馆活动实践,并没有明确的科学思想作指导,因而在很大程度上反映为本能的适应,而西方图书馆学思想作为人类思维活动的一个方面,此时已经基本上趋于固定和成熟,必然严重地影响着中国图书馆学

---

① 《刘国钧图书馆学论文选集》,书目文献出版社,1983 年,第 11 页。

② 同上,第 12 页。

③ 刘国钧,《图书馆学要旨》,1932 年。

的发展道路。而且图书馆工作的实践性、应用性和它追求服务的实际效益,促使中国图书馆学在刚刚起步时就全面接受西方实用派图书馆学思想成了顺理成章的事情。例如,在对图书馆学对象的研究中,始于陶述先生生,继以杜定友先生,并由刘国钧先生最后完成的"要素说",就集中反映了对图书馆实体活动的认识。又如,类似杜威《十进分类法》等有关图书馆实际操作技术的引进,以及随之而来的"仿杜"、"改杜"等等对这些技术的推广,都说明"实用派"图书馆学已在中国图书馆学研究者头脑中打下了很深的烙印。

应该肯定的是,任何科学形成之初,对于科学对象实体的全面认识,并进行经验性的描述,都是必不可少的环节。而"实用派"图书馆学恰恰从"实用"的观点出发,将在西方反复研讨试行的图书馆工作方法、技术及操作过程一下子引入中国,这对刚刚建立的中国图书馆学,无疑有着重大的历史性意义。

还应该看到,我国近代图书馆运动和图书馆学思想的发展同中国近代政治运动有着不解之缘。

十九世纪末叶的变法维新运动就是近代图书馆运动的强大推动力。进入二十世纪二十年代,中国的无产阶级革命知识分子李大钊(1889—1927)第一次把图书馆活动与人民革命运动相结合,认为图书馆和教育有密切的关系,提出使全国变成一个图书馆或研究室的思想;主张建立开架制;提倡进行图书馆教育。不仅于此,他还特别强调"劳工聚集的地方,必须有适当的图书馆、书报社,专供人民在休息时间来阅览。"他还身体力行,在北京大学内组织成立《亢慕义斋图书馆》(1920年),传播马列主义,介绍十月革命。此后,在当时的文化中心上海,由应修人同志等创建了《通信图书馆》(STT,1921年),"旨意在使无产阶级有得书看",宣言中提出:"社会的进化由于人类能不断地思想,而思想传播和交换,实靠看书报为多。要考察一地方的进化与否,只须问这地方的图书馆是否兴盛。……没有图书馆以便利群众,则书报只能流动于有产阶级"。他们明确提出为劳工服务;发展邮寄借阅服务;在扬弃西方图书分类法的基础上制定"STT 分类法"等。

中国图书馆学形成时期的这些特点对于建国后图书馆学的发展留下了显明的影响。

然而,中国图书馆学并非诞生在舒适幸福的摇篮里。在其问世之后,仅仅经过 20—30 年代前后短暂的繁荣。国民党反动派的黑暗统治和日本帝国主义的入侵,给中国科学技术的发展带来了前所未有的厄运。内忧外患,民不聊生,使整个科学技术思想趋于窒息。科学在民族的危亡中停滞不前,几乎失去了生存的基本权利,这种情况一直延续到解放之前。

新中国图书馆学的发展

一九四九年,新中国的诞生使这个沉睡了多年的东方巨人终于站起来了!新中国的建立,像一声春雷唤醒了在长期压迫、麻醉和沉睡状态下的科学事业。图书馆学也在这科学复醒之日昂首奋进了。

新中国图书馆学研究在起步的时候,必须"具有由它的先驱者传给它便由以出发的特定的思想资料作为前提"[①]这种"先驱者"的"特定的思想资料"是什么?当然无外乎它的历史根源和思想根源。历史根源表现为几千年的图书馆活动实践和西方"实用派"图书馆学思想的综合。思想根源则表现为继苏联之后建立的第二个有巨大影响的社会主义国家,其图书馆学的发展必然也要以"苏联社会主义图书馆学"的理论模式为依据。例如,当时人们认为,图书馆学基础理论要具体解决的问题应是:(一)党对图书馆事业的领导;(二)社会主义图书馆事业的方针任务;(三)社会

---

① 恩格斯:《致康·施米特》,《马克思恩格斯选集》第四卷,第485页。

主义图书馆事业的基本原则;(四)高举毛泽东思想伟大红旗,彻底批判修正主义和资产阶级图书馆学;(五)探讨社会主义图书馆事业的发展规律。

五十年代后期,在党中央"向科学进军"的号召下,图书馆学理论研究也相应出现繁荣局面。尤其应该提到的是,当时形成的关于图书馆学对象问题探讨的热潮,对后来中国图书馆学的发展起到了重要的借鉴意义。

60年代初期,在图书馆学对象问题的探讨中,第一次出现了用抽象认识去反映实体活动的研究成果,即关于"矛盾说"的探讨。无论"矛盾说"是否能够准确地解释图书馆学对象,但它毕竟摆脱了用"要素"去解释图书馆学对象的实体性认识,开始了从哲学的角度去认识图书馆学问题的尝试。这是一个很好的发端。如果说我们中国图书馆学年青且不成熟的话,那么,这种敢于大胆改变传统思维程式的做法,难道不正是中国图书馆学发展的重要契机吗?

可是,文化大革命发生了!这场空前的浩劫使图书馆学的发展在整整十年中间再度陷入止步不前的状态。这是怎样的十年呵!它不仅扼制了新一代图书馆学研究者的成长,又使老一辈图书馆学家备受痛苦和磨难;它不仅给世界各国的图书馆学研究以大踏步前进的时机,还使我国图书馆学研究者面对政治、经济、科学、文化、教育的全面崩溃,再想重新赶超世界图书馆学先进水平时倍感艰难。

当科学的春天重新回到中国大地的时候。中国图书馆学落后,这已成了无可争议的事实。然而,图书馆学研究者并没有妄自菲薄,他们随即又开始了辛勤的耕耘。一方面,在大量引进国外先进技术和设备的过程中,加强了应用研究;另一方面,开动思维机器,从理性抽象的高度去进行研究。在图书馆学基本理论研究中,诸如图书馆学的理论基础问题。图书馆学的学科性质问题,图书馆学的方法论问题等等一些过去尚未接触的课题,都作了不同程度的探讨。尤其应该提到的是,在图书馆学对象问题研究中:继"矛盾说"之后,又先后出现了"规律说"、"交流说"、"层次说"等观点。使这一课题的研究逐渐接近于从具体——抽象——科学具体的这种科学认识过程的完成。这一课题的研究状况表明,理念派图书馆学思想已经开始被我国图书馆学研究者所批判继承,加之大量外科学的理论方法被引入图书馆学的研究,反映着中国图书馆学正在开始从经验描述阶段向着理论说明阶段的过渡。

然而,必须看到,我国图书馆学作为一门科学,还显得相当不够完善和成熟。在图书馆学现已确立的各个下属分支中,多半还停留在经验描述阶段。而理论上的探讨又远远不足以揭示图书馆活动的本质规律。特别是对图书馆学基础理论的研究,其薄弱程度与其它科学相比较,就更为罕见了。主要问题就在于人们还不能准确地把握图书馆活动的实体经验与图书馆学基础理论之间的关系,而往往把二者混为一谈。如果说这些反映图书馆实体活动的内容就是图书馆学基础理论本身的话,那么,图书馆学能否算得上是一门科学?倒是真的应该慎重考虑的问题。这是因为,科学,决不等同于工匠式的技术,更不是操作过程本身。一般说来,科学是一种理论描述,是对特定研究对象的原理及规律性的抽象、概括和总结。

看来,问题的关键在于怎样形成中国图书馆学理论。在这里,我们不妨借鉴马克思在1857年写《〈政治经济学批判〉导言》时,对政治经济学理论的形成过程所表述的"两条道路",这"两条道路"是:"在第一条道路上,完整的表象蒸发为抽象的规定,在第二条道路上,抽象的规定在思维进程中导致具体的再现。"①马克思认为:第一条道路是在"分析中达到越来越简单的概念",第二条

道路是"在思维中表现为综合的过程"。① 马克思在阐述政治经济学方法时所表述的两条道路,在他后来所完成的巨著《资本论》中,是得到了卓越的体现的。他在写作《资本论》时,就是首先占有关于对象的大量材料,力求形成关于研究对象的完整表象。在以往研究者探索的基础上加以进一步研究,从研究对象中抽出了一系列抽象规定,从而把关于对象的概念、范畴科学地建立起来;于是在思维中从最抽象的规定开始,沿着抽象上升到具体的道路,构成了复制对象内在联系和发展规律的理论体系。马克思所提出并运用的这一形成科学理论的思维方法。几乎为一切科学的发展提供了强大的思想武器。在各门科学发展进程中,都已经或正在起着重大的推进作用。图书馆学难道不该尽快地掌握这一武器吗?

第六节　图书馆学的发展阶段及其理论揭示

图书馆学从其诞生直到现在,大体经历了三个发展阶段:

一、积累经验阶段(十七世纪初至十八世纪末):

自图书馆学形成以后的近二百年间,她的发展速度是相当缓慢的。其原因大致有这样一些方面:一是由于当时图书馆事业的发展速度相对较慢,因而使为图书馆学提供的实践活动资料相对较少并显得零散。二是因为一门科学形成之初(尤其是像图书馆学这类实践性较强的学科),当根据研究对象所反映的实体活动去进行重点的研究是十分必要的事情。三是由于当时科学技术发展水平所限,图书馆学自身研究尚未掌握科学的研究方法。因而,图书馆学在这一时期基本表现为对图书馆活动的认识经验以及科

---

① 《马克思恩格斯选集》第二卷,第103页。

学的研究方法的积累。所以,我们把这一时期称为图书馆学发展的积累经验阶段。

二、发展理论阶段(十九世纪初至二十世纪中)

进入十九世纪以后,社会生产力的提高为图书馆活动的发展提供了可靠的物质保证,从而使图书馆学的发展进入了一个新的历史阶段。在这一阶段中,在世界范围内出现了许多著名的图书馆学家,如前面讲到的德国的施莱廷格、艾伯特、丹麦的莫尔贝希、英国的爱德华兹、美国的杜威、巴特勒、谢拉,苏联的丘巴梁、安巴祖勉、罗维斯塔德,日本的岩猿敏生、椎名六郎、弥吉光长、襄田武夫、小仓亲雄、武居权内、大佐三四五等等,以及印度著名图书馆学家阮冈纳赞。

这一时期,在世界上还出现了许多图书馆学理论著述,对于图书馆学的许多基本理论进入了较为深入的探讨,因此可以认为,图书馆学在这一时期已经进入了发展理论的阶段。这一阶段的到来是图书馆学发展到一定时期的必然产物,人们渴望要对图书馆活动有基本的、理性的认识;科学自身要求有理论上的解释和说明,因此,也可以把理论发展阶段的到来看作是图书馆学走向成熟的一个重要标志。

三、面临革命阶段(二十世纪 50 年代——现在)

五十年代以来,世界科学技术发展相当迅速,同时极大地影响着图书馆学的发展。首先,科学技术发展的高度综合化趋势,要求人们从总体上认识科学;其次,许多发展不利的情况表明科学研究方法亟待改造;第三,现代技术(尤其是电子计算机技术)进入各个生产、操作领域,传统手工技术被代替了;第四,学科间的交叉与渗透使许多边缘、交叉、横断等新兴学科大量出现:极大地改变着现代科学体系结构。来自现代科学技术的影响,使图书馆学的传统理论与技术方法面临着一场深刻的革命。自五十年代电子计算机应用于图书馆以后,一系列新的课题摆在了图书馆学的面前。

诸如,现代图书馆的职能究竟有哪些?图书馆如何走上自动化的道路?现代读者的新倾向是什么?现代图书馆建筑应具有哪些新特点?图书馆学应该有怎样的体系结构?等等。上述这一系列问题表明,图书馆学正蕴育着一场大的突破。随着一些新课题的探讨和解决,图书馆学必将冲出原有的窠臼,它的面貌将发生一个根本性的变化。

思考题:

1. 试述图书馆学的发展道路。

2. 阮冈纳赞《图书馆五定律》的意义。

3. "实用派"图书馆学思想的历史意义和局限。

4. "理念派"图书馆学的代表人物及其思想。

5. 中国古代图书馆思想发展概述。

6. 为什么在二十世纪三十年代,我国图书馆学思想发展会出现一个高潮?

参考文献:

1. 东西方图书馆学奠基者事略
   况能富 《图书情报工作》 1983 年第 6 期

2. 图书馆学思想发展论纲
   况能富 《图书情报知识》 1982 年第 4 期

3. 西方图书馆学流派及其影响
   刘迅 《图书馆学刊》 1983 年第 4 期

4. 中国图书馆学思想的发展及其影响初探
   况能富 《图书馆学通讯》 1985 年第 1 期

5. 中国图书馆学史序论
   谢灼华 《武汉大学学报》社会科学版 1985 年第 3 期

6. 三十五年来我国图书馆学基础理论研究的进展情况和发展趋势
   张树华 邵魏 《图书馆学研究》 1984 年第 6 期

7. 近年来我国图书馆学基础理论研究的主要进展
   黄纯元 宓浩 《大学图书馆通讯》 1985 年第 6 期

8. 普通图书馆学

   （苏）丘巴梁著　徐克敏等译　书目文献出版社　1983 年

9. 图书馆概论

   （日）椎名六郎　岩猿敏生合著　东京　雄山阁　1977 年

10. Butler, P.

   An introduction to Library Science Chicago, 1933

11. Shera, J. H.

   Introduction to Library Science Littleton, Colorado: Libraries Unlimited
Inc. , 1976

12. Shera, J. H.

   The Sociologleal foundations of Librarianship. Bombay, Asia publishing House,
1970

第十章 图书馆学的未来

近年来,世界科学技术发生了惊人的变化,一场空前规模的新技术革命正在蓬勃兴起。新技术革命的来临,引起了许多有识之士的关注,西方越来越多的报刊发表有关文章围绕新技术革命所带来的一系列问题展开了热烈的讨论。最近一个时期,各国图书馆界也掀起了讨论这一问题的热潮。人们着眼于明天,分析图书馆在未来的社会中可能发生的变化和今天面临的问题,这些研究和讨论对于图书馆学的未来发展,显然有着十分重要的意义。

当这场革命的浪潮席卷而来之时,我们当然不能漠然置之,麻木不仁,必须以足够的精力去研究图书馆学的未来问题。图书馆学的未来包括两个方面问题,首先是图书馆的未来发展趋势;其次才是由这一发展趋势所决定的图书馆学的前途与命运。

第一节 图书馆的未来发展趋势

"趋势就像是奔腾的马,顺着它们奔跑的方向来驾驭就比较容易"。[①] 这是美国社会预测学家约翰·奈斯比特(John Naisbitt)在他著名的《大趋势》一书中对社会发展趋势的基本看法。未来

---

① (美)约翰·奈斯比特:《大趋势》,中国社会科学出版社,1984年,第9页。

的世界,的确有许多方面是变幻莫测的。但一当我们认清了总的发展趋势,把握住了时代的脉搏,在许多新情况出现的时候,我们就不会显得手足无措。从新技术革命的高度去分析未来的图书馆,一些正在或将要出现的新的发展趋势是依稀可见的。

工作手段向自动化发展的趋势

自图书馆出现以后的上千年中,图书馆工作手段一直在手工操作阶段缓慢地徘徊。五十年代以后,这种情况有了变化。从美国一家海军兵器中心图书馆首次将电子计算机应用于他们的工作开始,人们高兴地看到了这样一个事实,那就是电子技术进入图书馆,可以代替人的传统手工操作技术,同时还能使图书情报资料更快地发挥作用。然而,限于当时电子计算机还不够成熟,应用还不够广泛,以及变革图书馆工作手段的要求并不十分迫切等情况,电子计算机在图书馆的应用并没有很快的普及开来。

从六十年代末开始,图书馆的传统工作手段和技术发生了显著的变化,其中最主要的就是电子计算机技术在图书馆的应用。到七十年代时,已经初步形成了图书馆工作手段向自动化方向发展的趋势。这种趋势的形成主要是由两方面因素决定的:一是电子计算机功能多样化和价格迅速降低的发展状况;二是"知识爆炸"和"信息爆炸"的现象。而恰恰又是这两个原因,促使传统图书馆的工作面貌发生巨大变化。图书馆工作手段自动化的趋势形成以来,在西方发达国家的一些图书馆中出现了许多新奇的现象:图书馆走廊中长长的目录柜消失了,取而代之的是终端设置;手写编目卡片被电子计算机编目所代替;读者服务方式从单纯的书本式图书的借阅改变为各种微型化知识载体和声像设备的广泛利用;联机网络的实现使人们可以在离图书馆很远的地方利用图书情报资料,并实现资源共享。此外,图书馆人员的工作状况也发生变化,如在美国加州大学图书馆,编目部主任在家里可以通过电子计算机检查他的所属人员的工作,其它馆员也可以在家里进行编目工作。

上边提到的情况,在我们这里似乎还难以想象,但这在许多国家的的确确已经成了很平常的事情了。这些情况预示,随新技术革命到来之后微电子技术的迅猛发展的趋势将会日益明显,在今后一,二十年间,将成为图书馆发展的主要趋势。

收藏形式向多样化载体和分散化格局发展的趋势

图书馆担当起收藏图书的任务,已有上千年的历史了。即使是在几十年前,人们也没有想到图书馆除掉收藏图书以外还会保存其它什么。然而近一、二十年,非印刷型资料的出现直接冲击着图书馆仅收藏图书这一千年的传统。从认识论上看,这些非印刷型资料的出现,实际上是使人类的知识找到了更多的物质依附体。从使用上看,这些非印刷资料具有体积小、重量轻、存贮量大,有的还有声像并茂、直感性强,便于保存、转移及利用等优点,非印刷型资料是现代科学技术发展的产物。由于它们与图书都是记录人类已有的知识的共同点,因此,目前保存它们的任务基本上是要由图书馆来承担的。有资料反映,目前苏联莫斯科列宁图书馆所藏的2700多万份资料中,就有1500多万份是非印刷型资料;美国国会图书馆的3000万份资料中,图书仅占1800万册。这些活生生的现实不由让人想起了前些年开始的有关"无纸社会"的讨论。那时,图书馆界曾有相当一部分人认为这种论调实在是危言耸听的。然而今天,当人们看到大量非印刷资料潮水般地涌向了图书馆,而且只一个小小的六寸光盘能将《化学文摘》的所有内容存贮其中,就不能不承认,图书馆收藏的知识载体形式将会出现向多样化方向发展的趋势。当然,这个趋势在今天来看尚未完全形成,图书馆收藏印刷图书资料还将继续下去。日本科技情报中心的黑沢教授曾作过这样的分析预测,他认为,图书馆收藏图书杂志的册数,在今后一定时间内仍将继续增加。至少还得二十年乃至更长的时间,但这种情况将以不远的将来为界限。[①] 也就是说,用不了多久,人们就要对图书馆收藏的多样化知识载体形式这一课题展开讨论了。

在今天图书馆收藏中,呈现出印刷载体与非印刷载体共存的形式。但是,随着大量非印刷型载体的出现,这种并存的形式能持续多久呢?藏书的"0 增长"理论是不解决这个问题的。因为它只针对收藏的数量,并不针对收藏的多样化载体形式。那么,就听任这种"大杂烩"的收藏形式无停止地发展下去吗?不会的。如果我们细心地分析:就会发现在收藏多样化载体这一趋势后,还有一个潜在的趋势,即分散化的格局,这个格局将会把多样化的载体分别存放于信息中心,数据库等场所,目的则是对那些多样化载体进行合理管理和有效的利用。在未来社会中,高度发达的信息通讯网络作用于分门别类进行管理的各种知识载体,无疑会使人们感到更加得心应手。

服务方式由被动向主动发展的趋势

以往图书馆的服务方式基本上是被动的,读者非要"迈进"图书馆的大门,才能利用图书馆。其获取资料的速度也是相当慢的。然而,近些年来,图书馆读者在不能及时获取图书情报资料时,却失去了以往的耐性,常常焦躁不安,这是随着社会的飞速发展,人们愈发珍惜时间的结果,时间越重要,人们的耐性就越少。这种现象实际上反映了图书馆面临的危机。如果真的没有多少人再去迈进图书馆的大门,那么图书馆就会显得不那么重要了。美国西部安大略湖大学图书馆学情报学研究院 S. D. 尼尔教授作过这样的

---

① 黑沢慎治:《科学技術分野の情報サービスの未来像》,载《现代图书馆》,1983 年第 3 期

推断;到 2010 年,将会有许多信息公司活跃于社会,这些公司收集了各知识门类中大量的情报信息,并提供人们利用;而图书馆则面临与信息公司竞争的问题。图书馆显然是竞争不过信息公司,于是,只有把精力转向社会中信息需求量少的方面,即像十九世纪中叶以前那样,仅成为文明和智慧记录的保存者。[①] 如果真的到了那么一天,现在图书馆的大部分工作都将成为人类的永久性的记忆。这是一个多么暗淡的前景啊! 图书馆要在未来信息社会中保持并提高自己的地位,出路只有一条,那就只有及时地参与信息提供的竞争。当然,这种竞争对于图书馆来说是相当艰难的,有成功和失败两种前途。但只要竞争开始了,图书馆的服务方式即出现了由被动向主动发展的趋势。这种趋势一当出现将保持一段时间,当图书馆在未来社会中地位被重新确定下来之后,这种趋势才能告一段落。

成为"知识产业"中心的发展趋势

很多年来,图书馆学家和情报学家一直热心于这样一个哲学问题;图书馆活动与情报工作现象之间在本质上究竟有着怎样有趣的联系? 人们对于这一问题的讨论从历史的发展接续到今天的现状,得到了一些结论,诸如情报工作是由图书馆活动中演化而来;图书馆工作要加强情报职能等等。总起来看,这些结论各自的情况多,而从本质上揭示两者的关系少。甚至包括近年来中国关于"图书情报一体化"的讨论,也不能给人以满意的回答。"一体化"的实质是什么? 怎样称谓;有没有其它的活动加入这个"一体化"? 这个"一体化"与人类发展的关系是什么? 究竟是什么社会原因驱使非走"一体化"的道路? 等等问题都没有从更深的层次

---

① S. D. Neill:《Libraries in the Year 2010;The information Brokers》,载《The Futurist》1981,Oct.

上得以解决。如果说卡尔·波普尔的"世界3"理论带有哲学上的片面性,不能从根本上解释清楚图书馆活动与情报工作现象之间的本质联系的话,那么,人们今天对于新技术革命及其未来发展的研究和探讨所取得的结论却是极有参考价值的。这个结论就是现在正在崛起和已经突破的一系列新兴技术,运用于生产,运用于社会,将会带来社会生产力的新的飞跃和社会生活的巨大变化,即有可能带来一次新的产业革命。新的产业革命的发生,将使社会原有的主导产业——工业被信息业所取代。到那时,知识和信息将要成为比物资和能源更为重要的资源,并在社会中形成用电子计算机进行信息处理、提供及咨询的知识产业中心。今天乃至以往的图书馆活动,将成为未来知识产业中心的最原始的活动模式,今天的情报工作亦将成为未来知识产业中心在服务手段方面的雏形。早在七十年代,美国的图书馆学家就这样推测,"未来的图书馆员将成为信息管理专家,"①"未来的图书馆将逐步发展成为'信息中心'"。② 其实,从这些推测中,我们就完全应该品味出图书馆将汇入知识产业中的发展趋势。当然,未来的图书馆可能不叫今天的名字,但这是无关紧要的。重要的是那时图书馆的功能已发生了深刻的变化。如果我们看不到这一趋势,也就无法把握图书馆的前途和命运。用不了多久,我们就会明显地感觉到一种极不适应的别扭。

---

① R. F. Smith:《A Fanny Thing is Happening to the Library on its Way to the Future》,载《The Futurist》,1978. April.

② R. F. Smith:《A Fanny Thing is Happening to the Library on its Way to the Future》,载《The Futurist》,1978. April.

第二节　图书馆学的前途和命运

前一节中,我们着重分析了图书馆的未来发展趋势,在此基础上,我们来预测一下图书馆学的前途与命运。

当代图书馆学面临的挑战

伴随着新技术革命的来临,当代所有科学技术几乎都面临挑战。图书馆学当然也无例外。归结起来,图书馆学所面临的挑战大概有以下几个方面:

首先,原有的图书馆学理论已显得极不适应,其中许多内容业已老化。一场技术革命的爆发,必然会极大地影响着社会,影响着科学。新技术革命的来临,预示着一场新的产业革命即将发生。从而使工业化社会变为信息化社会。这种变化对图书馆的影响是,将使其逐步向"知识产业中心"过渡。于是,图书馆的基本职能将发生变化。现在乃至以往的图书馆都以保存图书文献资料为基本职能,并辅以利用知识,进行教育等一般职能,然而,当图书馆进入信息化社会以后,就必须对图书馆的基本职能进行重新的解释。因为,到那时,图书馆将加入建设新的知识信息网络的行列,图书馆的基本职能将由保存图书文献转移到传递科学情报。而保存图书文献的职能将退居为一般性的职能。于是,又极大地影响着图书馆这一机构的性质,从而使原有的许多理论都显得很不适应,一系列新的理论问题将摆在人们面前。

其次,原有图书馆学中的技术方法部分面临深刻的变革。在这次新技术革命中,微电子技术是新兴技术群的主角。微电子技术的飞速发展,不仅对电子工业本身,而且对全部产业和人类社会都产生了重大的影响。微电子技术产品,如微型机、电脑,机器人等进入图书馆以后,将逐步取代图书馆的传统手工技术,简化工作程序,促使图书馆在信息畅流无阻、四通八达的未来社会中发挥更大的作用。这种变化的一个重要结果就是,随着图书馆传统技术的深刻变革,图书馆学体系中将汇入许多新的技术方法的内容。

第三,原有的研究方法极不得力,需要彻底改革。如果说图书馆学在现代科学体系中已显得极不适应的话,一个很重要的原因就是原有的研究方法极不得力。就我国而言。图书馆学研究的方法不当主要表现在这样两个方面:一是囿于传统成见,抱残守缺,循规蹈矩,不越雷池一步;二是思想封闭,引进与移植的功能极差。很显然,要想迎接新技术革命的挑战,必须彻底改变这些陈规陋习,在研究方法上实行根本的改革。

第四,对于图书馆的未来研究极为缺乏,亟待加强,以往的图书馆学研究。人们多是把注意力集中在历史的与现实的问题上,对于图书馆将来是个什么样子?图书馆学将发生什么变化等未来性问题研究很少。新技术革命的浪潮。将人们研究问题的着眼点从过去、现在延伸到将来。这在人类认识史上是一个大的飞跃。拘泥于过去和现在,会使我们的发展放不开手脚,总去用历史的现实进行自我束缚。只有着眼于未来,我们才能把握住时代脉搏,掌握图书馆学的发展命运。但是,把握未来正是为了更好地面对现实,任何对于图书馆学未来的探索,研究,归根结底都在于改革现实,促进转化。

走向未来的图书馆学

当新技术革命的浪潮席卷而来之时,许多明眼人就已经发现:我们所熟悉的世界正在匆匆离去,一个崭新的世界正在姗姗而来。伴随着科学技术领域中的革命性变革,图书馆学自然又一次站到了十字路口。面对未来,它必须迅速作出抉择。

未来是个什么样子?用西方一些未来学家的话说,那将是

"信息社会"，在这个社会中，从事知识、信息生产及服务行业的人，要超过全社会就业人数的 50%；知识产品所创造的价值将在国民经济总产值中占 50% 以上；知识信息将在整个社会的产业结构中占据重要地位。

那么，在未来社会中，图书馆工作有着怎样的地位呢？毫无疑问，这种保存和提供人类知识的活动将从属于知识信息业——成为社会主导产业中的重要组成部分。对于这一点，无论是西方的学者，还是日本的学者，都不会表示怀疑，眼下的问题倒是：今天的图书馆学如何选择通向未来的道路？

显然，就总体上说，出路只有两条：一是把出发点放在传统的科学基础上，着眼微观，根据学科中的某种理论或某项技术的成熟和完善，一点一点地向前递进。二是把出发点放在未来学科变化的基础上，着眼宏观，以未来的变化为基准，迅速抛弃今天图书馆学中不能适应未来变化的部分，并从现在起，就开始着手建设明天社会中的图书馆学。这两条道路，我们应该选择后者。因为只有这样，我们才能将图书馆学的命运真正地把握在自己手上。美国著名未来学家 A. 托夫勒在《第三次浪潮》一书中说过，面对未来，发达国家和发展中国家都站在同一起跑线上。这是就传统工业向新兴工业过渡而言的。当然，对于那些发展中国家来说，一下子摆脱传统工业而去着手新兴工业，肯定会有许多难以克服的困难和矛盾。然而，这仍不失为一个大胆的设想。如果发展中国家不能在这次历史性的变革中找到最为合适的起点，并奋起直追，那么，他们与发达国家的差距将永远不会缩小。今天，越来越多的第三世界国家都认识到，他们急需发展科学，因为科学是加速社会前进的根本动力。但是，是以今天的科学状况作为起点，还是开始有意识地着手明天的工作？这是当今世界各国都必须回答的问题。在这样一个历史的关头，图书馆学难道不该断然作出自己的选择吗？

具体地说，走向未来的图书馆学应该完成如下过程：

1. 确立新目标

图书馆要顺应新技术革命的浪潮,就必须从根本上抛弃旧的图书馆活动的规范模式,建立以传递知识情报为核心的目标体系,从而使情报职能成为图书馆最基本的职能。这一新目标的确立,要求我们必须迅速改变传统观念,打破已有的人类知识传播的格局,从更高的意义上去认识图书馆的社会作用以至从根本上确定图书馆学研究和发展的方向。

2. 吸收新血液

图书馆学要承担起研究人类知识信息传递的任务,现有的理论及技术方法无疑都是极不适应的,必须尽快地吸收其它学科的新鲜血液,其中,着重应该吸收系统工程,控制论、微电子技术,管理科学等先进科学技术,以使图书馆学在通向未来的道路上,迈出坚实有力的脚步。

3. 溶入新体系

当图书馆学建立起新的目标体系,担当起新的社会使命,其它科学的先进理论与方法又大量涌进图书馆学体系之中,那时,今天意义上的图书馆学事实上已经改观了,它将与其它以知识、情报信息活动作为研究对象的科学一样,溶入了一个大的信息科学体系。在这个新的科学体系中,原有图书馆学的内容将以新的形式被全部囊括其中,时代所赋于我们的传递人类知识信息的使命将更加神圣。

思考题

1. 适应未来信息社会的需要,图书馆的职能将起什么变化?
2. 西方一些图书馆学家悲观地预言,随着社会的变化发展,图书馆将趋向衰亡。你对此有何看法?
3. 图书馆如何迎接新技术革命的挑战,进行自我变革?

参考文献

1. 中国图书馆:今天和明天的问题

刘迅　李新乐　《图书馆学基础理论论文集》　1985 年　杭州

2. 信息社会对图书情报工作的挑战

陈钦智　《图书情报工作》　1984 年第 2 期

3. 新技术革命和情报图书工作的未来发展

耿立大　《情报科学》　1984 年第 6 期

4. 现代化的图书馆与图书馆现代化

吴善勤　《图书馆学通讯》　1984 年第 4 期

5. 从英国图书馆的发展看信息时代的图书馆

陈誉　《江苏图书馆学报》　1985 年第 1 期

6. 未来的图书馆

(美)R. F. 史密斯著　李家齐译　《北图通讯》　1979 年第 1 期

后　记

这部教材是作者在华东师范大学多年从事《图书馆学情报学概论》的教学基础上积累而成,复得东北师范大学副教授刘迅老师、本校黄纯元老师鼎力协同编写。

本书的引言、第一章、第四章、第五章、第六章、第七章由宓浩执笔;第二章、第三章由黄纯元执笔;第八章、第九章、第十章由刘迅执笔。全稿经宓浩改定后,又经三人共同讨论修改,最后由宓浩统一校订成稿。

在本书的写作过程中,华东师范大学图书馆学情报学系主任陈誉教授,东北师范大学图书馆学系主任符孝佐副教授曾给予极大的关怀和支持;黄宗忠、吴慰慈、周铭德、倪波、张德芳、李修宇、桑健、况能富、曹焕旭、袁福明、乔欢、陈誉等学者、专家、老师参加了教材讨论会议,提出了许多宝贵意见;因故未能到会的单行、彭修义、朱育培、柴作梓、钟守贞等老师也寄来书面意见或口头意见,对此谨致衷心的感谢。

任何教材都是一定历史时期内认识的产物,总有其历史的局限性。美国图书馆家巴特勒曾经希望他的著作的内容尽快地落后于时代,我们同样抱着这一强烈的愿望,并作为本书的结束语。

宓　浩

1986. 12. 31